北京高等教育精品教材

公共关系与现代礼仪

（第6版）

范晓莹　白艳丽　主　编
冯春苗　孟祥越　副主编

清华大学出版社
北京

内 容 简 介

本书根据现代公关礼仪基本操作规程，结合实际案例具体介绍公共关系概念与原则、公共关系主体与客体、公共关系传播、公共关系调查、公关策划、公关广告、专题公关活动、危机公关、公关礼仪、形象举止礼仪、办公礼仪、接访礼仪、沟通礼仪等知识，指导学生实训、培养实战技能、提高应用能力。

本书理论适中、知识系统、案例经典、注重应用，因而既可作为应用型大学本科工商管理、财经管理等专业学生的必修教材，同时兼顾高职高专、成人高等教育经济管理专业的教学，也可用于各类企事业单位从业者的在职教育岗位培训。

本书封面贴有清华大学出版社防伪标签，无标签者不得销售。
版权所有，侵权必究。举报：010-62782989，beiqinquan@tup.tsinghua.edu.cn。

图书在版编目（CIP）数据

公共关系与现代礼仪/范晓莹，白艳丽主编. —6版. —北京：清华大学出版社，2023.4
ISBN 978-7-302-63328-0

Ⅰ. ①公⋯ Ⅱ. ①范⋯ ②白⋯ Ⅲ. ①公共关系学—教材 ②礼仪—教材 Ⅳ. ①C912.31 ②K891.26

中国国家版本馆 CIP 数据核字(2023)第 060517 号

责任编辑：贺　岩
封面设计：傅瑞学
责任校对：王荣静
责任印制：朱雨萌

出版发行：清华大学出版社
　　　　网　　址：http://www.tup.com.cn，http://www.wqbook.com
　　　　地　　址：北京清华大学学研大厦A座　　　　邮　　编：100084
　　　　社　总　机：010-83470000　　　　　　　　　邮　　购：010-62786544
　　　　投稿与读者服务：010-62776969，c-service@tup.tsinghua.edu.cn
　　　　质量反馈：010-62772015，zhiliang@tup.tsinghua.edu.cn
印 装 者：北京同文印刷有限责任公司
经　　销：全国新华书店
开　　本：185mm×230mm　　　印　张：18.25　　　字　数：375千字
版　　次：2004年10月第1版　2023年4月第6版　　　印　次：2023年4月第1次印刷
定　　价：58.00元

产品编号：098007-01

第 6 版前言

随着"一带一路、互联互通"经济建设的快速推进,在我国加快构建以国内大循环为主体、国内国际双循环相互促进的新经济发展格局的背景下,社会经济发展对现代公关礼仪人才提出新的要求,国际化市场竞争急需大量有知识、懂业务、能策划、会执行的技能型公关礼仪专业人才。

公关礼仪既是高校工商管理、经济管理等专业非常重要的核心课程,也是大学生就业从业所必须具备的关键知识技能。公关礼仪既是一门综合性学科,具有深刻的人文内涵,也是创造企业品牌、树立良好形象、优化生存环境、提高竞争力的强大助推器,已经成为衡量企业管理水平的重要标志之一。

当前诸多外资、合资企业争相进军中国市场,使市场竞争尤为激烈。要想在市场竞争中获胜,企业必须创新经营理念与管理方法,更加注重企业文化建设和公关礼仪培养。为此,培养高质量公共关系与现代礼仪人才既是企业发展的当务之急,也是加强社会主义精神文明建设、构建和谐社会的迫切需要。

本书自出版以来,因写作质量高而深受全国各高校广大师生的欢迎,并于2007年被北京市教委评为精品教材。目前本书已5次再版、20多次重印,此第6次修订再版,作者审慎地对上一版教材进行了去粗取精、压缩篇幅、更新案例、补充知识等修改,以使其更贴近经济生活,更符合社会发展,更好地为国家经济建设和职业教育教学实践服务。

本书融入了现代公关礼仪最新的实践教学理念,力求严谨,并注重与时俱进,具有理论适中、知识系统、案例经典、注重应用等特点。

本书既可作为应用型大学本科工商管理、财经管理等专业的必修教材,同时兼顾高职高专、成人高等教育经济管理专业的教学,还可用于各类企事业单位从业者的在职教育和岗位培训,并为社会广大中小微企业、大学生创业者提供有益的学习指导。

本书由李大军筹划并具体组织,范晓莹和白艳丽主编,范晓莹统改稿,冯春苗、孟祥越为副主编,由牟惟仲教授审定。作者编写分工如下:范晓莹(第一章、第七章、第十章),白艳丽(第二章、第三章、第四章),冯春苗(第五章、第六章、第十一章),孟祥越(第八章、第九章、第十二章);李晓新(文字修改、版式调整、课件制作)。

在本书再版过程中,我们参阅了国内外大量公关礼仪的最新书刊、网站资料、国家及公关协会近年新颁布实施的政策法规与管理规定,并得到有关企业、公关公司专家的具体指导,在此一并致谢。为方便教学,本书配有课件,读者可扫描书后二维码免费下载使用。

因作者水平有限,书中难免存在疏漏和不足,恳请各位专家、同行和读者批评指正。

作　者
2022 年 6 月

目　录

第一章　公共关系概述 ·· 1
　第一节　公共关系的概念与原则 ·· 3
　第二节　公共关系的基本构成要素 ··· 8
　第三节　公共关系的活动类型 ·· 9
　复习思考 ··· 16
　实践课堂 ··· 17

第二章　公共关系的主体 ·· 18
　第一节　社会组织 ··· 20
　第二节　公共关系机构 ·· 25
　第三节　公共关系人员 ·· 33
　复习思考 ··· 40
　实践课堂 ··· 41

第三章　公共关系的客体——公众 ·· 42
　第一节　公众的概念与分类 ·· 44
　第二节　公共关系中几类重要目标公众 ··· 51
　复习思考 ··· 60
　实践课堂 ··· 61

第四章　公共关系的传播沟通方式 ·· 62
　第一节　语言文字传播方式 ·· 64
　第二节　电子实像传播方式 ·· 71
　第三节　其他传播方式 ·· 78
　复习思考 ··· 80
　实践课堂 ··· 80

第五章　公共关系调查 ··· 81
　第一节　公共关系调查的意义和原则 ··· 84
　第二节　公共关系调查的内容与程序 ··· 87
　第三节　公共关系调查方法 ·· 94
　复习思考 ··· 102

实践课堂 ……………………………………………………………… 102

第六章　公共关系策划 …………………………………………………… 104
　　第一节　公共关系策划 …………………………………………………… 106
　　第二节　公共关系策划的程序和技巧 …………………………………… 109
　　复习思考 …………………………………………………………………… 114
　　实践课堂 …………………………………………………………………… 114

第七章　专题公关活动 …………………………………………………… 115
　　第一节　赞助活动 ………………………………………………………… 116
　　第二节　新闻发布会 ……………………………………………………… 122
　　第三节　公共关系广告 …………………………………………………… 128
　　第四节　危机公关 ………………………………………………………… 130
　　第五节　其他专题公关活动 ……………………………………………… 138
　　复习思考 …………………………………………………………………… 142
　　实践课堂 …………………………………………………………………… 142

第八章　礼仪概述 ………………………………………………………… 144
　　第一节　礼仪的概念与特征 ……………………………………………… 146
　　第二节　礼仪的原则与作用 ……………………………………………… 149
　　第三节　中西方礼仪 ……………………………………………………… 160
　　复习思考 …………………………………………………………………… 167
　　实践课堂 …………………………………………………………………… 168

第九章　形象举止礼仪 …………………………………………………… 169
　　第一节　仪容仪表礼仪 …………………………………………………… 170
　　第二节　服饰礼仪 ………………………………………………………… 175
　　第三节　仪态举止礼仪 …………………………………………………… 187
　　复习思考 …………………………………………………………………… 194
　　实践课堂 …………………………………………………………………… 194

第十章　接访礼仪 ………………………………………………………… 196
　　第一节　接待礼仪 ………………………………………………………… 198
　　第二节　拜访礼仪 ………………………………………………………… 207
　　第三节　宴请礼仪 ………………………………………………………… 210

  第四节 馈赠礼仪 …………………………………………………… 222
  复习思考 ……………………………………………………………… 225
  实践课堂 ……………………………………………………………… 225

第十一章 沟通礼仪 227
  第一节 电话礼仪 …………………………………………………… 229
  第二节 信函礼仪 …………………………………………………… 234
  第三节 谈判礼仪 …………………………………………………… 244
  第四节 会议礼仪 …………………………………………………… 250
  复习思考 ……………………………………………………………… 256
  实践课堂 ……………………………………………………………… 256

第十二章 办公室礼仪 257
  第一节 办公室礼仪原则 …………………………………………… 259
  第二节 处理好上下级关系的方式 ………………………………… 263
  第三节 处理好同级关系的方式 …………………………………… 269
  第四节 办公室谈吐准则 …………………………………………… 274
  第五节 办公室环境维护准则 ……………………………………… 278
  复习思考 ……………………………………………………………… 281
  实践课堂 ……………………………………………………………… 282

参考文献 283

第一章 公共关系概述

学习目标

1. 了解公共关系的相关概念、特征、发展历程；
2. 明确公共关系的目的与原则、公共关系的活动类型；
3. 充分认识公共关系的基本构成要素。

技能要求

掌握公共关系的学科知识体系、活动类型。

引导案例

新公关时代：中国公关的第三次变革

根据传播媒介的变化，大体上中国公关行业迄今的发展经历了以".COM""SNS"为标签（博客没能成为品牌宣传的优质平台，并在微博诞生后基本退出了公关行业视野）的两次变革。

在2008年开心网和人人网成为业界最热话题后仅仅过了两年，新浪微博的诞生，为公关行业及整个中国社会带来了前所未有的第三次变革，并且这场变革的"强震"一直延续到今天。

之所以说与前两次变革不同，是因为这一次的变革难以标签化，最关键的是，它不但诞生出了多种新的信息媒介，并且改变了公关公司的基本商业模式。

在第三次变革之前，虽然媒介有所变化，但公关公司的商业模式都是B2M，即把甲方想要的信息通过媒体传播、放大，不想要的信息通过媒体对冲、抹平。在这个过程中，媒体渠道和信息效果是可控的。

而微博和随后微信的出现，带来了两个底层的深刻变化——一方面，信息传播渠道开始碎片化，爆料与反对意见无处不在；另一方面，大众跨越了之前存在的四大传播渠道（电视、报纸、杂志和网站），一下子被推到了甲方（或者公关公司）的面前。

在接受《商业价值》杂志采访时，金山网络首席营销官刘新华对这两个变化所导致的后果进行了画龙点睛地描述："以前企业信息的传播是窗帘模式，想让外界看到内部信息的多少是可以操纵的。而现在则是反向茶色玻璃模式：除了敏感数据，大众在外围可以把企业看得一清二楚。传播链条由可控到不可控，企业却对碎片化的媒介渠道无可奈何。"

蓝色光标数字营销机构总裁熊剑向本刊给出的观察结论也直击要害："之前企业发布一个新闻稿，各路媒体都会根据自己的需要去加工，之后再发布，公关公司还可以监控这个环节。在新浪微博和微信诞生以后，已经没有人对新闻稿感兴趣了。"

于是，在"与大众零距离"和"媒介碎片化"这两个关键变革发生之后，公关公司自身的业务模式也产生了两种变革趋势。

第一个趋势，是包含内容与渠道的公关产品的变化——从B2M到B2C，公关公司的角色，由本来的媒介代理向自媒体转变——当大众完全开放自己的时候，公关公司要开始适应公关产品从"传播"到"沟通"的变化。

这种变化，意味着公关产品由之前单调的新闻代理，转变为在直面大众的环境下进行多层次、高匹配度的公关产品规划，在大数据的支撑下，采用精确度与主导性越来越强的传播策略，这方面，新浪的"话题云标签"内容运作，是这种顺势而为并取得成就的典范。

而从"传播"到"沟通"的变化同时也意味着，将CRM（客户关系管理）委托给公关部门已经成为了可能。

这方面的典范是国产手机品牌魅族。由于远离北上广深，魅族在新品发布、品牌传播和CRM方面有着一定的不利条件。但靠用户论坛起家的魅族，充分利用了新浪微博，特别是微信的自媒体平台（魅族科技官方、魅族迷、魅族贴吧等多个微信公众平台）效应，通过多点开花进行了弥补。

第二个趋势，是公关与营销的融合。在逻辑上显而易见，当企业或者公关公司可以将传统四大媒介"短路"而直接与用户沟通的时候，直接向潜在用户营销便成为了必然选择。

众所周知，小米手机的微博营销取得了令人瞩目的成绩。而实际上，公关公司也完全可以代理客户的这种销售渠道。

正阳公关公司是存在于北京数千家公关公司中的一个，曾在百度公关部任职的贾大宇和曾在蓝色光标任职的张瑞是正阳的两个创始人。成立仅4年的正阳并没有大公关公司手中的那些财大气粗的大客户，但凭借着为一家浏览器公司和一家PM2.5口罩产品进行以微博为主阵地的立体式事件营销，正阳成功打开了局面。特别是将一个口罩品牌一夜之间打造成最热卖PM2.5口罩的这一案例，为正阳带来了大量优质客户。

"所有乙方都有一个丙方的梦想。"张瑞对《商业价值》说："但一路走来，尝试自己在报纸、电视、杂志、网站等媒体渠道掌握话语权的玩家都失败了。而这一次新浪微博和微信提供了新机会——平台是现成的，大众是零距离的，这个丙方的梦想从没有这么真实过。"

资料来源：https://www.docin.com/p-2604670448.html, 2021-02-23.

第一节　公共关系的概念与原则

一、公共关系的概念

公共关系一词最早源于英文 public relations，其中 public 意为"公开的""公共的""社会的",relations 意为"关系",两词合起来用中文表述便是"公共关系",简称"公关",英文缩写为 PR。

（一）公共关系的定义

公共关系就是社会组织机构与社会公众环境之间的沟通与传播的关系,它通过社会组织把自身的本职工作做好,同时将与自己打交道的各种社会公众的关系搞好,这些好的形象通过舆论传播方式,即通过他人之口将其传播出去,以形成良好的口碑和较高的知名度。

（二）公共关系与相关概念的区别

公共关系作为一种新兴的边缘学科,传入我国时间不长。在社会实践中,由于它常被人们混同于其他社会现象,因此,有必要对那些容易与公共关系相混淆的概念进行明晰的界定。

1. 公共关系与人际关系

（1）两者的结构不同

公共关系的主体是社会组织,处理的是社会组织与社会公众的关系,体现的是社会组织的价值观念和行为规范。人际关系的主体和客体都是个人,处理的是个人与个人之间的关系,体现的是个人的价值观念和行为规范。

（2）两者的目的和方式不同

公共关系主要是社会组织利用大众传播媒介与社会公众进行相互间的信息传递、交流和沟通来树立其在社会公众中的良好形象,建立社会组织与社会公众之间的良好合作关系。人际关系主要是通过个人与个人之间的语言符号和非语言符号进行相互间思想、感情的传递、交流和沟通来广交朋友,实现个人的心理需要,建立个人与个人之间和谐的人际环境。

2. 公共关系与推销

（1）两者的目的不同

公共关系的目的是推销整个社会组织,它所追求的是社会组织的长远利益和社会效益。推销是通过各种方式促使消费者购买企业的产品和劳务,是一种纯粹的商业性行为,它所追求的是企业的近期利益和经济利益。

（2）两者的适用范围不同

公共关系作为一种管理职能,贯穿于社会组织管理的全方位、全过程,除了在工商企业发挥作用外,还在政府、教育科研机构、社会福利组织、军队等社会组织中广泛地发挥作用。推销作为一种经济活动,它是向消费者宣传产品和服务,刺激消费者发生购买行为的活动,仅仅适用于工商企业。

（3）两者的复杂程度不同

公共关系需要协调社会组织所面临的各种社会公众关系和交往活动。它的主要内容包括搜集信息、咨询建议、协调关系、策划传播等,这一系列工作渗透于组织的每一项管理之中。推销作为一种促销活动,只限于在社会组织与消费者的交往中发生,需要处理的关系比较单纯。

3. 公共关系与宣传

(1) 两者的目的不同

公共关系的目的是塑造社会组织形象,建立与社会公众的良好关系,改变社会公众对社会组织的态度,争取社会各界的理解、支持和合作。而宣传的目的是通过思想、意识形态的教育和传播活动,改变和强化人们的心理状态和精神状态,获取人们对某种主张或信仰的支持。

(2) 两者的方式不同

公共关系是社会组织与社会公众之间的信息传递和交流,既强调及时、准确地向社会公众传播社会组织的有关信息,又注重社会公众的信息反馈,因而公共关系重视的是信息的双向沟通。而宣传通常是对社会公众进行劝说、寻求支持或以此改变社会公众的思想、态度和行为,不求反馈,侧重于单向的传播。

(3) 两者的传播效果不同

从宣传的定义就可以看出,宣传的目的在于对受众造成一定的影响,使其态度发生改变。而公共关系的本质是关系。对于企业来说重要的不是受众意见的改变,而是通过某种行为继续保持企业存在的合法性。所以公共关系的结果不仅要对企业有利,也要使其利益相关者共同获利。

4. 公共关系与广告

(1) 两者的目的不同

公共关系的目的是树立社会组织的整体形象,使社会组织能够长期地生存和发展。广告则是通过传播媒介对消费者进行劝说,目的在于迅速打开产品销路。

(2) 两者的传播原则不同

由于公共关系要求传播的信息既真实可靠,又要公开事实真相,不能歪曲事实,要有一说一、有二说二,因此真实性和公开性是公共关系的传播原则。广告要求传播的信息既真实可靠,又要有感染力,允许在引起人们的兴趣,但又不致使人们受骗的情况下,适当使用一些夸张、渲染、虚构等手法,因而真实性和艺术性是广告的传播原则。

(3) 两者的效果不同

公共关系的广告不一定有明确的广告主,它期待的效果是创造社会组织活动的社会效益,建立起有益于社会组织的环境和氛围。通过公共关系活动被新闻机构所采用的新闻稿从第三者的角度报道或评论,客观性强,效果更好。而广告必须有明确的广告主,要让人们知道是谁在付钱做广告,这则广告是为谁的利益服务。广告主的确定,便于顾客进行选择和购买,使广告为广告主带来经济利益。

(4) 两者的范围不同

由于公共关系着重协调与社会公众的关系，树立社会组织的良好形象，因此适用于社会的一切组织。而广告着重推销产品和服务，因而主要适用于现代工商企业。

案例

品牌推广两大策略——公关和广告该怎么用？

在当今媒体粉尘化的时代，相比起传统广告，新媒体的价格已提升了5至10倍，而企业市场规模却未见同步增长。正如我们所知，要把品牌机会假设变为企业真正的成果，离不开高效的营销策略，而机会落实为成果的效率和概率一定程度上也与营销复合体的创新能力和执行效率相关联。对此，焦点咨询提出品牌推广是变现机会不可缺少的一环，但如何推广却成为摆在众多企业面前的难题。

像我们了解到的一样，传统大产品、大渠道、大广告模式已逐步失灵，很多企业推广难以找准传播的方向。那么，在这样的环境下，我们又该如何去做品牌推广呢？焦点咨询提出，建立品牌的两把利器依旧还是公关和广告，但是其运用方法要讲究科学思想指导。

首先，对于公关和广告，你认为两者的区别是什么？事实上，即便是业内人士，也会混淆广告和公关这两者的概念。有人认为公关只是换种形式的广告，或者是一种更便宜的广告形式，但实际并非如此。要想创建品牌，公关是主要手段，公关往往是借消费者、媒体或者专家等第三方来为品牌背书，从而在顾客心中刻下品牌烙印，形成初步认知；广告则是通过各类媒介渠道宣传产品，其用途是强化、支持和维护品牌，有效广告蕴含了品牌机会，符合品牌机会的广告才能够及时促进销售。

其次，大家还要思考应该什么时候用公关？又该什么时候用广告？概括来讲："用公关塑造品牌，用广告传播品牌。"具体情况有三类，第一类是根据企业自身实力而定，广告价格昂贵，如果打不起广告，那就要依靠广告以外的手段，如公关借助第三方推广品牌。第二类要看品类成熟度，当品类成熟度较低时，适合用公关，过早地打广告是浪费资源；而当品类成熟度高时，就要及时打广告做推广了，打晚了会贻误时机。第三类就是看企业兵力对比，品类成熟时，兵力优势领先则广告优先，兵力劣势属广告危险区；品类不成熟时，打广告则是资源浪费，更宜公关。

综上，焦点咨询提出公关即在赢得支持的前提下，制造热点、植入品牌和支撑定位。而广告重点在于拥有戏剧化表达方式，符合大众认知逻辑，同时能够清晰地表达品牌机会。公关和广告既是品牌推广的两大策略，也是把品牌机会假设变为企业成果的有效策略。

资料来源：https://hea.china.com/article/20210929/092021_888778.html，2021-09-29。

二、公共关系的目的

作为公共关系主体的社会组织和作为公共关系客体的社会公众之间,进行传播沟通的目的是什么呢?可以说,公共关系的根本目的,就是塑造良好的社会组织形象,优化社会组织的生存环境。

社会组织的形象是社会公众对社会组织机构的总体评价,是社会组织的表现与特征在社会公众心目中的反映。一个社会组织如能拥有一个良好的整体形象,就有了一笔无形的资产和立于不败之地的法宝。

例如,美国的可口可乐、IBM、麦当劳,日本的松下、日立、丰田,中国的华为、海尔、联想等企业,都有一个良好的形象和一个含金量极高的品牌。凭借这样的形象和品牌,可能会使一个面临困境和危机的企业起死回生,东山再起。

三、公共关系的原则

所谓公共关系的原则,就是社会组织开展公共关系工作的行为规范,它对公共关系工作有着普遍的指导意义。公共关系的原则一般包括以下五个方面。

1. 真实守信原则

真实守信原则是指社会组织的公共关系活动应当建立在掌握事实和如实反映事实的基础上。公共关系活动必须坚持实事求是的精神,向社会公众传递真实的信息,介绍社会组织的产品、服务与理念,杜绝虚假和夸大社会组织的信息。

2. 平等互利原则

平等互利原则是指社会组织应以社会公众的利益为出发点,通过对双方利益的协调与平衡,让社会组织与社会公众的利益要求都得到满足,谋求社会组织与社会公众的共同发展;社会组织要积极寻求双方利益的共同点。

3. 全员公关原则

全员公关原则是指社会组织通过对全体员工进行公共关系教育和培训,要求社会组织的全体员工都要树立公共关系的观念,加强整体的公共关系配合与协调,形成浓厚的组织公关氛围。

4. 开拓创新原则

开拓创新原则是指从事公共关系工作的人员,要有开拓精神和创新意识,以使其所策划和实施的每一项不同目标、不同内容的公共关系活动都具有与众不同的新意,最大限度地表现出社会组织的创新活力和其对社会公众的吸引力。

5. 双向沟通原则

双向沟通原则是指在公共关系工作中不仅要有信息的收集和传播,还要有信息和工作成果的反馈。只有获得反馈才能让组织"对症下药",设计出令公众关切和喜爱的信息。

实行双向沟通原则首先要加强工作的针对性,社会组织要根据自己的业务性质和特点,选择好自己的目标公众,而不是泛泛地、盲目地开展工作。例如,工厂的主要目标公众是用户,学校的主要目标公众是学生和家长,政府部门也都有自己的特殊公众群。其次是对于每一个信息都要完成传播、反馈两个环节的过程。如果其中的任何一个环节中断或者沟通过程不完整,就会造成整个信息链的中断,导致不良后果的产生。

第二节　公共关系的基本构成要素

公共关系由社会组织、社会公众、传播与沟通三大要素构成。社会组织是公共关系的主体;社会公众是公共关系的客体;传播与沟通是连接主体与客体的中间环节和手段。这三个要素构成了公共关系的基本范畴。

一、社会组织

公共关系的行为主体是社会组织,而非个人,这是我们理解公共关系含义的关键点。主体可以很大,也可以很小,国家、家庭、学校都可以作为主体。社会组织是各种政治、经济、军事、文化团体及民间组织的统称,是公共关系活动的实施者。

社会组织的形象问题是公共关系理论和实践的核心问题。社会组织形象就是社会组织的客观状况、行为表现和价值观念等在社会公众心目中的能动反映,是社会公众对社会组织的总体特征及风格的综合看法和评价。

二、社会公众

作为公共关系的客体,社会公众是指与社会有直接或间接关系的个人、群体和组织的总称,是与公共关系主体利益相关并相互影响和作用的个人、群体和组织的总称。

社会组织的公共关系工作必须把工夫下在与社会公众建立、保持和发展平等互利的利益关系上。因为社会组织在策划一项公共关系活动时,首先要做的是社会公众分析,只有这样,社会组织的活动才能有的放矢;在实施此项活动时,又必须时时处处以社会公众的利益和要求作为工作项目的出发点;在评估此项活动时,应以是否使社会公众满意和是否引起社会公众的期望行为作为衡量标准。所以,公共关系也可以称作公众关系。

三、传播与沟通

传播与沟通是公共关系的过程和方式。公共关系就是要运用各种传播沟通的手段进行社会组织与社会公众之间的沟通与交流，促进双方的了解、共识、好感与合作。公共关系工作可以利用的手段和方式有人际传播、组织传播、公众传播和大众传播；其沟通的媒介可以是纸制印刷品、电话、传真、电子邮件和网络等。

从某种意义上说，公共关系的原理或方法就是社会组织、社会公众、传播与沟通这三个基本构成要素的展开和体现。公共关系的全面阐述应该从公共关系的基本构成要素开始。

第三节　公共关系的活动类型

公共关系的最终目标是塑造社会组织形象，给社会公众留下良好的印象。社会组织在面临内部公众和外部公众的关系协调过程中，由于对象不同、环境不同、时间不同及所遇到的问题和矛盾程度不同，在开展公共关系活动时，应根据具体情况与要求选择不同类型的公共关系活动方式。一般来讲，公共关系的活动方式主要有以下几种。

一、建设型公共关系

建设型公共关系是指社会组织在开创阶段，某项事业或产品和服务的初创、问世阶段，为了开创新的局面而在公共关系方面所做的努力。如开业庆典仪式、剪彩活动和开业广告等。对于一个企业来说，通过进行建设型公共关系活动，使社会公众对自家的产品和服务产生新的兴趣，形成新的感觉，从而为社会组织的发展创造更好的条件和环境。

一个企业不仅在开业前要进行建设型公共关系活动，在开业后也要注意自身在社会公众中的形象。如果企业长期显示不出活力，不树立新的形象，就会被社会公众所淡忘。因而，企业必须时时注意在社会公众心目中的形象，以各种努力来引起社会公众的关注和重视。

二、维系型公共关系

维系型公共关系是指社会组织在稳定发展之际用来巩固其良好形象而采取的公共关系模式。具体做法是通过各种渠道和采用各种方法持续不断地向社会公众传递社会组织的各种信息，使社会公众在不断接受社会组织的服务和友好情谊中，增强对社会组织的好感，把社会组织的美好形象深藏在心中，做社会组织的顺意公众。

社会组织为了维系已有的声誉,稳定已建立的良好关系,应采取一种持续不断、较低姿态的传播方式,对社会公众施以不落痕迹、不知不觉的影响,保持一种潜移默化的渗透力。例如,保持一定的见报率;服务性、信息性的邮寄品分发;逢年过节的专访、慰问;给老关系户适当的优惠或奖励等。

三、矫正型公共关系

矫正型公共关系是指社会组织在遇到问题与危机,形象受到损害时,为了挽回影响而开展的公共关系活动。当社会组织由于客观原因受到社会公众的误解时,应迅速查明原因,及时采取措施,运用各种有效的传播方式消除社会公众的误解;当有人故意制造谣言损害社会组织形象时,社会组织要运用传播手段予以澄清和驳斥;当社会组织在产品质量、服务态度、环境保护、管理政策、经营方针等方面出现失误时,其公共关系人员应尽快通过各种传播媒介沟通信息,平息风波,求得谅解,使社会组织化险为夷,维护和恢复社会组织的声誉。

案例

员工健身后猝死,字节跳动的公关们在干什么?

近日,一位互联网公司员工健身后猝死的新闻刷爆了国内社交媒体。根据死者家属对外透露的信息,这位不幸离世的图像算法工程师生前供职于国内知名的互联网企业字节跳动(旗下互联网产品及服务有"今日头条""抖音"等),和异地恋的爱人结婚不久,刚刚在广州买房,太太怀有两个月的身孕。

而事发后字节跳动方面的相关信息披露则异常迟缓,字节跳动方面并没有对此事件进行公开回应,而是仅通过公司内网"字节圈"的公告向员工同步信息,其内容语焉不详且措辞极不严谨。2月23日下午,字节跳动在内网更新公告称:"2月23日13时43分,从医院获知,在抢救41个小时后,吴同学不幸离世。"

字节跳动表示,已承担全部医治费用,将向家属提供抚恤和关怀,并全力保证后勤支持。

主流媒体对此事件的报道相对克制,包括澎湃新闻、《北京青年报》《潇湘晨报》等媒体只是根据字节跳动的回复向公众同步信息。而诸多自媒体则开始信马由缰,此前诟病已久的互联网公司加班文化再次成为讨论的焦点。

悲剧的意义

这次的不幸事件和加班有关系么?字节跳动方面在该起事件中是否尽到了应尽的救助义务?未来如何避免此类事件的再次发生?这些问题都需要字节跳动方面在后续的调查中给予回答,而且不仅仅是通过内网公告的形式。毕竟此类事件关系到广大互联网从业人员的切身利益。因此我们非常期待字节跳动方面对此事件的调查报告及最终解决方案。

公关的不足

而就2月21日晚间事件发生后这几天字节跳动方面的反应和处置来看,这家年轻的互联网巨头在公共关系和舆情管理方面存在巨大的短板。很难想象创造出"今日头条"和"抖音"这样的现象级媒体产品的互联网公司会如此不理解公关和舆情。

让我们从传播管理、形象塑造和利益协调三个方面复盘一下,短短3天字节跳动在公共关系方面到底犯了哪些错误。

第一,传播管理。事件发生后,员工家属、同事、参与处理此事的员工、急救组、医院等都有可能成为信息传播的媒介,而字节跳动方面在2月23日0时30分之前对于这些传播媒介是没有任何管理动作的,即使在此之后也只做了被动管理,而仍旧没有进行主动管理。这种致命的缺位让字节跳动暴露在巨大的公关风险面前。事实上该起事件的第一轮传播即员工家属通过社交媒体求助,使得公众得知了这起不幸事件。而在家属的社交媒体上,能够明显感受到其对字节跳动方面处置的不满。员工家属与字节跳动双方对抢救过程和结果的不同描述,让此事件变得更加扑朔迷离。

第二,形象塑造。在类似的不幸事件中,作为雇主的公司形象塑造主要通过公开发声和家属评价来完成。由于字节跳动方面没有在第一时间发声,错失了最佳的形象塑造机会,随后在媒介选择上产生了误判,放弃使用公开媒体渠道,选择了公司内网来回应事件经过,使得舆情进一步失控。而更为离谱的是字节跳动的公关人员在回复媒体询问时竟然没有准备专门的内容,而仅仅是提供了内网截图。要知道,内网面对的人群是公司员工,而媒体面对的人群是全体公众,其对信息的要求怎么会完全一样呢?

第三,利益协调。在事件发生后的三天里,如何协调员工、员工家属、公司、公众的切身利益无疑是解决事件的唯一途径。从通知家属到把员工送上救护车开始,字节跳动的人力行政及公关部门就应该准备预案。抢救成功该如何,抢救失败又该如何?字节跳动方面可能有做预案,但是从结果来看,预案的准备是极不充分的。以至于完全失去了安全感的员工家属竟然在第二天通过社交媒体咨询卖房事宜。要知道,吴某是在字节跳动的工作时间、工作区域猝死的,理论上应该属于因工伤亡。一次性的工亡补助金、丧葬费及供养亲属抚恤金足以保障其家属未来的生活。从稳定家属情绪方面考虑,字节跳动派出的陪同员工完全可以打消员工家属对于未来生活的顾虑。

综上,在此次不幸事件中,作为国内头部互联网公司的字节跳动,在公共关系方面的表现和应对都不尽如人意。当然,优秀的公关手段只能帮助企业创造良好的社会关系环境,争取公众舆论的支持和理解,树立和改善公司形象,更有效率地进行双向沟通和传播。而避免悲剧重演的最佳方案还是要让社会公众认识到运动猝死的风险,掌握急救的手段,充分配备必要的急救工具。运动导致的猝死案例时有发生,我们希望字节跳动及其他企业能够以此为契机,通过各种手段减少及避免此类事件的发生,我们也希望社会公众不要将此事简单地归咎于加班,而是更科学地去防范猝死的情况。

资料来源:https://xw.qq.com/cmsid/20220224A02N0400,2022-02-23.

四、进攻型公共关系

进攻型公共关系是指社会组织与环境发生某种冲突或摩擦时,为了摆脱被动局面而采取主动出击的方式,来树立和维护良好形象的公共关系活动。当社会组织的预定目标与所处环境发生冲突时,要及时抓住时机,调整决策和行为,积极主动地去改造环境,逐渐减少直至消除冲突,以保证预定目标的实现。在当前市场竞争十分激烈的情况下,社会组织更要运用进攻型公共关系来战胜对方。

在进攻型公共关系中,社会组织为了摆脱被动局面,应采取以攻为守的策略,避免环境的消极影响,抓住有利的时机和条件,变换策略,迅速调整,改变对原有环境的过分依赖,开辟新的环境,寻找新的机会。同时,要不断开创新局面,协调社会关系,减少与竞争者之间的矛盾和冲突,团结更多的支持者和协作者。

五、宣传型公共关系

宣传型公共关系是指社会组织通过宣传和建立良好的公共关系网络,来达到公共关系的目的。从目前看,宣传的形式有两种:一种是公共关系广告,另一种是新闻报道。

1. 公共关系广告形式

社会组织可以把自己的形象塑造作为广告的中心内容,着重宣传其管理经验、经济效益、社会效益和已获得的社会声誉。

案例

盒马"共享员工"

在2020年"黑天鹅"影响下,不少侧重线下消费服务的商家无法正常营业。例如,一些大型连锁餐饮店的资金一般高流转低储存,这时就面临着员工不能正常上岗、资金紧张、可能发不出工资的窘境。2月1日,投中网发布的一篇专访文章《西贝贾国龙:疫情致2万多员工待业,贷款发工资也只能撑3月》就可见这个行业当时的窘境。

另一方面,同样因为"黑天鹅",社区电商大兴,需要大量人力来配送生鲜蔬果到"坐月子"的人们门口,该行业面临"用工荒"。2月3日,阿里巴巴旗下的盒马宣布联合北京多家餐饮企业,合作解决现阶段餐饮行业待岗人员的收入问题,缓解餐饮企业成本压力和应对商超生活消费行业人力不足的挑战。计划施行后,已经陆续有餐饮、酒店、影院、百货、商场、出租、汽车租赁等32家企业加入进来,1800余人加入盒马,正式上岗。

案例解析:

该"共享"举措为盒马赢得了各界赞誉,"浙江省总工会"评价盒马、京东、苏宁等平台型企业与受疫情影响暂无法开业的餐饮企业达成临时合作,"借用"其员工,大大缓解了疫情期间的人力供需矛盾。《广州日报》评论疫情期间共享员工的广泛尝试表明,这种用工模式能够有效缓解"潮汐式"用工这一老大难问题。

通过共享用工,员工可以得到多元化工作机会,保证收入来源,而企业则可以减轻用工成本压力,可以说是双赢。盒马也因此斩获了不少大众好感,树立了一个良好的企业形象。

资料来源:http://www.guikeyun.com/cms/news/409648.html,2021-07-25.

2. 新闻报道形式

新闻报道形式是一种不必付费的宣传,易为社会公众所接受,如新闻报道、专题采访、经验介绍等。

社会组织可以根据新闻报道的规律,寻找社会公众关心的热点,制造新闻,吸引新闻媒体前来报道。其特点是主导性和时效性强、传播面广、推广社会组织形象的效果快,特别有利于提高社会组织的知名度。

六、交际型公共关系

交际型公共关系是指社会组织不借助媒体,而是以人际接触为手段,与社会公众进行协调沟通,为社会组织广结良缘的公共关系工作。

交际型公共关系的形式主要有团体交际和个人交往。团体交际包括各种招待会、工作午餐会、宴会、茶话会、舞会、联谊会等;个人交往包括交谈、拜访、信件来往、提供帮助等。交际型公共关系常常借助于人际传播的技巧,通过人际交往,达到社会组织与社会公众互惠、互利、互助和互通信息的目的,发掘对社会组织有用的信息。其特点是:直接沟通、形式灵活、信息反馈快、富有人情味。

在我国,交际型公共关系应该称得上是公共关系活动方式中应用最为广泛的一种。在当今社会现实中,人们对人际接触与交往的作用和影响还是很重视的。善于进行人际交往的人,比较容易建立起良好的社会关系,往往在事业的发展上也比较顺利。

七、服务型公共关系

服务型公共关系是一种以提供优质服务为主要手段的公共关系活动方式。其目的是以实际行动来获取社会公众的了解、认可和好评,塑造自己的美好形象。实实在在的服务是这种公共关系活动的最好体现,最佳的服务就是最好的公共关系。

服务型公共关系的特点是以行动作为最有力的语言,因此最容易被社会公众所接受,特别有利于提高社会公众的美誉度。它可以体现在售前的服务和售后的服务中,也可以体现在售中的服务中。目前在我国工业企业中的售后服务、消费指导,商业企业的优质服务、送货上门,公用事业单位的完善服务、接受监督,宾馆开展的企业文化等都是服务型公共关系。

八、社会型公共关系

社会型公共关系是指社会组织通过举办各种社会性、公益性、赞助性活动，来扩大影响，取得社会公众的赞誉，以树立自身良好形象的公共关系活动。社会型公共关系的传播形式主要有四种。

一是以社会组织机构本身的重要活动为中心展开传播，如利用开业剪彩、周年纪念的机会，邀请各界来宾，渲染气氛，扩大影响。

二是以参加各种活动为中心展开传播，如参加各种体育比赛、文艺演出等，借此扩大影响。

三是以资助传播媒介为中心展开传播，如资助电台、报社、电视台、杂志社，举办各种大奖赛、智力竞赛、专题节目等。

四是以赞助社会福利事业为中心展开传播。其特点是社会参与面大、与社会公众接触面广、社会影响力强、形象投资费用高，能有效提高社会组织的知名度和美誉度。不拘泥于眼前的利益得失，着眼于长远利益和整体形象。

开展社会型公共关系活动，很重要的一条就是所举办的活动必须对社会有利，符合国家的政策法令，能够引起社会的重视，特别是引起新闻媒体的重视。新闻媒体重视了，通过它们的传播，可以扩大影响，取得更加满意的效果。有些社会组织与新闻媒体合作，不仅提高了社会组织机构的声望，也有助于扩展社会组织的公共关系网络。

案例

"韩红爱心·援陕公益再行动"捐赠暨发车仪式

11月29日，"韩红爱心·援陕公益再行动"捐赠暨发车仪式在西安举行。副省长方光华出席仪式并致辞，省政府副秘书长张军林、省卫生健康委员会主任刘宝琴出席仪式。

方光华对韩红爱心慈善基金会长期以来对陕西的援助表示感谢，充分肯定了基金会对助推陕西省健康扶贫任务、改善基层医疗服务能力发挥的作用与贡献。他表示，此次捐赠是对我省巩固拓展健康扶贫成果同乡村振兴有效衔接工作的有力推动，充分彰显了韩红女士及基金会的家国情怀。他要求，接受援助的县（区）要努力提升医疗水平，积极主动服务群众，切实把捐赠项目用在为群众办实事、办好事上，更好护佑群众健康。

刘宝琴代表省卫生健康委接受捐赠。本次援陕再行动捐赠金额高达 2000 万元，主要捐赠项目包括：捐赠3所复明中心，免费实施450例白内障手术；捐赠32辆救护车、30辆医疗巡诊专用车；捐赠1225个"乡村医生巡诊包"；捐赠30所"韩红爱心·乡镇急救室"；为基层医生提供2期急诊培训；支持100名基层医生开展超声医师培训；为眼科医生提供专科培训；等等。据了解，韩红爱心慈善基金会于2018年和2020年分别向我省捐赠了价值 1500 万元和 600 万元的医疗援助项目。

资料来源：http://sxwjw.shaanxi.gov.cn/sy/wjyw/202112/t20211202_2202578.html，2021-12-02.

九、防御型公共关系

防御型公共关系是指社会组织为防止自身的公共关系失调而采取的一种公共关系活动方式。适用于社会组织出现潜在的危机时，为了控制公共关系失调的苗头，防患于未然，采取以防为主的策略，重视信息反馈，及时调整自身的政策或行为，以适应环境的变动，表现在平时的居安思危和积极防御。防御型公共关系最适用于企业发展中的战略决策，为具有战略眼光的领导者所重视和采用。

防御型公共关系重点是处理突发事件，这些事件大体有以下几种类型。

1. 自然灾害

自然灾害一般有火灾、水灾、地震、蝗灾、瘟疫等几种情况，是大自然施加给人类的灾难。自然灾害是不可抗拒的，非人力所能避免的。它不但给公众，也给组织带来严重的损失。这种事件的发生虽非组织的责任，但对其处理得法，却能树立组织在社会上的良好声誉。常言说："水火无情人有情"，组织利用抗灾时机开展自救和援助活动，可以加强与内外公众血肉般的感情。

2. 工作事故

工作事故是由于组织自身行为违反常规而造成的一种意外事件。常见的有三废泄漏、工作伤亡、废品销售、交通事故、决策失误等。这些事故的发生，严重损害了社会公众的切身利益和身体健康，如不迅速处理，将使组织的社会声誉受到严重影响。

案例

危机公关经典案例：宜家家具"法格拉德儿童椅"全球召回

2004 年 10 月 15 日，全球著名的家具巨头宜家公司对外宣布，从北京时间 10 月 15 日中午 12 时起，将在全球范围内召回售出的法格拉德儿童椅，货品编码是 400.548.40。针对中国消费者，凡是购买了法格拉德儿童椅的消费者只需将该产品退回到宜家在中国的销售商店即可，无须携带任何购买凭证。

宜家公司详细地解释了产品召回的原因，即产品的塑料脚垫可能会发生脱落，从而存在会被孩子吞食，进而导致发生梗塞窒息事故的危险。隐患是在宜家工作人员反复自查，并经权威检测确定该安全隐患足以致害后，向消费者如实公布的。

案例解析：

宜家以消费者为本的危机公关策略为宜家赢得了满堂喝彩。法格拉德儿童椅是为三岁以下的幼儿所设计。针对产品脚垫易脱落的缺陷，以及幼儿容易吞食的特性，宜家果断决策无条件召回所售产品。宜家预见到产品的安全隐患一旦致害，将出现婴幼儿窒息甚至死亡的不可逆后果。于是，宜家主动出击，召回所售商品。首先，宜家主动与消费者沟通，表现出大企业对消费者负责的风姿。宜家发现产品问题后，不隐瞒、不回避，将情况如实告知消费者，并确定召回的时间，如此一来，宜家掐断了未来可能出现的危险，将企业风险降到最低。虽说因为产品的召回，宜家会受到一定程度的损失，但宜家收获了消费者更多的信任。

在企业危机公关中，消费者对问题的本身并不看重，更看重的是企业的态度，所以从危机一开始企业要本着对消费者负责任的态度，正面地、人性地与消费者沟通。正如宜家所为，不仅杜绝了危机的发生，而且获得了社会美誉度，赢得了消费者的人心，这是千金难买的无价之宝。宜家以此次召回为契机，在广大消费者心中树立了敢承担、讲信用、急消费者之所急的形象。宜家就是用负责的态度、积极与消费者沟通的公关策略成就了自己，一步一步成长为家具行业的巨人。

资料来源：https://www.onrmedia.com/news/9725.html, 2021-06-09.

3. 纠纷事件

纠纷是组织发展过程中最常遇到的突发事件，如组织内部的劳资纠纷、打架斗殴、罢工抗议等。此类事件是组织与公众矛盾的集中体现，处理得好，可以扩大组织的影响和声誉，变坏事为好事，化不利为有利；处理不好，组织将可能信誉扫地，成为众矢之的。

4. 舆论事件

此种类型事件主要有：举报事件、投诉事件、报道失实事件、通报批评事件、公众谴责事件等。由于这些事件都属有损组织形象的不利舆论，所以堪称组织的信誉危机。任何组织对这些事件都应采取积极对策，设法挽回影响，绝不可听之任之，保持沉默。

十、征询型公共关系

征询型公共关系是指社会组织为自我生存与发展而利用社会调查、民意测验、舆论分析等信息收集手段，了解社会公众的信息，监测社会组织的环境，把握环境发展的动态，为社会组织的决策提供咨询的公共关系活动方式。其目的是掌握舆情民意，为社会组织机构的经营管理决策提供依据，使自己的行为尽可能地与国家的总体发展目标和市场的总体趋势相一致。其特点是：有较强的研究性、参谋性，是整个双向沟通中不可缺少的重要方式。其形式有：开办各种咨询业务，建立来信来访制度和合理化建议制度；广泛开展社会调查；设立热线电话，接受和处理投诉；进行有奖测验活动，举办信息交流会；等等。

复习思考

1. 如何理解公共关系的概念？

2. 公共关系的基本原则包括哪些内容？

3. 公共关系有哪些基本构成要素？它们各自的地位是怎样的？

 实践课堂

组织学生进行一次讨论，举例说明塑造良好的社会组织形象的重要作用，正确辨析公共关系与人际关系、广告、宣传等相关概念的区别，进一步明确塑造良好的社会组织形象与提高核心竞争力的关系。对比中西公共关系的特点，找到其中存在的共同点与差异点。

1. 实践内容

搜集成功企业如何塑造良好的社会组织形象的典型案例，分析其成功的原因及有效的运作方法。思考造成中西方公共关系思想异同的社会条件。

2. 实践目的

树立现代公共关系的理念，了解公共关系在竞争中重要作用，了解我国公共关系与西方的差距，明确我国公共关系的努力方向。

3. 实践环节

针对收集到的相关资料和信息，在课堂分组讨论中相互交流，归纳和总结，并撰写一份研究报告。谈谈自己的见解并提出合理化建议。

4. 技能要求

熟练掌握资料的收集方法，以及公共关系的发展史，尝试撰写分析报告，并进一步提出自己的认识与建议。

扩展阅读 1-1　如何理解公关活动与营销活动的差异与融合

第二章 公共关系的主体

学习目标

了解公共关系主体——社会组织、公共关系机构、公共关系人员的作用。

技能要求

了解社会组织分类、公共关系机构的设置和运作,了解从事公共关系工作人员应该具备的能力和素质,掌握如何开展公共关系工作,如何做一个合格的公共关系人员。

引导案例

海底捞为何被誉为餐饮品牌的标杆？

2021年8月，海底捞老板娘及其第二大股东退出董事会，管理层来了一群年轻人，加上翻台率下滑、净利下滑等一系列数据，海底捞再次受到了关注。

网民纷纷猜测，海底捞究竟是怎么了？

截至2021年上半年，海底捞餐厅整体翻台率由同期的3.3次/天降至目前的3.0次/天，经营效果未达到管理层预期。此外，财报显示，海底捞顾客人均消费从2020年上半年的112.8元，减少到2021年同期的107.3元。

此次变故同时受到媒体大范围的关注。媒体的报道接踵而来，而海底捞创始人张勇的回应亦随之映入眼帘。以下，让我们来借此次事件分析海底捞的公关策略。

1. 从张勇话术看海底捞内部公关策略

海底捞自成立以来，一直重视其内部公关，这与其创始人张勇有很大的关系。张勇白手起家，深知基层员工的不易，在开业初期发现顾客会因为自己送了一盘水果不要求找零，因而更加意识到服务的重要性。

随着企业越做越大，海底捞确立了"双手改变命运"的核心理念来凝聚员工。"只要遵循勤奋、诚恳、敬业的信条，自己的双手是可以改变一些东西的。员工坚信这个理念，就会发自内心地对顾客付出。我们的服务也因此得到很大的提升，从而牢牢抓住消费者的心。"张勇指出。

因此，在企业文化的构思方面，张勇花了不少心思；而这在他对海底捞业绩下滑的回应中也有所反映。

首先，张勇曾表示："我作为海底捞的最大股东，对未来业绩增长是不抱有希望的。任何企业都不会持续增长……"直言的方式显示出其坦率真诚。

其次，张勇并未将问题归结于疫情，坦诚自己在2020年错误判断疫情局势，直呼自己"确实盲目自信"，又指出2020年疫情给门店带来的经营压力，会锻炼出新一批优秀店长，表示"海底捞的成功是因为有很多优秀的干部"。

这显示出其勇于承担责任及信任员工；对员工的信任意味着员工可以真正地"使用自己的双手"。

张勇对员工的信任，体现在海底捞员工的自主决定权。在海底捞，每一个服务员都有权利为客人免单；而这在其他餐饮企业中是极其少见的。

由于海底捞不会像其他企业一样限制员工，而是给予其自主解决问题的权利;因此,当顾客有不满意的地方时,海底捞员工便能够第一时间出现并且及时解决问题,承担责任。

可见,张勇对员工的信任,使员工有了为自己拼搏的干劲;在海底捞巅峰时期,海底捞从上至下,所有员工都干劲十足,积极服务顾客。海底捞内部因而形成了巨大的凝聚力和向心力,这也使海底捞企业精神顺利得以实践,而不只是一句空话。

2. 从企业文化看海底捞消费者公关

2017年,海底捞后厨肮脏混乱的报道疯传。视频中,老鼠在后厨地板上东窜西去,海底捞的后厨更使用顾客所用火锅勺掏下水道,引起了大众激烈的反应;大家纷纷表示"不可思议"。而这起事件被称为海底捞"老鼠门事件"。

"老鼠门事件"事件回顾

首先,海底捞在4小时后做出了积极的直面回应,不逃避问题反映出其愿意直面错误。

其次,海底捞于通报中写出,此次事件将由高层承担责任,不由基层员工"背锅",更感谢媒体进行事件的曝光。直接承认自身错误,显示出其愿意承担责任。

最后,海底捞欢迎顾客继续进行监督,信任食客,积极与顾客建立良好关系,而这正反映出海底捞对消费者公关的重视。(所谓消费者关系,是指企业与其产品和服务的现实的和潜在的消费者之间所结成的社会联系。)

此次事件中,海底捞方丝毫没有懈怠,积极做出回应、配合监管与改善;而这与企业精神的成功有极大联系。

当员工拥有一定自主决定权,危机发生时,海底捞的工作人员便会专注于解决问题而不是甩锅,务必做到令顾客满意。

这令消费者重新建立起了对海底捞的信任,亦使此次危机公关事件被称为了教科书级别的危机公关。

资料来源:https://view.inews.qq.com/a/20220112A0ASIU00?startextras=0_c8c1232bc8da1&from=ampzkqw,2022-01-12。

第一节　社会组织

一、社会组织的含义

社会组织可以简称为组织。公共关系中所讲的社会组织,是社会学意义上的组织。即按照一定的目的、任务和形式建立起来的社会群体或社会集团。它是构成宏观大社会的个人的特定集合，是公共关系的主体。

在现代社会里，社会组织占据着决定性的地位。各种社会组织的影响已经渗透到社会的各个角落，其存在与发展构成了我们日常生活的基本部分。我们每个人都是分属于某个组织，或者同时属于几个组织。社会组织的性质、特点及其运行方式都会影响或决定人们生活和工作的各个方面。

二、社会组织的特征

作为公共关系主体的社会组织一般具有以下特征。

1. 整体性

任何社会组织都有一套规范的章程，并具有权威的领导体系，以及合理的组织结构、制度和规则，将本组织中人们的各种活动组合起来，使之有序、高效地发挥作用，成为一个"命运共同体"，从而达到社会组织的目标。

社会组织中的成员和部门都是该组织的构成部分，都与该组织的整体具有不可分离的密切关系。

2. 目的性

任何社会组织的形成，都是为了实现一定的目的。无目的或无目标的组织是不存在的。如政府的目的是为人民服务，学校的目的是培养人才，工厂的目的是生产产品。因此，社会组织内部的各种活动及与外部的各种交往和联系，无一不是围绕社会组织的目的进行的。

社会组织的成员和部门是在共同目标基础上结合起来的，社会组织的目标就是构成该组织的核心要素。

3. 适应性

社会组织是一个有机的"生长体"，应随着社会环境的变化而不断地调整自身的行为。社会组织既要有适应性和应变能力，又要积极主动地去创造条件和改善环境。例如，过去大学毕业生由国家统一分配，现在要自谋职业，自寻出路。因此，高等学校在培养人才这一总目标不变的前提下，在毕业生如何适应市场需要的分目标上就应有所变革，以适应环境的变化。

社会组织成员之间、部门之间、成员与部门之间、成员和部门与整体之间必须相互适应，社会组织与外部环境也必须相互适应，这样社会组织才能生存和发展。

4. 稳定性

不管社会组织中的人事如何变动，甚至高层管理人员如何更迭，只要整个组织的存在理由没有消失，社会组织将继续存在和运行。这种相对的稳定性，使人们有可能预测组织的活动和趋向。

5. 多样性

不同的社会组织,其性质、结构形态和职能是不一样的。因而社会组织具有多样性的特征。

三、社会组织的分类

社会组织的多样性,使其在组织的目标、原则和利益上往往有很大的差异,这就必须对社会组织进行科学的分类。

(一)根据社会组织成立的依据和内部关系状态划分

1. 正式社会组织

正式社会组织依据法律的许可和规定而成立,其性质、目标、宗旨、职能、结构等都有比较明确的要求和规定,社会组织成员之间的责、权、利关系明确,是一个相对稳定的社会实体,如政府、军队、学校和企业集团等。

2. 非正式社会组织

非正式社会组织是依据其成员的兴趣和特长自愿组成,其目标、职能和结构具有随意性,组织约束力差,组织成员之间的关系比较松散自由,如各种协会、学会、沙龙和俱乐部等。

(二)根据社会组织的性质与功能及目标划分

1. 政治组织

政治组织具有社会政治职能和社会管理职能,集中代表和反映社会统治阶级的整体利益或某一阶层的利益。如政党组织、政权组织、武装力量和司法机关等。政治组织的公共关系任务是:在人民心目中树立一个良好的领导者、管理者、保卫者和服务者的形象,以便得到多数人民的拥护、理解和支持,完成其政治职能。

2. 经济组织

经济组织是最基本的社会组织,担负着社会经济领域中的生产、交换、流通和分配等经济职能。无论是生产组织、商业组织、金融组织、交通运输组织,还是第三产业的服务性组织,其公共关系的任务在大目标上是一致的,就是要建立一个良好的生产经营者形象,争取顾客、消费者和其他社会公众的支持,以便在市场竞争中增强生存和发展的能力。

3. 文化、教育、科研、卫生组织

文化组织具有传播与研究文化、教育和科学技术的职能,满足人们的文化需求是其最基本的任务。所有的文化艺术团体、教育科研单位、医疗卫生部门都属于这个范畴。文化组织的公共关系任务主要是塑造优秀的文化事业建设者、传播者和服务者的形象,争取更多的各界社会公众的关心、参与和支持。

4. 群众组织

群众组织是代表某一社会阶层或领域的公众利益的社会组织。在我国,工会、妇联、科协、文联、工商联合会和各专业学会等都属此列。这类社会组织的公共关系任务主要是广泛团结社会各阶层、各领域的群众,组织他们开展各种社会活动,维护社会利益与群众利益,帮助政府树立威信。

5. 宗教组织

宗教组织是以某种宗教信仰为宗旨而形成的社会组织。它的主要工作是依据宪法维护宗教界的合法权益,办好正常的宗教活动。如我国现有佛教、道教、伊斯兰教、天主教和基督教等宗教组织。宗教组织的公共关系任务是在信教群众和宗教界人士心目中树立一个宽和的组织者形象,与不同的信仰和平共处,帮助信教群众和宗教界人士提高社会责任感,并得到他们的拥护和爱戴。

(三) 根据性质、功能及是否营利划分

1. 公益性组织

公益性组织关注的不是本组织的利益,而是以社会公众的利益为出发点,是一种非营利性组织。政府部门、公共安全机关、消防队、报纸、广播电台、电视台等都是公益性组织。这类组织以国家和社会整体利益为目标,其公众对象是社会各界。

由于公益性组织一般都掌握着一定的权力,通常被其他社会公众作为公共关系的重点对象,因此他们作为公共关系客体的时候比作为公共关系主体的时候多。

2. 互益性组织

互益性组织是以本组织利益为目标的非营利性组织,如各种党派团体、职业团体(学会、协会、研究会等)、工会组织、宗教组织等。这类组织重视内部成员的利益和目标,因此首先重视内部成员对本组织的凝聚力和归属感,重视组织内部的沟通。这类组织通常作为公共关系的主体出现。

3. 服务性组织

服务性组织是以社会公众为服务对象的非营利性组织。如学校、医院、社会福利机构等。这类组织以其特定服务对象的需要为目标,同时还必须与其资助者和协助者保持稳定的关系。这类组织以公共关系主体的身份出现的时候比较多。

4. 营利性组织

营利性组织是以本组织利益为目标的社会组织,如工商企业、金融机构、旅游服务业、交通运输组织等。由于这类组织最大的公众是消费者,其自身又是非权力型的组织,因此它们主要是以公共关系主体的身份出现。

此外,根据社会组织的规模不同,还可以将其分为小型组织、中型组织、大型组织和巨

型组织;根据社会组织的地域不同,可分为地方性组织、区域性组织、全国性组织和国际性组织;根据社会组织是否有权力,可以分为非权力型组织、准权力型组织和权力型组织。

网络危机处理公关公司舆情引导与危机处理五步走

近年来,互联网新型社交媒体的快速发展创新,极大地丰富了舆情信息的传播方式。同时,中国正处于社会经济发展的转型期,社会各种矛盾集中多发,造成舆情突发事件爆发频繁。那么,对于网络舆情应该如何进行引导与危机处理?

第一,做好网络舆情监测,备好舆情应急管理机制。

受到互联网特性的影响,网络舆情危机的爆发具有突发性,所以企业和事业主体单位应提前做好舆情应急管理预案,因为总体来看,舆情应对预案对舆情危机的形成与发酵影响明显。迟缓的危机应急管理容易引发舆论的质疑和批判,导致不良后果。因此应对负面舆情,企业和政务主体单位要完善应急管理机制,提前做好舆情预警监测,建立舆情研判机制,及时发现负面舆情并及时对舆情进行处理。同时完善事件本身的重建、补偿、调查、追究机制和信息流通的报告、指挥、发布、沟通机制。

第二,发挥媒介媒体作用,做好信息公开透明。

事实上,突发事件演变为舆情危机,多数时候是由于真实信息未及时传播引起的。而信息公开透明既可以满足公众知情权,同时还可以杜绝谣言传播,维护企业与政府代表的公信力。在"人人自媒体"的多元开放性网络舆情环境中,疏导舆情危机,要善于利用微博、头条、抖音等新兴媒介,发挥其强大的舆论宣传力,及时发布真实权威信息,引导舆论的正确走向。在这个过程中,要注意舆情动态收集分析和梳理,提炼舆论关切点,从而在信息公开过程中有针对性地解答公众舆论质疑。

第三,谨慎处置网络舆情,积极应对负面舆情。

突发舆情事件在演变过程中,因社会公众的复杂性,会在传播过程中遭到各种质疑、批评、追问、谣传甚至谩骂。此时,如何面对这些质疑批评并作出合理的引导对于化解舆情危机至关重要。这就要求工作人员在基于事件事实和公众诉求的前提下及时作出回应,言语要避免官腔官调,应充分考虑公众诉求以解决问题。与媒体和大众交流时应降低姿态,保证平等沟通。企业或主体单位部门有了失责行为要敢于认错,避免因逃避责任诱发新的舆情危机。

第四,勇于直面舆论争议,引导舆论良性互动。

在舆情应对过程中,企业或相关部门不应局限于事件发生时官方的各种权威信息发布。对于舆论中带有明显失实、非理性、发泄式的言论,当事部门要以普通网民的身份,到公众舆论场域中和群众展开"正面辩论",通过真切的交流互动以正视听。在网络引导过程中,要善于用公众易接受的形式解读法律条文和政策方针,力求与公众保持良性的舆论互动,在真诚沟通中赢得公众的理解和支持。

第五,提升危机防范意识,做好舆情后续工作。

当下,网络舆论监督、网络问政的公开,促进了社会管理的更加规范化,但无形中也给一些企业或地方政府造成了压力。因此,应对网络舆情,企业或政务单位不能仅靠事后被动应对,而是应该提升自身对于舆情危机的防范意识。从舆情根源入手,真正做好网络舆情工作,提前准备,事后结尾,持续关注,这样网络舆情环境才会风平浪静。

资料来源:https://www.sohu.com/a/523610012_121159373,2022-02-18.

第二节　公共关系机构

公共关系机构是具体承担和实施公共关系活动的部门或组织,常见的公共关系机构主要有公共关系部、公共关系公司和公共关系社团。

一、公共关系部

公共关系部是社会组织中贯彻其公共关系思想、实现公共关系目标,负责具体策划、组织和实施公共关系活动的专业性职能机构,是社会组织开展公共关系活动的行为主体。

一个规模较大的社会组织,公共关系的事务必然繁多。因而,设立专门的公共关系部门是十分必要的。

(一)公共关系部的地位与作用

社会组织内部的公共关系部是为处理、协调、发展本组织与社会公众和组织内部公众关系而设立的专业职能机构。该部门与组织内部的计划部门、业务部门、经营部门和劳动人事部门等一样,都是社会组织的重要组成部分,是重要的职能部门;其地位和作用是其他部门无法取代的。具体包括以下几方面。

1. 决策参谋的作用

公共关系部的工作目标是为了树立社会组织的良好形象。这就意味着公共关系部与其他管理部门不同,它不是一线部门和决策部门,而是在采集、整理和分析信息的基础上为社会组织的决策部门提供可选方案,协助决策层进行决策。因而,公共关系部在社会组织中充当着"智囊团"的角色。

经济的发展和科学技术的进步,使社会环境对社会组织的牵制性不断加强,社会组织做出的任何重要决策,都可能与社会环境有关。如果不考虑环境变化对社会组织的影响,不考虑经营决策可能带来的后果,将会使社会组织完全丧失对社会环境的适应能力,受阻于各种没有理顺的社会关系。

因而,在现代社会,任何一个社会组织除了要考虑经济、技术等因素外,还要考虑社会关系因素及决策可能带来的社会后果。公共关系部正是决策者把握社会脉搏的参谋部,并且要站在社会组织目标和社会需要的立场上,综合评价各职能部门的活动已经或可能引起的社会效果。

2. 搜集信息情报的作用

在社会组织中,公共关系部就是情报部。现代社会已进入瞬息万变的信息时代,社会观念的更新,社会公众心理和行为的变化,使社会环境日益复杂。在这种状况下,要使社会组织灵活地应对各种偶发事件,在激烈的竞争中立于不败之地,就必须对社会环境的变动、民意和舆论、社会公众的好恶心理、消费流行和各种关系对象的发展趋势,以及重大的政治、经济和法律内容及其变化等要有所了解,而提供这些情报和信息则是公共关系部的任务。

公共关系部在社会组织内部各部门、各机构之间,社会组织内部与外部之间发挥着桥梁和纽带的作用,并利用其与各类社会公众之间广泛联系的特殊条件,从各种渠道搜集大量的信息,掌握丰富的情报,进行着信息交流。

案例

新媒体时代,公关传播如何量化衡量?

公关行为本质就是将你想传达的信息,包装处理在理想渠道上传播给想传达的人群。那么,在当下信息传播迅速的新媒体时代,公关传播如何量化衡量?

1. 明确市场趋势、用户需求

公关应当围绕"关联度"建立传播策略,明确市场趋势与用户需求,明确企业优势及转型方向,与目标客户产生利益与情感的关联,这里的关联度也就是传播的相关性。

相比广告、市场等其他传播手段,公关侧重于沟通。但在当前的传播环境下,公关的沟通范围早已超越了"媒体关系"的界限,不仅仅只是通过"媒体"之口告诉消费者"它有多好"。在现代公关以"受众参与"为核心的今天,公关沟通的对象更是直接面向整个品牌的受众群体,与他们在各个渠道建立起有效的沟通对话,更多影响的是"情感"层面的认可与理解。

2. 侧重沟通过程:关注—认知—认可

"有形的公关状态"难以衡量的原因,从根本上还在于企业对公关目标的定位,此处很赞同魏武辉老师的观点:"公关的目标不是说服(求同意),而是沟通(求理解)。"而随着新传播技术对媒体趋势、媒介形态发展的影响,公关在企业品牌传播中的职能被衍化到更广的范围,尤其在社交媒体中,品牌传播的各项职能界限变得更加模糊。

公关是一个长期沟通、影响受众的过程,你可能无法一下子说服一个人立刻接受你,但是可以通过长期的沟通和影响(如互联网的"粉丝经济"、"情怀"营销、谷歌阿尔法狗和GE的讲故事策略等)让一个人去逐渐地了解和理解你,这也是"无形的公关状态"其中之一的价值所在。

资料来源:https://zhuanlan.zhihu.com/p/371433629,2021-03-06。

3. 社会交际部的作用

现代社会组织处于复杂多变的环境中,要与社会的各个方面发生往来关系。一个社会组织要想取得社会公众的接纳与支持,就要不断地向社会传递信息。而公共关系部作为正式的对外联络机构,在社会组织中发挥着社会交际部的作用。

公共关系部不断地将社会组织的方针、政策、规划和行为等,以信息的方式传递给各类社会公众,从而取得社会公众的理解、信任、支持和帮助,充当着社会组织对外交往的"外交官",并发挥着对外宣传的"喉舌"作用。

4. 协调内部关系的作用

公共关系部不仅要通报信息,提出建议,而且要有为社会组织解决难题的方法和善于协调社会组织内部各种关系的能力。由于公共关系部比较了解社会组织内部的情况,因而容易找到问题的症结所在,可以有针对性地开展公共关系活动,为社会组织排忧解难,培养员工对自己所在组织的认同感。同时激发起员工对社会组织的信任感,促使员工全身心地投入工作,充分发挥自己的创造性。

这就说明,公共关系部在社会组织的管理活动中颇有"回天之力",对于协调社会组织内部的各种关系发挥着不可低估的作用。所以各类社会组织的领导者一般都很尊重公共关系部的意见。

(二) 公共关系部的结构模式

公共关系部的设置应遵循精简、有效、权威、专业、服务和协同的原则。

在中国,社会组织内部公共关系部的结构模式基本上都是借鉴美国的模式,再结合自己的条件而形成的。由于社会组织的性质、规模不同,因此公共关系部的结构模式也各不相同。

1. 按公共关系部的工作特点分

从公共关系部的工作特点考虑,可以按工作手段、工作对象和工作区域来设置公共关系部。

(1) 按工作手段设置的公共关系部

一个公共关系部,主要包括新闻报道组、编辑出版组、技术制作组、活动策划组、业务拓展组、信息调研组,如图 2-1 所示。

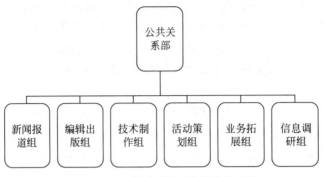

图 2-1　按工作手段设置的公共关系部

(2) 按工作对象设置的公共关系部

按工作对象的设置可将公共关系部分为内部公共关系部和外部公共关系部,如图 2-2 所示。

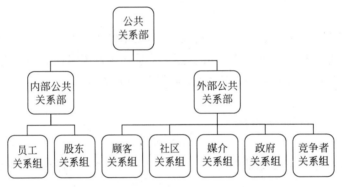

图 2-2　按工作对象设置的公共关系部

(3) 按工作区域设置的公共关系部

按公关事务的工作区域设置的公共关系部,主要包括国内公共关系事务部和国际公共关系事务部,如图 2-3 所示。

2. 按公共关系部的隶属关系分

从公共关系部的隶属关系考虑,分为总经理直接负责型、部门并列型和部门所属型三种类型,其中,总经理直接负责型是较为理想的模式。

(1) 总经理直接负责型的公共关系部

总经理直接负责型的公共关系部,如图 2-4 所示。

(2) 部门并列型的公共关系部

部门并列型的公共关系部,如图 2-5 所示。

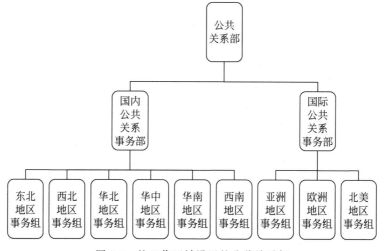

图 2-3 按工作区域设置的公共关系部

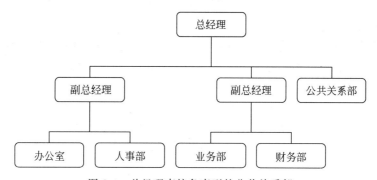

图 2-4 总经理直接负责型的公共关系部

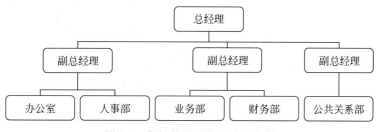

图 2-5 部门并列型的公共关系部

（3）部门所属型的公共关系部

部门所属型的公共关系部，如图 2-6 所示。

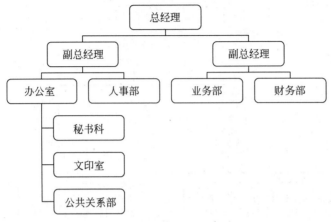

图 2-6 部门所属型的公共关系部

3．公共关系部模式设计举例

以上介绍的公共关系部的模式，大多是根据国外资料设计的理想模式，与企业现实中的公共关系部设计模式有所差异。

丽都假日酒店的公共关系部共有 14 人，在饭店行业中是公共关系部人数较多的，也是公共关系工作做得较好的饭店之一。其模式设计如图 2-7、图 2-8 所示。

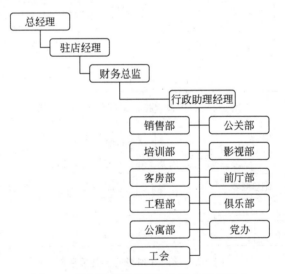

图 2-7 某市丽都假日酒店公共关系部模式

公共关系部的特殊作用是其他任何部门都无法替代的，它使社会组织的公共关系工作事有专属，减轻了领导的负担，有利于发挥"整体大于部分之和"的功能效应。凡是有条件

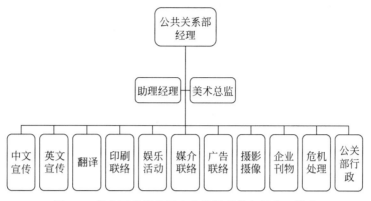

图 2-8　某市丽都假日酒店公共关系部内部分工模式

的社会组织都应重视公共关系部的设立。目前,我国企业中设立公共关系部的较多,而政府部门设立公共关系部的还极少见,事实上政府各个部门都在扮演着公共关系部的角色。

二、公共关系公司

公共关系公司是指由经过专业训练,并各具专长的公共关系专家和职业人员组成,运用专门知识、技能和经验,受客户委托,专门从事公共关系活动和咨询的服务性机构。

(一)公共关系公司的产生与发展

公共关系公司是随着公共关系作为一种职业的出现而产生和发展起来的,它诞生于 20 世纪初的美国。1900 年,在波士顿成立的"宣传公司"是第一家具有公共关系性质的公司。第二家公司由威廉·W.史密斯于 1902 年在华盛顿创办。

1903 年,被后人称为"现代公共关系之父"的艾维·李与乔治·派克合资成立了第三家公共关系公司——"派克和李公司"。1920 年,艾尔正式开办了公共关系公司。公共关系公司在克服美国 30 年代经济危机中所发挥的作用,使其在社会尤其在工商企业中的地位被确立。

(二)公共关系公司的类型

公共关系公司的业务范围非常广泛,它包括政治、经济、文化、法律、宗教、体育和旅游等各行各业。不同的公共关系公司从事着不同的公共关系活动,表现出不同的公共关系形式,一般可以从不同的角度将公共关系公司划分为以下类型。

1. 按服务对象划分

(1) 专项公共关系咨询公司

专项公共关系咨询公司是专门为客户提供某种公共关系技术服务的公司。例如:为客户搜集有关公共关系方面的信息,做公共关系形象调查,制订公共关系计划方案;为客户制订和实施传播计划,设计公共关系形象,寻求实现公共关系形象的基本途径;为客户设计广告,提供广告方面的技术服务;为客户编辑公共关系杂志并代理发行;为客户制作公共关系电影、电视及各种视听资料;为客户撰写新闻稿件,并与新闻界建立联系;为客户提供公共关系专题活动的系列服务。

(2) 专业公共关系咨询公司

专业公共关系咨询公司是为特定行业提供公共关系咨询服务的公共关系公司。如为政治、经济、文化教育组织提供咨询服务,一般拥有资深的专家。

(3) 综合性公共关系咨询公司

综合性公共关系咨询公司是综合提供专业的或专门的公共关系咨询服务的公司。

2. 按经营方式划分

按经营方式的不同,可以将公共关系公司划分为与广告合营的公共关系公司和单独经营的公共关系公司。

三、公共关系社会团体

公共关系社会团体是指社会上自发组织的、非营利性的、从事公共关系理论研究和实务活动的群众组织或群众团体。主要包括公共关系协会、学会、研究会、俱乐部和联谊会等组织。

(一) 公共关系社会团体的特征

在公共关系发展的过程中,公共关系社会团体起到了非常重要的引导和促进作用,与公共关系部和公共关系公司相比,公共关系社会团体具有以下特征。

1. 广泛性

公共关系社会团体的成员包括其所在地区的企业、新闻、科研、文化教育单位和党政机关部门等各方面人士,还包括其所属行业中各方面有代表性的组织,并且不受时间、地域、年龄、性别等条件的限制,只要具有一定的公共关系理论或实务活动经验,都可以自发地组织或参加。

2. 松散性

公共关系社会团体是一种群众性的组织,不需要制定明确的纲领和建立严密的组织机构,不具有强制性,其成员只是对公共关系有着共同的兴趣,聚到一起研讨问题。

3. 服务性

公共关系社会团体通过自身的活动,为会员和社会公众提供公共关系理论研究的信息与动态,提供公共关系实务活动的机会,组织公共关系培训,在会员之间、会员与社会公众之间的沟通中起着桥梁的作用。

4. 非营利性

公共关系社会团体不是商业机构,而是属于学术团体。它所提供的服务虽然也要收取一定的费用,但绝不以营利为目的。

(二)公共关系社会团体的类型

1. 综合性社会团体

综合性社会团体是指不同地域范围内的公共关系协会,如上海公共关系协会于1986年11月成立,成为中国大陆第一家公共关系协会。1987年5月,经批准,中国公共关系协会在北京人民大会堂宣告成立。这种机构的主要职能是:服务、指导、监督、协调。

2. 学术型社会团体

学术型社会团体主要包括公共关系学会、研究会和研究所等学术团体。如中国高等教育学会公共关系教育研究会,其会员主要来自大中专院校、科研机构,是个知识分子群体,其主要任务是进行学术研究、交流公共关系理论、从事公关培训、指导公关实践、把握公共关系发展的趋势和方向等。

3. 行业型社会团体

行业型社会团体是一种行业公共关系组织,如1935年美国成立的美国公立学校公共关系协会(NSPRA),1939年成立的美国图书馆公共关系理事会(LPRC),1946年成立的美国妇女公共关系主管人协会(WEPR),1952年成立的美国铁路公共关系协会(RPRA)等。我国现有中国煤炭公共关系专业委员会、浙江省新闻界公共关系学会等。

行业型的公共关系社会团体由于在组织上保证了公共关系事业的深入发展,是一种很有潜力、大有前途的公共关系社会团体的组织形式。

4. 联谊型社会团体

联谊型社会团体形式松散,一般没有固定的活动方式、组织机构和严格的会员条例,组织名称各异。如公共关系俱乐部、公共关系沙龙、公共关系联谊会等。这种社会团体的主要作用是在成员之间沟通信息、联络感情,建立良好的人际关系。

广东地区公共关系俱乐部,是我国第一个联谊型的公共关系社会团体。

5. 媒介型社会团体

媒介型社会团体是通过报纸、杂志等传播媒介进行联络,并以此为依托组建的公共关系社会团体。这种社会团体直接利用媒体,探讨公共关系理论,普及公共关系知识,交流公共关系工作经验等。如《公共关系报》《公关世界》等。

第三节 公共关系人员

公共关系人员主要是指专门从事公共关系工作的专业和职业人员。他们是公共关系事业的主力,是社会组织形象的主要策划者和传播者,其素质的高低、优劣,直接影响到公共关系的效果。公共关系人员必须具备较好的心理素质和职业道德,拥有良好的专业知识结构和实用的技巧能力,才能成为一名合格的公共关系人员。

一、公共关系人员的素质

狭义的素质单指人的生理解剖特征;广义的素质则是指人的社会心理特征,包括人的感知能力、记忆能力、思维能力、反应能力、运动能力及个人的性格、兴趣、知识、品格和气质等特征。

根据公共关系工作的实际需要,公共关系人员必须具备以下方面的素质。

(一)心理素质

1. 热情的心理

公共关系是一种体力和智力的较量。热情的心理,能使公共关系人员兴趣广泛,对事物的变化具有敏感性,并且充满想象力和创造力,能够主动、积极地投身于公共关系工作。只有待人热情真诚,才易于广结良缘,广交朋友,拓展工作渠道;才能接受别人同时也能被别人接受。

2. 自信的心理

公共关系要创新,必然要承受压力,甚至是巨大的压力。有自信心,是公共关系人员职业心理最基本的要求。公共关系工作会面对来自社会公众的压力,要相信社会公众都是可以被说服的,如果现在没有被说服不是因为社会公众的顽固,而是因为你还没有找到说服他们的最好方法。作为公共关系人员,只有敢于面对挑战,敢于追求卓越,自强不息,才能激发出自身的勇气和毅力,最终创造出奇迹。

3. 开放的心理

公共关系是一种开放型的工作,公共关系人员应以一种开放的心理适应这一工作。公共关系人员在同外界打交道时会遇到各种各样的人,应该能够应付自如、游刃有余,善于"异中求同",与各种类型的人建立良好的关系。此外,公共关系人员还应具备开放进取的心理特征,拥有旺盛的求知欲和好奇心,要多研究新事物,关心新问题,接受新知识、新观念,不拒绝一切有益于公共关系的信息。

4. 坚定自律

自律体现两个方面的要求,一方面公共关系是以对社会公众的认识和了解作为出发点,以社会公众需要的满足程度作为评估的标准,但是其对社会公众的认识是有相对性的。因此,在更多的意义上它往往是以公共关系人员对自己的约束力为出发点,即更少地考虑自身,尽可能地体现对社会公众的谦让。

另一方面,出于公共关系的职业特点,公共关系主要是以提供服务为工作特色,而服务本身就意味着较少的自我,更多的自律。

案例

作为一名优秀的公关人员应具备哪些素质?首先最主要的就是说话

作为一名公关人员,说话是最主要的交往手段。会不会"说话",是公关人员合格与否的一项重要指标。

从公关心理学角度分析,"客套"与"敦促"都是能打动对方心理的妙方,关键看运用的人是否能够运用得好。人人都有自尊心,适当赞美对方可赢得好感。人人都有责任心,适当敦促对方可得到承诺,所以,交替使用这两种方法会带来预期效果。

海南一家公司与一个工厂签订购物合同,定于一个月内交货。可两星期后,该工厂见物价暴涨,就想撕毁合同,将货物高价转卖。于是,海南这家公司的营销人员马上前往谈判,力争对方履行合同。

该工厂早就准备舌战一场,然而,海南代表的一席话,使他们改变了想法。

海南这家公司的代表说:"这次和贵厂打交道,我们都感到你们做生意确实非常精明,特别是领导经营有术,更令人钦佩,值得我们学习。这次我公司向贵工厂订购的货物,是同另一家大公司合作经营的。若我们不能按期交货给那家公司,就可能闹出麻烦,也许到时要请贵工厂出面解释一番。我们的困难,想必你们是可以理解的。另外,我们是老主顾了,此次虽出了些矛盾,但将来还要打交道。若贵工厂无意间让我公司蒙受损失,不仅中断了我们的生意交往,也会使想同贵厂做生意的新客户退而三思。

再说,目前贵厂客户众多,业务兴旺,倘若他们知道贵厂单方面撕毁这项合同,就会觉得你们不守信用,不可信赖,难以合作。极可能减少或中断业务,那样,贵工厂就得不偿失了……"

以上实例中,海南方面的公司代表交替运用"客套"与"敦促",自然而不庸俗,巧妙而不诡辩,深得公关艺术之真谛,使对方为之惊动,愿意合作。这就启发我们:许多传统的经验和方法经过变脸和革新,与公关理论知识相结合,就会产生新奇的效果。

资料来源:https://www.xuanhutang.com/files/article/html/1/1030/50729.html,2020-12-22.

(二)文化素质

公共关系人员的文化素质是指其知识结构与水平。知识结构与水平在很大程度上决定了一个人的业务能力和思维能力。一般说来,公共关系人员所具备的文化素质应包括以下几个方面。

1. 公共关系基础理论知识

公共关系的基础理论知识包括公共关系的概念,公共关系的由来和基本原则,公共关系的构成要素,不同类型的公共关系机构的构建原则和工作内容,公共关系工作的基本程序,等等。

2. 公共关系实务知识

公共关系的实务知识包括公共关系调研的知识，公共关系活动策划的知识，公共关系活动实施与评估的知识，处理各种危机的知识，对社会公众对象进行分析的知识，与各种社会公众打交道的知识，社交礼节礼仪的知识，等等。

3. 与对象相关的特定的公共关系知识

公共关系部应该是一个人才和能力互补的群体，作为其中一员应有自己的专长：或长于对内关系，或长于传播交往，或长于专题策划，或长于国际公共关系，以便在群体中发挥作用。没有一定专长的公共关系人员在从事公共关系工作中一定会感到力不从心，难以有大的作为。

4. 与公共关系密切相关的学科知识

公共关系作为一门新学科，具有多学科交叉的特点，有人把公共关系看成是管理学和传播学的交叉学科，但是与公共关系相关的学科几乎涵盖了众多的社会科学。

其中最主要的有：管理学类学科，包括管理学、行为科学、市场学、营销学等；传播类学科，包括传播学、新闻学、广告学等；社会学和心理学学科，包括社会学、心理学、社会心理学等。最后还必须掌握最基本的传播法律知识和特定公共关系工作所需要的特定知识，如金融公共关系中的金融知识，涉外公共关系中的国际关系知识等。

（三）能力素质

一个人能力的高低直接影响到其工作效率。公共关系人员的能力素质体现为一种综合性，一般最基本的能力素质有以下几方面。

1. 文字和口头表达能力

能说会写是公共关系人员的两个基本功。公共关系工作中所涉及的撰写新闻稿件、活动计划方案、年度公共关系报告、工作小结、公共关系信函、演讲稿、宣传资料等都要求公共关系人员有扎实的文字功底；口头表达方式是最常用、最简洁的传播手段。

公共关系工作在很大程度上是一种劝说工作，因而要求公共关系人员有较强的口头表达能力，在谈话时能清晰、简洁、准确地表达自己的思想，还要进一步追求语言的技巧和艺术，体现语言的感染力，达到打动人和说服人的效果。同时要熟练地运用各种形体表达语言，通过动作、体态、表情向社会公众传递信息。公共关系人员要养成良好的习惯，出入各种公共关系场合要做到举止端庄、体态大方、服饰得体、言行礼貌等。

2. 组织协调能力

一个社会组织的公共关系资源是有限的，如何把有限的资源调动起来并发挥最大的作用，是公共关系人员必须追求的效率问题。因此，公共关系人员必须具备策划、指挥、安排和调度的能力。

公共关系工作中的传播信息、整理资料、编辑出版刊物、接待日常来宾，以及举办各种纪念会、庆典、记者招待会、联谊会、展览会等工作内容都需要经过周密的策划、精心的安排和认真的组织,其中对各种程序和资源的协调即成为公共关系人员能力素质的体现。

3. 社会交际能力

一个人社会交际能力的强弱,是衡量其对现代开放社会适应情况的重要尺度。公共关系人员的社交能力在很大程度上体现在其个人风格和魅力上,良好的人际交往能力是公共关系人员开展工作的前提条件,公共关系人员如果缺乏社会交际能力,与他人格格不入,就会在自己与社会公众之间筑起一道无形的屏障,也难以被别人理解、赢得别人的信任。

因而,公共关系人员必须有开朗的性格、热情奔放的情绪,使别人对自己产生信任感和安全感;要善于广泛交际,同社会各界、各层次的人士交往,要有意识地培养自己的气质、风度和处世合群的能力。

案例

河南一高校开展公关活动创意实践 扩展学生就业方向

吟诗作画、品茶论道、文创分享、声临其境,11月27日,初冬的中原工学院校园里,一场场别开生面、创意十足的沉浸式主题公关活动引得同学、老师们纷纷驻足参与。据悉,这是该校播音与主持艺术专业2020级"公关活动主持艺术"课程开展的结课实践,通过策划、主持、管理全流程设计与实践,提升播音主持专业学生的公关活动职业能力,拓展学生就业方向。

一堂创意十足的主题实践结课

在"公关活动主持艺术"这门课上,任课老师给学生们布置的结课作业是让班级90名学生分组合作,围绕政务类、商务类、家庭礼仪类三种公关活动类型,开展六场主题鲜明、创意十足的公关活动实践。

"文明互鉴,民心相通"国际文化交流展会,通过展示手工剪纸、书法、茶道、咖啡制作等,体现中西方文化的交融与差异。

"雏凤声清"配音秀暨慈善募捐活动发挥播音主持专业特色优势,进行一场声音秀表演,线上线下互动,为山区孩子募捐,送去学习所需要的书籍。

"盛唐印象,一日看尽长安花"唐文化主题体验活动,身穿汉服的讲解员带大家了解诗文化、酒文化、服装文化、礼仪文化,仿佛穿越时空,重回盛唐,感受中华文化的博大精深。

"爱心助农,'橘'手之劳"助农活动组联系到前段时间受灾严重的河南、山西果农,通过线上直播预售、现场售卖、互动抽奖等方式,以成本价把滞销的水果售卖出去,所售利润全部返还果农。

"风吹山角晦还明"一场属于20岁的特殊成人礼,回忆青涩时光、展现青春美好。

"拒绝社恐,感受温情"沉浸式假面音乐会为年轻人搭建交友平台,展现真实自我,丰富校园文化。

该校"公关活动主持艺术"课程组负责人、主讲教师时燕子介绍说,这六场主题鲜明的实践活动,正是政务、商务、家庭礼仪三种公关活动的典型形式。活动的全过程,包括项目策划、资金赞助、物料购买、现场主持、宣传推广等,均由同学们亲自完成。通过实际参与,同学们在其中可以掌握各个环节,真正提升同学们的创新力、执行力、组织力。

这是一次难忘的结课作业

"这是一次难忘的结课作业","唐文化主题体验活动"组成员、播音主持2020级秦宇良同学说,"我们小组15位同学从有创意开始,每天都会碰面讨论、发现问题、推翻设想、重新设计、汇总统计。回顾整个过程,这不仅仅是一次普通的结课作业,这个过程有温暖、有热爱。感谢老师们提供了这样一个平台和空间。"

课程主讲教师宋立说,课程策划实践的结课意义不是要求同学们办得多么隆重、盛大,或者看上去多么"高大上",而是希望他们通过亲自筹备、开展一场活动,体验从无到有的过程,经历其中的困难,遇到问题自己应对解决,总结经验并体验成就感,这才是最重要的,这个过程会让同学们有所收获、有所成长。

课程通过问卷调查显示,同学们纷纷表示收获很大。播音主持专业2020级杨悦同学说:"公关意识、策划创意、活动执行、团队合作、场地协调、工作效率、宣传推广,原来举办一场活动需要这么多环节,我们真正得到了实践锻炼。"

毕业后想从事公关活动行业

在公关活动经常性、常态化的当下社会,信息发布、商务谈判、产品推介、仪式庆典、家庭礼仪等活动的开展都有主持人这一角色。社会需求的多样化,对主持人提出了更高的要求,不仅要能主持,还要懂策划、会管理。

据了解,该校"公关活动主持艺术"课程于2013年开设,是一门面向播音与主持艺术专业本科二年级的学科必修课。课程建设紧跟时代需求,结合大量真实案例进行授课,重视公关活动场域中的中国式叙事理念,通过实操演练,在强化主持能力的同时,重视学生的公关活动策划、管理能力,强调多学科思维和跨专业能力。课程与行业紧密结合,联合业界导师通过集体备课、联合授课、共同结课的方式打通课程实施路径,让学生在一门课程中享有最大信息资源,汲取多元知识,以最终培养出能够服务区域经济发展、具有创意性内容生产力的语言传播人才。

通过课程学习,同学们对公关活动职业的兴趣和创新创业的热情大大提升。"国际文化交流展会"组成员、播音主持专业2020级翟一潓说,从一开始对公关活动一无所知,到课程结束后收获满满,她认为创意很大程度上决定了项目的精彩程度,具体执行时还要具备应变能力,做好Plan B以应对意外情况。"通过课程学习和实践,我了解了公关活动这一领域,毕业后我非常想尝试公关策划或主持人的职业。"

资料来源:http://henan.people.com.cn/n2/2021/1130/c378397-35029628.html,2021-11-30.

4. 自控、自制和处理危机的应变能力

由于公共关系人员要代表社会组织面对社会公众,因此他们在社会公众面前应展示一种"公务性自我"。职业要求公共关系人员要带着"永恒的微笑",不管自己遇到什么困难,内心多么烦躁甚至痛苦,不管遇到多么挑剔的公众,都应通过自我调节对自我状态加以控制,个人的喜怒哀乐、心理失衡应通过正常渠道宣泄,而不应带给社会公众。

5. 组织谋划能力

组织谋划能力包括策划决断能力、计划设计能力、组织实施能力、指挥调度能力和平衡协调能力等方面,是公共关系人员有计划、有步骤地从事某种活动并使之达到预期目标的实际操作能力。

二、公共关系人员的职业道德

(一)国际上关于公共关系人员的职业道德准则

一般来说,从事任何职业都需要具备最基本的职业道德,作为公共关系这一特殊职业,其职业的自律性显得尤为突出。在众多公共关系组织制定的职业准则中,《国际公共关系道德准则》影响最大。《国际公共关系道德准则》的具体内容如下。

1. 公共关系人员应该努力做到

(1)为建设应有的道德文化条件,保证人类可以享受联合国《世界人权宣言》所规定的诸种不可剥夺的权利做贡献。

(2)建立各种传播网络与渠道以促进基本信息自由流通,使社会的每一个成员都有被告知感,从而产生归属感、责任感、与社会合一感。

(3)牢记由于职业与公众的密切联系,个人的行为——即使是私人方面的——也会对事业的声誉产生影响。

(4)在自己的职业活动中尊重联合国《世界人权宣言》的道德原则与规定。

(5)尊重并维护人类的尊严,确认个人均有自己作判断的权利。

(6)促使为真正进行思想交流所必需的道德心理、智能条件的形成,确认参与的各方都有申诉与表达意见的权利。

2. 公共关系人员应该保证做到

(1)在任何时候、任何场合,自己的行为都应赢得有关方面的信赖。

(2)在任何场合,自己均应在行动中表现出对所服务的机构和公众双方的正当权益的尊重。

(3)忠于职守,避免使用含糊和可能引起误解的语言,对目前及以往的客户或雇主都始终忠诚如一。

3. 公共关系人员应该避免

(1)因某种需要而违背真理。

(2) 散播没有确凿依据的消息。

(3) 参与任何冒险行动或承揽不道德、不忠实、有损于人类尊严与诚实的业务。

(4) 使用任何操纵性方法与技术来引发对方无法以其意志控制因而也无法对之负责的潜意识动机。

(二) 国内关于公共关系人员的职业道德准则

为了矫正国内公共关系界出现的某些不正确的公共关系行为,使公共关系人员有章可循,推动中国公共关系事业的健康发展,1989年9月27日全国省、市公共关系组织第二次联席会议提出了《〈中国公共关系职业道德准则〉草拟及实施方案》。

《中国公共关系职业道德准则(草案)》以我国社会公认的道德规范和我国公共关系实际为出发点,它的诞生无疑是中国公共关系事业发展史上的一件大事。这里,我们将该职业道德准则的正文条款转引如下。

(1) 每个公共关系人员必须使自己的公共关系实践和理论符合我国的宪法、法律和社会公认的道德规范,必须铭记他自身的一举一动都将影响到社会公众对这种职业的总体评价。

(2) 在任何情况下,公共关系人员必须做到全心全意为我国的社会主义事业服务,都应该考虑到有关各方的利益,首先应该考虑社会公众的利益,同时也应该考虑到自己所在组织的利益。

(3) 公共关系人员在进行公共关系活动的时候,力求真实、准确、公正和对公众负责。

(4) 从事各种专门公共关系的专职人员应该在借鉴、钻研和实践的基础上努力提高各自的公共关系业务水平。

(5) 公共关系教育工作者应该以一种严肃、认真、诚实的态度对待公共关系高等教育和普及教育。

(6) 公共关系人员不得参与不道德、不诚实或有损本职业尊严的行为。

(7) 公共关系人员不得为了个体利益故意传播虚假的或使人误解的信息。

(8) 每个公共关系人员不应该有意损害其他公共关系人员的信誉和公共关系实务,但是如果有证据证明其他公共关系人员有不道德、不守法或不公正行为,包括违反准则的行为,应该向自己所属的公共关系组织如实反映。

(9) 公共关系人员不得借用公共关系名义从事任何有损公共关系信誉的活动。

(10) 公共关系人员不得利用贿赂和其他不正当手段来影响传播媒介人员真实、客观的报道。

(11) 公共关系人员在国内外公共关系实务中应该严守国家和各自组织的有关秘密。

复习思考

1. 社会组织的特征包括哪些内容?

2. 公共关系部的结构模式主要有哪几种？

3. 公共关系社会团体的特征包括哪些内容？有哪几种类型？

 实践课堂

1. 实践内容

模拟成立一家公共关系咨询公司。提出工作人员的基本素质要求，健全相关部门，制定公共关系目标、工作计划与发展规划。

2. 实践目的

通过模拟公共关系咨询公司的成立过程，进一步了解公共关系工作的重要性，培养深入的公共关系意识。

3. 实践环节

设计公司结构、人员配置，提出工作目标、工作计划与发展规划。

4. 技能要求

掌握建立组织的计划、策划技能并能初步运用。

扩展阅读2-1　美国最大社交媒体面临极严重的公关危机

第三章
公共关系的客体——公众

学习目标

1. 了解公众的基本特征,区分不同类型的公众;
2. 掌握几类重要公众与社会组织的利弊关系,处理好两者之间的需求关系。

技能要求

把握内部公众、不同类型的公众的基本权利及与社会组织的关系。

引导案例

粉丝经济盛行！从公关角度谈一谈艺人与品牌的关系

在粉丝经济盛行的当下，越来越多的品牌邀约艺人，给出相应的头衔，两者建立合作关系，以期共赢。那么，站在公关的角度来讲，品牌方与艺人建立合作关系，双方相互依存究竟是好是坏呢？

首先，品牌方与艺人合作有利于品牌形象塑造。

艺人形象在一定程度上代表品牌形象，选择合适的代言人有利于品牌形象的塑造或重塑。这一点在服装品牌海澜之家上体现得尤为明显。海澜之家最为人所熟知的代言人有两位，一位是"70后"实力派演员印小天，一位是当红偶像林更新。早期印小天代言海澜之家时，一段在充满宝莱坞风情的门店前大跳踢踏舞的广告视频引发热议。虽然说印小天动作流畅、颇有风采，但是夸张的舞蹈动作及七八十年代舞厅风格都带着浓浓的"土味"，让很多人无法接受。海澜之家"土味国牌"的形象因此根深蒂固。

直至2017年，海澜之家签下代言人林更新才一举推翻了往日形象。在新晋代言人林更新的一系列宣传中，没有了年代气息的背景，取而代之的是冷色系硬照风格，更贴和当代年轻人的审美。而林更新本人身材高挑，气质清爽，风格多变，极大提升了品牌的时尚感。所以，便有网友笑称，林更新以一己之力将海澜之家的品位拉高了几个档次。

其次，品牌方与艺人合作有利于将粉丝购买力转化为收益。

每个艺人都有大批的支持者，当红艺人的粉丝基数更加庞大。粉丝的购买力在一定程度上体现了艺人的商业价值，而商业价值也会影响到艺人后续的发展。某App甚至根据粉丝的购买力列出了艺人带货能力排行榜，所以当艺人与品牌建立合作关系后，粉丝也会鼎力支持。例如，某当红小生代言的速食产品上架后，粉丝火速搬空店铺，也有粉丝为了抢购数量有限的代言商品熬夜拼手速、拼网速。

总之，粉丝的购买力不容小觑，"为爱买单"让品牌方赚得盆满钵满。当然了，品牌方不是合作中唯一的受益者，艺人与国民度高、口碑较好的品牌建立合作关系，有利于打造亲民的形象，吸引一波"路人粉"；接手高奢代言更是艺人"抬咖"的好机会。而这场品牌与艺人的互利互惠中，砸下"重金"的粉丝群体也并没有损失，其不仅获得了等价的商品也体会到了为自家爱豆事业助力的成就感。

最后，在品牌与艺人合作的过程中，双方相互成就，实现共赢，但并非百利而无一害。近几年我们见过了太多由于种种原因"人设崩塌"的明星及形象毁于一旦的品牌。品牌与合作艺人是利益共同体,福祸相依,既要一起享受红利就必须一起承担随时转换风向的舆论压力。

资料来源:https://www.sohu.com/a/384236871_120619641,2020-03-30。

第一节 公众的概念与分类

公共关系的客体——公众,即公共关系的工作对象。公众是公共关系学中的一个基本概念和要素,对公众的研究是公共关系学的重要内容。一个社会组织要开展和做好公共关系工作,必须要了解和研究自己的公众对象,对公众具有正确的认识和分析,才能为社会组织制定公共关系的目标、策略和措施提出有效的依据。

一、公众的概念

公众是公共关系学中的一个特有概念,是相对于社会组织而存在的,它不仅包括与社会组织相关的社会公众,还包括与社会组织相关的其他组织、社团、企业等社会群体。广义上说,凡是社会组织信息传播、沟通的对象,都称之为公众。

二、公众的基本特征

公共关系的主体必须对公众的利益和要求进行分析,尽可能地保证特定公众的利益得以实现;公共关系的主体只有在满足了公众利益的基础上,才能真正地实现自身的利益。作为公共关系的主体要准确地理解和把握公众的含义,在公共关系活动中必须对具体的公众关系进行具体分析,要具有与自己的公众共同发展的长远观点和现代意识。

案例

星巴克"驱逐"民警:推开网络的罗生门,打破"橱窗"的信任之问

2月13日,有网友发帖称:重庆一星巴克赶走在门口吃盒饭的四位民警,认为民警"会影响品牌形象",事后还恶意投诉。

事件一经曝光,不少网友为辛苦执勤的民警打抱不平,指责星巴克部分员工服务质量差、态度高傲,不满作为外来企业的星巴克不尊重本土民警,部分舆论上升到民族对立,如"可以没有星巴克,但不能没有中国民警"。

2月14日,星巴克中国发布了一份稍显草率和不正式的致歉声明,表示"其他顾客希望在户外客区就餐,因协调座位时言语不妥引发沟通误会",致以歉意,澄清不存在"驱赶民警"和"投诉民警"的情况。

事件发生后,讨伐和愤怒的情绪充斥在网友们议论的言语中,层层叠叠湮没了冲突最初的本质。回归事实,我们要用理性思考,去深挖言论背后的原因,寻找消费关系的平等和真诚。

事件中的星巴克门店位于重庆磁器口。

时值春节,作为著名旅游景点,当地派出所借调外部警力轮班站岗、执勤,忙碌的工作安排让辛劳的民警们往往无法按时就餐,借用商家公共区域用餐,本该是一件美好温馨、方便你我的小事,却衍生成一件群情激昂、一片哗然的公共舆论事件,这背后的原因又是什么?

就争议双方而言,警方和相关部门没有出面回应并提供进一步的详细调查,对于星巴克官方声明中指出的门店员工的"言语不妥",如今也无法印证。网友们以图片和只言片语为依据再造想象,构建不了真实的情境,反而形成了网络的罗生门。

本质上,这是常在餐饮服务业发生的冲突:员工的行为欠妥导致民警没有受到应有的待遇。但双方当事人的身份使网友们转移了对冲突本身的关注,以身份为出发点讨论,身份的落差变成了评判的附加条件。

一方面,在任何社会中,民警身份有一定的特殊性,因其具备不寻常的责任和义务,当他们的形象遭到抹黑、待遇不公时,比起普通人来说有更大的落差。

另一方面,星巴克作为外来品牌,其"高端"形象和不近人情的行为也是一种落差,致使网友对"洋品牌"的舆论讨伐更加热烈。

但身份本身没有正义和非正义的性质差别,这背后存在的身份落差也没有对错,只是这种落差引起了更大的争议和高涨的情绪。

当一贯"高端"的品牌和无私奉献的公职人员起冲突时,网民情绪性的言论被点燃,有报道称,许多网友在某评价网站上给该店打差评,在店门口扔鸡蛋、放白花,用这些不理智的行为表达不满。

在事实面前,星巴克确实要承担一定的责任,但评价应该基于真实,网络议论也应该避免来到现实激化矛盾,过激的行为很有可能被放大、被利用,导致广阔的、理性的民意被忽视。

过于趋向"二极管化"的舆论,容易点亮言语的白炽灯,致使一波又一波的舆论潮湮没了事件最初的原貌,遮蔽了理性的视野。

星巴克工作人员和警察就用餐地点的沟通误会,其实是一种"公共区域"和"橱窗之内"的矛盾冲突。

星巴克以便民为由申请设置的桌椅,属于"户外客区",行使的是类似公园长凳的功能,因此店家无权"驱赶"坐在门口的任何人。

星巴克最早进驻时,是在北京国际贸易中心。一线城市、核心商圈、高价格商品,在此定位下,星巴克被打造成中高端线的咖啡品牌。

　　定位终究是定位。市场存量迫使星巴克扩张,来到热闹的景点、平常的街道,越来越多成熟的消费者回归本质,审查品牌溢价,对品牌认知趋于平常。"公共区域"和"橱窗之内"的地缘矛盾,衍生成精致优雅与风尘仆仆的难以调和、不同身份之间的对立。

　　类似星巴克的中高端品牌,一度被认为是小资生活的文化符号。其"橱窗之内"的工业设计摹仿中上阶层日常生活风格、生活内容,用来消解精英和大众之间的分界线;但大部分消费者对于不同文化的落差产生怀疑,徘徊在公共区域。

　　于是,橱窗之内总是冷漠的、高贵的;公共区域则是热闹的、平凡的。

　　而公职人员和店员撕开了对立的口子,两个区域的矛盾"具化"在工作人员的身上。回到事件发生时,虽然没有办法再现星巴克职员的想法和内心活动,网友们却联想到长久以来,许多带有职业偏见和对立的事件:外卖员被保安阻拦不能进入SKP,奢侈品柜姐看人下菜碟……

　　在中国,社会整体对公职人员——警察的认可度很高,也十分体恤他们的辛勤劳动。而星巴克避重就轻的道歉声明和后续操作,变相促使了舆论发酵,让争议被曲解和拔高,对立言论激化了矛盾。

　　资料来源:https://new.qq.com/omn/20220228/20220228A0BOCJ00.html,2022-02-28.

　　公众作为公共关系学中的一个重要概念,其基本含义有以下特征。

1. 群体性

　　公众对象不是单一的,是以群体的形式出现的,即使是公众个体,也是社会群体中的一员。任何社会组织所面对的公众都是由社会各方面有关的公众所组成的、复杂的群体环境。公众的这种群体环境,随着全球经济一体化进程的加快而扩大,社会组织的生存、发展与群体环境将更加密切相关。

2. 共同性

　　公众不是一盘散沙,而是具有某种内在共同性的"合群意识"的群体,即具有某种共同利益、目的、需求、心理和兴趣,形成了共同意识的一群人、团体或组织。合群意识的公众群体在涉及利益互动关系的特定环境条件下,他们的行为和态度会表现出相同或相似性,构成了社会组织所面临的一类特定的公众。

3. 多样性

　　公众的存在形式不是单一的,而是复杂多样的。它可以是个人,可以是群体,也可以是组织或团体,并且具有多元角色、多重身份。即使是同一组织、群体和个人,也可以同时成为多种社会组织的公众。

4. 可变性

　　公众是一个动态的群体。它不是封闭僵化、一成不变的对象,而是一个始终处于不断变化发展过程中的开放系统。随着社会的发展和环境的变化,公众也会发生相应的变化,产生不同的需求。公众环境的变化,必然导致公共关系活动要处于可变的动态之中。

5. 互动性

对特定的公共关系主体而言,公众总是与一定的社会组织相联系。公众与社会组织总是处于相互影响、相互作用的互动关系中,没有脱离具体组织的公众,公众必然地与社会组织之间存在着相关的利益联结。

公众的行为、态度对相关社会组织具有实际或潜在的作用力和影响力;同样,社会组织的决策和行为对有关公众也有实际的或潜在的影响力和制约力。这种互动性是社会组织与公众形成公共关系的关键。

三、公众的分类

从公共关系的实践操作角度分析,公众对象的构成是非常复杂的,划分的方法很多。不同的社会组织有不同的公众,同一社会组织也有不同的公众,而同一群体的公众又因不同的区分标准可以划分出不同类型。

因此,在具体的公共关系活动中,采取什么样的公众分类方法,要根据社会组织具体的公共关系目标、不同的客观条件及具体的实际情况来确定。正确地认识复杂的公众群体,并科学地区分其类型,对开展和做好公共关系工作具有重要的实际意义。

(一) 按社会组织和公众的归属关系划分

按社会组织和公众的归属关系划分,公众可分为内部公众和外部公众。

1. 内部公众

内部公众由社会组织内部的各类成员群体、职能部门和组织构成。如管理人员、技术人员、销售人员及股东公众等。

2. 外部公众

外部公众是指组织外部的一切与组织利益有关联的个人、群体或社会组织。如政府部门、竞争对手、消费者、社区居民、媒介公众等。

(二) 按公众发展过程的不同阶段划分

按公众发展过程的不同阶段,可以将公众划分为非公众、潜在公众、知晓公众、行动公众、现在公众和将来公众。

1. 非公众

非公众是与社会组织无关,其观点、态度和行为不受社会组织影响和约束,也不对社会组织产生影响和作用的公众对象,也就是说他们是"非公共关系对象"。

2. 潜在公众

潜在公众指社会组织已经对其有影响,而其自身尚未意识到,对社会组织的影响和作用只是潜在的公众群体。潜在公众还未发展为现实的公众对象,因此,潜在公众也被称为潜伏公众、隐患公众,是社会组织需要关注的对象。

3. 知晓公众

知晓公众是潜在公众的发展,即明确意识到自己的权益与特定社会组织有关,并已考虑与该社会组织联系,但暂时还未付诸行动的公众对象。这部分公众已构成对社会组织的舆论压力。

4. 行动公众

行动公众是由知晓公众发展而来,并对社会组织的影响已做出反应,准备采取行动或正在采取行动的公众群体。行动公众对社会组织已构成现实的行动压力,是需要社会组织必须全力以赴进行沟通的公众对象。

5. 现在公众

现在公众指正在与社会组织发生关系的公众群体。如正在某超市购物的顾客,此时顾客就是这家超市的现在公众群体。现在公众群体需要社会组织全方位地提供及时的服务,保障和满足其公众利益的实现。

6. 将来公众

将来公众指将来或打算与社会组织发生关系的公众群体,是社会组织未来的公众对象。如学校招聘的教师、某公司招聘的管理人员等,就是该社会组织的将来公众群体。

(三)按公众的稳定程度划分

按公众的稳定程度,公众可以分为临时公众、周期公众和稳定公众。

1. 临时公众

临时公众是指由于某一特定环境中的特定问题、偶发事件、临时因素或专门活动而形成的公众群体,又称之为偶然公众。如等候飞机、火车的旅客和观看足球比赛及各种文艺演出的观众等。这些公众对社会组织构成了应变的压力。

2. 周期公众

周期公众是指按一定规律和周期间断出现的公众群体。对于这部分公众,社会组织可以提前把握其规律,可进行预测和控制,并可以有针对性地制定应对的公关计划和对策。如春节回家的民工、节假日出游的旅客、参加高考的学生等。

3. 稳定公众

稳定公众是指具有相对长期的稳定关系和结构的公众群体。这类公众是社会组织的基本公众,对社会组织的稳定发展具有重要的保障意义,如老顾客、社区居民等。

(四)按公众对社会组织的重要程度划分

按照公众对社会组织的重要程度,可以把公众分为首要公众、次要公众和边缘公众。

1. 首要公众

首要公众是指与社会组织联系最密切,关系到社会组织生死存亡,决定社会组织成败的公众群体。如酒店宾客关系中特别重要的宾客,商厦超市中的顾客、企业股东、企业员工等。这些公众群体是社会组织正常运行和发展的主要动力,与社会组织息息相关,是构成社会组织结构和功能的基础,是公共关系活动的首要对象。

2. 次要公众

次要公众是指那些对社会组织的生存和发展有一定影响,但未起决定性意义的公众群体。次要公众有可能转化为首要公众。因此,在保证首要公众的前提下,社会组织要投入相当的人力、财力、物力维持和改善与次要公众的关系,争取他们的合作与支持。

3. 边缘公众

边缘公众是指与社会组织有联系,在社会组织所面对的各类公众中对社会组织的影响和作用最小,与社会组织关系不十分密切,但在社会组织的发展过程中又具有一定争取价值的公众群体。边缘公众的态度倾向有可能成为公共关系竞争中的决定因素,因此边缘公众常常是社会组织在公共关系活动中极其重要的合作对象。

(五)按公众对社会组织的态度划分

按公众对社会组织的态度划分,可分为顺意公众、逆意公众和中立公众。

1. 顺意公众

顺意公众是指那些对社会组织的政策、行为和产品持赞成意向和支持态度的公众群体。顺意公众对社会组织的生存和发展具有重要的影响和作用,社会组织应该对这一部分公众悉心呵护,把这一部分公众看作自己的财富。

2. 逆意公众

逆意公众是指对社会组织的政策、行为或产品持否定意向和反对态度的公众群体。逆意公众需要社会组织加强公共关系力度,做好其转化工作,尽可能"化敌为友",即使不能将其转化为顺意公众,也应促使这部分公众成为边缘公众。

3. 中立公众

中立公众是指对社会组织的政策和行为持中间态度,其观点、意向和态度不明朗的公众群体。这部分公众是社会组织公共关系工作的重点,对其要耐心细致,积极争取,引导他们成为顺意公众,防止其成为逆意公众。

中立公众往往是社会组织公共关系工作的竞争之地,做好这部分公众的沟通工作,争取他们对社会组织的了解、支持和合作,是公共关系工作的重点。

(六)按社会组织对公众的态度划分

按社会组织对公众的态度划分,公众可分为受欢迎公众、不受欢迎公众和被追求公众。

1. 受欢迎公众

受欢迎公众是指完全迎合社会组织,与社会组织主动沟通、配合,对社会组织表示兴趣和交往意向的公众群体。这一部分公众与社会组织之间是一种两相情愿、互利互惠的关系,是社会组织十分重要的公众。如企业赞助者、自愿投资者、慕名前来的顾客、为社会组织撰写正面宣传文章的记者等。

2. 不受欢迎公众

不受欢迎公众是指违背社会组织的利益和意愿,对社会组织构成潜在或现实威胁的公众群体。他们常常对社会组织持不友好的态度和行为,对社会组织造成一定的压力和负担,成为社会组织的"入侵者"。社会组织一般对这类公众采取回避态度或减少接触,必要时对其采取针锋相对的传播对策。

3. 被追求公众

被追求公众是指符合社会组织的利益和需求,但对社会组织不一定感兴趣、缺乏主动交往意愿的公众群体。如新闻媒介、社会名流等。这部分公众是任何社会组织都愿意主动努力争取,并愿意与其建立良好关系的公众群体。

案例

京东危机公关看人下菜碟惹众怒

2015年7月11日,知名作家六六在微博上称,自己在京东上购买的200多元的山竹,送到家后发现已经烂得不成样子。随后,六六便要求京东退货,并按照客服要求的步骤退单并上传照片,但结果却被告知不予退款。

气愤难平的六六忍无可忍,选择将该事件公布在自己的微博上,作为拥有1000多万粉丝的知名女作家,此文一出,迅速引来大量网友关注。

之后,京东和卖家天天果园的售后态度也有了一百八十度的大转弯。天天果园和京东相继联系六六,协商退款事宜,并且天天果园还邀请六六为其质量监督员,每个月给她500元的水果卡,还冒着台风为六六送来了赔礼的水果盒,京东方面也反复打电话给六六。

但是六六并没有接受京东和天天果园的道歉和退款。

7月13日,六六再次在微博中发表了一篇题为《我要的是公平》的文章,称自己拒绝了京东和天天果园的和解,自己想要的是属于老百姓的公平。

面对环境的变化,企业的危机公关方式也必须作出改变。以前一言堂的时代,可以依靠封杀消息而息事宁人。而在当下这个社交化的时代,消息已经无法封锁。这个时代的危机公关则必须表现出万分的真诚。企业只要表现出真诚的道歉,任何的错误与疏忽都是可以被原谅和理解的。

从传播路径来看,此事件是在六六以普通消费者的身份与商家进行沟通,无法解决后,才发布到微博上,通过微博进行传播的。作为拥有1000多万粉丝的大V,此事很快得以传播。如果在六六最初反映问题时,商家立即给予解决,可能就不会产生后续问题。从这一点上,我们也希望更多的企业,能够真正正视自己的问题,不要追求速度而忽视了品质,不要追求规模而忽视了用户,要认真对待每一位客户。

六六维权成功的过程,将京东平台的第三方管理和售后服务软肋暴露无遗,其对待大V和普通消费者的态度大相径庭,亦令公众为之寒心。显然,以京东为代表的电商平台需要反思教训,不能再漠视和侵犯消费者权益,不应搞身份歧视,不应区别对待消费者的投诉维权,而是尊重每一位消费者的合法权益,认真对待每一条投诉信息,严格内部管理工作,杜绝类似事件再次发生。

资料来源:http://finance.sina.com.cn/consume/puguangtai/20150728/005922814861.shtml,2015-07-28.

第二节　公共关系中几类重要目标公众

每一个社会组织都有自己特定的公众对象,即目标公众。目标公众是构成一个社会组织公共关系对象的基本成分,是公共关系主体根据自身公关工作的实际需要所确定的对象公众。社会组织的性质、类型不同,则社会组织的目标公众对象也不完全相同。如政府的目标公众对象、企业的目标公众对象、商场的目标公众对象,相互之间会有很大的差异。下面就社会组织经常面对的,有一定共同性的目标公众作简要的介绍分析。

一、内部公众

(一)内部公众的概念

内部公众指社会组织内部沟通、传播的对象,包括社会组织内部全体成员构成的公众群体。如企业内部的员工、股东;政府部门的干部、工作人员等。内部公众既是公共关系工作的对象,又是外部公共关系工作的主体,是与社会组织自身相关性最强的一类公众对象。内部公众与社会组织利益之间存在着物质利益和精神利益的关系。

1. 物质利益关系

这是内部公众与社会组织的最基本的关系。主要是指工资、福利待遇、奖金、工作条件、工作环境等,是内部公众与社会组织之间生存和发展所具备的基本条件。

2. 精神利益关系

内部公众在物质利益基本满足后,就会有精神需求,如自我价值实现的需求、自我尊重的需求等。美国心理学家马斯洛的需要层次理论,对我们分析研究公众与社会组织利益之间的关系有很大的启发性。

马斯洛认为,对一般人来说,人的五种需要(生理需要、安全需要、社交需要、尊重需要、自我实现的需要)由低到高依次排成一个阶梯,当低层次需要获得相对满足后,下一个需要就占据了主导地位,成为驱动行为的主要动力。

在现代激烈竞争的社会环境中,社会组织要赢得内部公众的认同,使自身形成一个有机的、有竞争实力的整体,必须要处理好内部公众与社会组织利益之间的关系——物质利益关系和精神利益关系。由于内部公众在社会组织的关系中承担主、客体双重身份,扮演着两种角色。因此,了解内部公众,及时与内部公众进行交流沟通,搞好与内部公众的关系,对社会组织的生存发展具有特殊的重要意义。

(二)做好内部公众公共关系的意义

加强内部公众沟通的目的,是培养社会组织成员的向心力、凝聚力,是培养社会组织成员的主体意识和形象意识。做好内部公众的公共关系工作对社会组织有非常重要的意义。其意义可以从两个方面来认识。

1. 社会组织的凝聚力

一个社会组织的存在价值和整体形象在得到社会认可之前,首先需要得到自己成员的认可;社会组织的目标和任务在赢得社会支持之前,首先需要赢得自己成员的配合和支持;否则,社会组织的价值和目标将无法实现,社会组织也将无法作为一个整体面被外部社会认可。因而,良好的内部关系是公共关系的起点。

2. 社会组织的竞争力

一个社会组织的对外竞争力,有赖于全体员工的努力和配合。因为每一个社会组织成员都是社会组织与外部公众接触的触角,都处在对外公共关系的第一线;社会组织的整体形象必须通过他们在各自工作岗位上的良好行为具体体现出来。

在对外交往中,每一位社会组织成员都是非常重要的公共关系行为主体,能否充分发挥内部公众主体的公共关系作用,在于内部公众对社会组织的认同感和归属感。

从管理角度看,公共关系要处理好团体价值与个体价值之间的关系。公共关系的目标是追求较高的团体价值,即塑造社会组织良好的整体形象,提高其竞争力和社会地位,争取赢得较高的知名度和美誉度。

团体价值是通过许许多多个体的创造性活动得以充分体现的,因而从公共关系工作的实际着眼点来说,必须从确立个体价值入手,促使社会组织中的每一位成员,在社会组织的环境中,追求和实现个体的价值。团体与个体价值共同发展,社会组织的竞争力和凝聚力也会得到提高。

二、顾客公众

(一) 顾客公众的概念

顾客公众是社会组织共有的公共关系的对象,是接受社会组织的产品和服务的公众群体,如企业产品的用户、商店的顾客、酒店的客人、电影院的观众、出版社的读者等。顾客公众包括个人消费者和社团组织用户。顾客是与社会组织具有直接利益关系的外部公众,是社会组织进行信息传播的重要目标对象。

(二) 顾客公众的基本权利

充分认识和保障顾客公众所拥有的基本权利,是处理好顾客公众关系,建立良好公共关系的前提。顾客公众对于商品生产和经营者有以下基本权利。

1. 知悉的权利

顾客公众有要求经营者提供商品的价格、用途、性能、规格、主要成分、生产日期、有效期限、检验合格证明、使用方法说明书、售后服务及服务的内容、规格、费用等有关情况的权利。

2. 选择的权利

顾客公众有权自主选择提供商品或者服务的经营者;自主选择商品品种或服务方式;自主决定购买或者不购买任何一种商品,接受或不接受任何一项服务。顾客公众在自主选择商品或者服务时,有权进行比较、鉴别和挑选。

3. 公平交易的权利

顾客公众有权拒绝经营者的强制交易行为。在市场交易中,经营者和顾客公众均应遵循自愿、平等、公平、诚实信用的原则。

4. 索赔的权利

顾客公众在购买、使用商品或接受服务过程中受到人身或财产损害时,有权要求赔偿,如修理、重作、更换、恢复原状、消除影响、恢复名誉、赔礼道歉等。

5. 受尊重的权利

顾客公众在购买、使用商品和接受服务时,应该享有自己的人格尊严、民族习惯被尊重的权利。社会组织要建立良好的顾客公众关系,应主动尊重和维护顾客公众的基本权利,在生产和经营中把顾客公众的利益和需求放在首位,忧顾客公众所忧,想顾客公众所想,树立"顾客是上帝"的服务意识。

(三) 做好顾客公众公共关系的意义

1. 创造效益

社会组织的经济效益是通过市场实现的,有了顾客公众才有市场,社会组织的产品或服务能够得到顾客公众的接受和欢迎,其生存和发展才有保障,所以顾客公众就是市场。

虽然与顾客公众的公共关系沟通并不等于市场经营中的销售关系和直接的买卖关系,但良好的顾客公众公共关系有利于社会组织的市场销售关系,能够给社会组织带来直接的利益。因此,顾客公众是社会组织公共关系对象中利益关系最直接、明显的外部公众,可以说顾客公众关系是社会组织市场经营的生命线。

2. 经营观念和行为

顾客公众公共关系要求社会组织将顾客公众的利益和需求放在首位,通过满足顾客公众的需求和维护其权利来换取社会组织的利益,社会组织的性质决定了它必然要通过经济活动去赢得利润。

公共关系的经营思想认为,顾客公众接受、赞赏和欢迎的产品或服务是社会组织追求利润的信任票,只有获得顾客公众的信任和好感的社会组织,才可能去赢得社会组织的利润。因此,社会组织的一切政策和行为都必须要以顾客公众的利益和需求为导向,在经营思想、观念和行为上要主动、自觉地为顾客公众着想,遵循"顾客第一"的经营观念和行为准则,如此才能与顾客公众建立良好的关系。

案例

"阿宽面皮消费者投诉事件"危机公关,给食品企业带来哪些启示?

2月21日上午,四川白家阿宽食品产业股份有限公司(以下简称"阿宽食品")公布最新消息:之前网络上热炒的阿宽红油面皮面饼异物质量问题,在江苏省如皋市市场监督管理局两名工作人员的主持见证下,与投诉消费者和厂家代表一起现场拆封鉴定了消费者在社交平台投诉的问题面饼,三方共同一致确认面饼内没有异物,更没有老鼠。面饼质量问题是由于消费者拆封后因外部污染引起的面饼发霉变质所致。

据悉,由于消费者是1月7日购买的红油面皮四连包产品,拆封后已经先后食用了三袋,均无任何质量问题。最后一袋是在2月中旬准备食用时发现产品面饼有质量异常。由于消费者拆封时间太久,又丢弃了两层外包装,因此双方均无法对面饼发霉变质的真正原因进行查证。由此事件双方对此事达成和解并签署了和解协议,目前和解协议已经执行生效,该名消费者已经在社交平台上删除了原帖,并发表新帖对原投诉事项进行澄清说明。

"阿宽面皮消费者投诉事件"终于告一段落,经江苏省如皋市市场监督管理局、投诉消费者和厂家代表一起现场拆封鉴定,三方共同一致确认面饼内没有异物,更没有老鼠。该事件当事消费者已经于2月20日晚间自行删除原投诉帖并发出澄清声明。

2月22日,阿宽食品在官方微博发布了"2·16消费者投诉事件"声明,对此事的结果进行公告。

在自媒体和信息不断演进的今天,网络上随便一个短视频、一篇图文、一个评论,都可能被无限放大。以本次"阿宽面皮消费者投诉事件"为例,2月16日事件当事人在小红书发帖后,快速形成网络热点,在16日当晚登上微博热搜前三名,话题阅读量超过2亿。

事件发生后,阿宽食品也是迅速行动、积极面对,为四川地区乃至全国的企业上了一次生动的危机公关课程。对此,第一食品资讯进行了复盘,看看食品企业遇到危机公关时,到底该怎么做。

1. 企业第一时间该做什么?

"真相还未穿上鞋子,谣言已经跑遍了世界。"

这句话深度阐述了危机发生以后速度的重要性。很多企业遇到类似问题,反应较慢,导致事态无法控制。

与之相反,我们分析了整个事件阿宽的反应时间轴,阿宽食品的反应速度就比较快。在当事消费者发帖两个小时后得知此情况即第一时间进行联系。

梳理完整的时间线以后,我们认为正是对"黄金时间"的精准把握,才让阿宽食品在一定程度上遏制了网络舆情的蔓延,也为企业处理本次危机奠定了基础。

2. 如何有效与公众沟通?

事件发生以后,阿宽食品没有推卸责任,而是第一时间联系事件当事消费者,并先后派出两批工作人员前往江苏无锡,确认问题面饼是自己公司的产品后,主动配合将问题面饼进行送检,并感谢媒体和社会各界的监督,这种真诚沟通的态度赢得了品牌粉丝的好感。

当确定该名当事消费者是真实喜欢阿宽产品的消费者以后,公司呼吁合作伙伴、各方媒体与网络用户,不要对消费者进行任何"人肉搜索"及"网络暴力",不带节奏。

事件发生以后,阿宽食品没有选择简单粗暴地去删帖处理,而是寻求第三方对涉事面饼的检测,同时开放透明车间,选择了正面应对。

同时,阿宽食品在接受媒体采访时表示,该消费者并没有选择第一时间与购买商品的店铺、生产厂家和政府市场监管职能部门联系,而是直接在社交媒体上发帖声称产品里吃出老鼠的错判信息,并与网友频繁互动、传播,导致事件快速升温!此事给阿宽公司带来企业商誉、产品品牌形象和经营上的恶劣影响,但鉴于该名消费者是喜爱阿宽产品的真实消费者,本着对消费者的感恩、理解和体谅包容,阿宽食品不再追究消费者在未经核实质量问题又未采取正常维权方式的情况下发布和传播恶性虚假质量信息、给公司造成巨大商誉损失和经济损失的相关责任。

这些举措展示了一个国名品牌的格局与维护消费者的用心!

3. 如何进行信息公开?

阿宽食品处理本次事件的全过程,还有一个值得称赞的地方是——信息公开。不管是对公司内部、上级主管单位、媒体还是消费者,始终坚持了公开化的标准,不掩饰、不逃避,把已经掌握的、确定的事情,尽量通过各种官方渠道予以公开,让关心此事的人们做到心中有谱。

据统计，阿宽食品先后于2月17日凌晨两点、2月17日下午19点53分、2月22日上午10点11分在官方微博账号发布了三份声明。

不仅如此，阿宽食品在2月18日邀请媒体前往工厂实地考察车间，将生产流程公开在媒体的聚光灯下进行检验，表明了对自身产品的信心。

2月20日，如皋市市场监督管理局、投诉消费者、阿宽厂家代表三方一起现场拆封鉴定了消费者在社交平台投诉的问题面饼，确定问题面饼内没有异物，更没有老鼠，终于还了阿宽食品一个清白。于是，2月21日，阿宽食品再一次邀请部分媒体代表进行座谈，及时将事情的来龙去脉进行梳理告知。

"流言止于智者"，有了公开化的信息和及时的进展披露，网络上发酵的对于红油面皮的负面言论自然会不攻自破。

4. 企业该如何承担责任

其实，对于任何一个企业来说，发生危机事件以后最忌讳的就是逃避与推诿，因为有时候真的会越描越黑。

反观阿宽食品，在"阿宽面皮消费者投诉事件"发生后，第一时间就表态，会严格按照国家规定，将其声称的公司问题面饼送至独立第三方检测机构检测以查明事实真相，给消费者和社会一个交代！并向该消费者承诺将及时通报检测最新进度，如确属公司产品质量问题，公司愿意承担消费者一切赔偿责任。

并且，积极联系该消费者，进行产品送检，接受媒体采访等，当事件真相大白的时候，阿宽食品也没有因为此前因此事受到的"不白之冤"苛责消费者，而是表达了对于消费者的宽容与理解。

5. 后续处理要跟上

第一食品资讯发现，在事情水落石出之后，仍有少部分质疑随之而来，聚焦在"发霉"这个点上。

据阿宽食品产品中心有关人士介绍，该问题产品是消费者1月9日购买的红油面皮四连包产品，购买后即拆封食用了三袋，均无任何质量问题。最后一袋是在2月中旬准备食用时发现产品的面饼有异常。这是由于消费者拆封后保管存储的时间太久，从首次开封食用到准备食用最后一袋的时间超过一个月，又丢弃了两层外包装，仅保存有收缩膜的面饼。

而据介绍，非油炸红油面皮的面饼没有添加防腐剂，而是采用了物理方式挤压、烘干、熟化，最大程度保留了面粉的各种营养元素，对这种产品开封后的保管、存储都有更高的要求。就和超市里预包装的面包、饼干可以常温下保存一年，而蛋糕店里的新鲜蛋糕只能保管三天的道理是一样的。为此，阿宽红油面皮在最外面一层包装带上有提示：请在开封后十日内食用完毕，避免因存放时间过久或者保管不当造成发霉变质。

虽然可以肯定的是，产品发霉原因是"保存不当"所致，但阿宽食品还是直面问题，表示将对产品包装进行改进。比如，在内袋的显著位置也印上储存的条件及方法，以及加大对消费者食用和保存的提醒,避免此类事情再度发生。

还是那句话:"打江山难,守江山更难。"任何一个企业的经营与积累都不容易,危机公关已经成为每家企业的必修课,"他山之石可以攻玉。"希望阿宽食品的这次公关经历能够给大家带来启示与借鉴,在遇到类似问题的时候能够从容面对、积极化解。

资料来源:https://page.om.qq.com/page/OFSCSZ_Q7MaK7XD2tMlTuZNQ0,2022-02-23。

三、媒介公众

(一)媒介公众的概念

媒介公众是指新闻传播机构及其工作人员,如报社、杂志社、广播电台、电视台及其记者、编辑等。媒介公众是公共关系工作对象中最重要、最敏感的一部分,被称为社会组织外部公共关系工作中的首要公众。

媒介公众在社会组织的公共关系中具有明显的两重性:一方面新闻媒介是社会组织与广大公众沟通的重要中介;另一方面新闻界人士又是需要特别争取的公众对象。媒介与公众对象的合一,决定了新闻媒介关系是一种传播性质最强、公共关系操作意义最大的关系。

(二)社会组织与媒介公众的相处原则

1. 礼貌待人

接待新闻媒体机构和记者要礼貌、热情。无论发生任何事件,对媒介公众要亲切诚恳地接待,为他们的工作提供方便,要如实向他们反映事情发生的经过、产生的原因及采取的措施;对于暂时不便告之媒介公众的消息,也要礼貌周全地处理。

社会组织在公关活动中礼貌对待媒介公众,会赢得新闻记者的好感,并使其在报道事件时客观公正,这样有助于社会组织赢得社会公众的谅解,为自己营造出好的舆论环境。

2. 真诚相待

社会组织与媒介公众接触除了要礼貌待人外,最主要的是双方要真诚相待。新闻的生命是实事求是、客观公正,这也是社会组织开展公共关系活动的首要原则。社会组织必须为新闻媒体提供准确、真实、全面的新闻素材,任何虚伪或夸大的材料,不仅会扭曲社会组织本身的形象,而且会影响新闻媒介的权威性和社会影响力。

3. 平等相待

媒介公众作为社会组织公共关系活动中的首要公众,社会组织要做到不管是中央台还是地方台,是大报还是小报,是名记者还是没名气的新记者,在提供信息或接待上,都应一视同仁、平等相待,不能厚此薄彼。

因媒介传播的各自性质和归属关系不同、层次不同、影响力不同,信息传播的范围和效果也会不同,所以,社会组织要平等对待传播媒体,不要歧视任何媒介公众,这样才能为社会组织的公关活动加大宣传的覆盖面,提高影响力。

4. 时效性

新闻具有很强的时效性,一条新闻只有在其特定的时期内才有新闻价值,新闻价值大小与媒体传播速度成正比关系,超过一定的时限就要失效。因此,社会组织要及时接待媒体采访,事先做好准备,争取在很短的时间内向记者提供较多的有价值的新闻。

(三)做好媒介公众公共关系的意义

社会组织与新闻媒介建立良好关系的目的是争取新闻传播界对本组织的理解和支持,形成对本组织有利的舆论氛围,从而可以广泛宣传社会组织,扩大社会组织的影响力,提高社会组织的知名度;并通过新闻媒介实现与大众的广泛沟通,加强社会组织对整个社会的影响,借助媒介公众塑造社会组织的形象。

1. 良好的媒介关系有利于形成良好的公众舆论

新闻传播机构是社会信息流通过程中的"把关人"(传播学中亦称为"守门人"),他们决定着各种社会信息的取舍、流通和流向,引导和确定公众舆论的中心议题,能够赋予被传播者特殊的、重要的社会地位,即具有"确定议程"和"授予地位"的功能。

如某个社会组织、人物、产品或事件成为新闻界报道的焦点,便会成为具有公众影响力的舆论话题,并能获得较高的社会知名度;同时,通过新闻界的采访报道,某个社会组织、人物、产品或事件也容易获得公众的信任,有利于社会组织美誉度的提高。

公共关系的一项重要任务就是为社会组织创造良好的公众舆论,争取舆论的理解和支持。因此,与新闻媒介建立良好的关系,有助于争取媒介的报道机会,使社会组织的有关信息比较顺利地通过媒介进行传播。

2. 良好的媒介关系有利于开展公共关系活动

经济全球化的今天,大众传播媒介是现代公共关系的重要手段之一。大众传播是指借助于现代科技,大量地、高速地复制信息,跨越时间和空间的限制,实现大范围、远距离的信息传播。建立良好的媒介关系,可以使社会组织充分利用这种传播手段进行宣传,迅速地建立起社会组织的良好形象。

同时,通过媒介传播,收集各种反馈信息,制定相应的策略、措施,进行有的放矢的公共关系工作,可以为社会组织争取更多的公众。媒介关系的公关传播性之强,是其他公众对象难以企及的。但在收集各种公众信息的同时,也应制定相应的规章制度,保障公众权益。

案例

海底捞给顾客"贴标签",别"见人下菜碟"!

近日,有网友爆料称海底捞在会员系统里私下给顾客贴标签,包含体貌特征和个性需求等,还有顾客被标注"喜欢在 App 上投诉"。海底捞回应,公司于 2020 年起对相关内容进行持续优化,明确禁止对顾客个人信息如体貌等特征进行任何备注。公司于 2021 年 1 月全部排查整改完毕,所有新增信息均需要通过严格审核。今天,咱们就来聊聊"被标签化"这个事。

不得不说,什么事情一旦被"标签化",就容易产生刻板印象。很多人反感被他人贴"标签",更是担心被误解会给自己带来不良影响。理解了这些,就不难理解海底捞给顾客"贴标签"一经爆出,为何很快冲上热搜。这不是人们神经过敏,而是"店大评客"让不少消费者感觉很不自在,更疑虑若被贴上负面"标签",自己会不会沦为"劳什子"。

海底捞的回应并未完全驱散人们心头的疑云。如果去年初就已全部排查整改完毕,为何还有顾客信息被翻出来?退一步说,就算这是"炒冷饭",海底捞更应明白,给顾客"贴标签",过去不行,现在不行,将来更不行!

还有一种声音认为,商家为顾客"画像"也有存在的意义。记下顾客喜欢什么、不喜欢什么、什么脾气、什么秉性,有助于商家更好地为顾客提供个性化的服务。这种说法有一定道理,如果商家也真按这个思路来,倒也罢了。问题是,谁能确保记录客观准确、执行不会"跑偏"?这年头,"说一套做一套"的事还少吗?

倘若"贴标签"具有明显的个人主观色彩,而不是真实客观的情况反映,消费者会不会被"污名化"?一旦照着"畸形的画像"来,商家的服务会不会异变为"见人下菜碟"?果真如此,消费者绝对"嗨"不起来。而且,如果是因为店家的原因,令顾客体验糟糕乃至权益受损,消费者通过正当渠道投诉维权,难不成还要被记入店家的"黑名单"?这显然与所谓的周到服务相去甚远。

个人信息保护法明确规定,处理个人信息应当遵循合法、正当、必要和诚信原则,不得通过误导、欺诈、胁迫等方式处理个人信息;处理个人信息应当遵循公开、透明原则,公开个人信息处理规则,明示处理的目的、方式和范围;处理个人信息应当保证个人信息的质量,避免因个人信息不准确、不完整对个人权益造成不利影响……显然,对消费者"精准画像""品头论足",不能任由商家"说了算",商家的行为不能超越国法红线。

几乎在被爆给顾客"贴标签"的同时,海底捞关店 300 家的新闻也映入公众眼帘。扩张速度太快,服务质量降低,导致亏损折戟,引发关注。海底捞之所以能在火锅界做大,与其服务、口碑密不可分。要想健康发展,更不能失了"立足之本"。

资料来源:http://opinion.people.com.cn/n1/2022/0224/c436867-32359124.html,2022-02-24。

四、其他公众

除了上述公共关系工作对象的三种主要目标公众外,还有若干其他公众也是非常重要的,如政府公众、金融公众、竞争公众、名流公众、国际公众和社区公众等。

1. 政府公众

政府公众是指社会组织与政府沟通的具体对象,包括政府各行政机构及其工作人员。

政府公众是特殊的公众群体,它是综合协调、宏观调节社会组织行为的权力机构,是社会组织与外部公共关系中最为重要的关系之一。

良好的政府关系能够为社会组织的生存和发展争取良好的政策环境、法律保障、行政支持和社会政治条件。因此,任何社会组织都必须高度重视并努力改善与政府的关系。

2. 金融公众

金融公众是指各银行结构及其工作人员。没有银行的支持,社会组织的业务、经营活动就举步维艰,难以生存和发展,因此,社会组织必须与金融界保持良好的关系。

3. 竞争公众

竞争公众是指社会组织与自己的竞争对手。竞争公众的竞争要遵循相关的法律法规。良好的竞争关系,是社会组织在市场经济条件下的一种良性竞争,并且使社会组织之间能够在相互竞争中共同提高和发展。

4. 名流公众

名流公众是指社会公众舆论和社会生活中具有较大影响力和号召力的人物。他们数量少,但影响力很强,这类公众往往是社会组织努力争取的对象。社会组织借助于名流人物的知名度、影响力来扩大组织的公众影响力,提高社会组织在社会公众中的地位。

5. 国际公众

国际公众是指一个组织的产品、人员及其活动进入国际范围,该组织所面对的是不同国家、地区的公众对象,包括政府、媒介和顾客等。世界经济的全球化,势必使我国的社会组织在生存、发展和竞争中要面临国际公众。

建立良好国际公众关系的目的,是争取国际公众和舆论的理解和支持,为社会组织塑造良好的国际形象,实现社会组织效益的最大化,使社会组织获得一个良好的生存和发展的国际环境。

6. 社区公众

社区公众是指社会组织所在地区的公众对象。社区公众关系是社会组织赖以生存和发展的基本前提。社会组织要发展和建立良好的社区公众关系,要争取社区公众的理解和支持,为社会组织的发展创造一个稳定的生存环境。

发展和建立良好的社区公众关系,也体现出社会组织对自己所在地区的责任和义务;同时社会组织通过社区公众关系扩大自己的区域性影响,提高社会组织的公众形象。

复习思考

1. 公众概念及其基本特征包括哪些内容?
2. 公众如何分类?

3. 公共关系中包括哪几类重要的目标公众？

实践课堂

1. 实践内容

学生根据自己的工作环境，调查并分析目标公众对社会组织生存与发展的作用和意义。

2. 实践目的

通过对社会组织目标公众的调查，分析出目标公众的状况，运用公共关系的手段和方法，制定相应的公共关系计划和策略。

3. 实践环节

设计社会组织目标公众的调查问卷，有针对性地进行调查研究，注重社会组织与目标公众之间的需求和利益关系。

4. 技能要求

问卷结构要科学合理，内容简洁易懂。

扩展阅读 3-1　浅谈危机公关

第四章
公共关系的传播沟通方式

学习目标

1. 了解公共关系传播的内容；
2. 掌握公共关系传播的方式。

技能要求

掌握传播沟通方式的选择依据，并运用到实际工作中。

第四章 公共关系的传播沟通方式

> 引导案例

以退为进：钉钉求饶、逗鹅冤

钉钉求饶事件

为了响应教育部延期开学以及停课不停学的号召，钉钉从一个协助在线办公的应用摇身一变"兼职"起了网课平台。钉钉的特点是你看没看直播、你看没看见我消息我都知道，需要多次签到、打卡等，让学生感觉到时刻都在被"监控"，不喜欢被"死盯"的小学生们表示很不满。网上有传言低于一星的应用将会被商店下架，于是钉钉的评论区成为了学生们的发泄之地，"少侠"们组团去各大应用商店刷一星"好评"（行业通行5星打分规则，每位用户的最低评分都是1分，无0分选项，因此评分低于1分不可能实现）。

钉钉评分从4.7分一度掉到最低1.3分。在此情况之下，2月16日晚上8点，"钉钉"（DingTalk）在以Z世代用户为主的哔哩哔哩弹幕网发布了一个名为《钉钉本钉，在线求饶》的视频作品，对着各位"少侠"喊"爸爸"，用卖萌、可怜的形象向对钉钉恶意刷一星的用户跪求好评。该视频发布后钉钉在应用商店的评分及网络好感度均有所回升。该视频甚至还挤入B站当时热门视频TOP10榜单。

逗鹅冤事件

6月30日，腾讯起诉老干妈，请求查封、冻结老干妈公司名下16 240 600元的财产。随后，老干妈发公告表示没有和腾讯有任何商业合作并报案。7月1日，贵阳警方通报，三人因伪造老干妈的印章被逮捕。据悉，三个"骗子"代表老干妈与腾讯签署《联合市场推广合作协议》，腾讯在QQ飞车手游S联赛推广"老干妈"品牌，推出了手游限定款老干妈礼盒，还发布了1000多条推广"老干妈"的微博，其间老干妈产品更是频繁出现在赛事直播中。

随后，腾讯B站动态更新，"中午的辣椒酱突然不香了"，引来支付宝、盒马、金山等一大拨友商官号前来围观慰问。网络上开始流传各种消遣腾讯的段子，掀起一波网络狂欢，网络情绪也由此一路高涨。而这种在鹅厂上撒老干妈的行为被网友亲切地称为"逗鹅冤"，腾讯和老干妈还被拉郎配成"妈化腾"CP。

腾讯回应被骗，自掏腰包悬赏1000瓶老干妈寻找线索。老干妈旗舰店上线辣椒酱大客户专属套装。1日晚间，腾讯公关总监晒出食堂晚饭仅辣酱拌饭，腾讯官号在B站上线自黑视频《我就是那个吃了假辣椒酱的憨憨企鹅》。此外，腾讯QQ还上线了"辣椒酱"表情，不过7月5日，有媒体发现该表情已经被悄悄移除。一通操作之下,鹅树立了"傻白甜""憨憨"人设……

公关解读

身为互联网巨头的AT,稍有不慎就容易陷入"店大欺客""仗势欺人"的舆论旋涡,并不利于挽回"颜面"。所以,钉钉和腾讯在被群众调侃消遣之时,表现出极高的情商,并没有选择态度强硬的回怼,而是一致选择了向公众示弱,这种角色反差更容易争取到"同情分"。

当然,"公关稿"的形式和投放渠道也很重要,B站以"鬼畜"文化闻名,主力用户是喜欢动漫文化的年轻一代。那么在B站发布官方"鬼畜"视频就不显得突兀了,而且还是"对症下药",用目标受众习惯和喜欢的"语言"完成良好的品牌沟通。

从"钉钉求饶"到"我是憨憨",AT不但"躺平任嘲",还要自嘲自黑,"只要我自己够黑,别人就黑不了我"的反套路赢得了公众的理解。以卖萌的人格化方式与用户沟通整件事情,用娱乐化的话题传播,用"求饶"消解了小学生们的怨气,用"憨憨"化解了被骗的尴尬。

无论是被打低分还是被嘲阴沟翻船,品牌实际上没有犯下什么不可饶恕的大错,但任其发展对品牌形象肯定有一些不好的影响。当其他品牌再遇到这种问题的时候,或可以踩着AT的公关经验过河,与其通过官方渠道发布一些"义正词严",甚至是为自己叫屈的声明,导致舆情更猛烈地反扑,不如放下身段用与民同乐的方式完成自我解嘲。

资料来源:https://weibo.com/ttarticle/p/show?id=2309404598284022055121&ivk_sa=32692,2021-01-30.

第一节 语言文字传播方式

语言是思维的外衣,是人类独特的发明,也是迄今为止最重要的传播方式。

在公共关系领域中,语言传播方式,仍占有举足轻重的地位。善于语言表达,是公共关系人员的基本素质要求。

一、口头语言与口语传播

口头语言是一种有声语言,即人说出的话。口头语言是在人类长期社会实践活动中自然形成的语言。大约在25 000年前,人类就已经会讲有音节的语言了。口头语言的产生,对人类传播来说,具有极其重要的作用。有了语言就能积累复杂的经验,掌握复杂的事物,使传播的内容更深刻、传播的范围更广泛,使更细的社会分工成为可能,使人类由混沌走向开明、从愚昧走向科学成为可能。

口头语言传播的特点是:灵活多样、反馈及时、亲切自然、效果明显。口头语言传播的具体形式有以下几种。

(一) 单向直接口语传播

这是指参加传播的双方中,一方主动施加影响,另一方被动接受影响的、面对面的口头语言传播。传播者是一个人,而受传播者可以是一个人,也可以是多个人,如演讲、说服、讲授、推销等。

从这种传播形式的特点看,传播的成功取决于传播者运用语言的能力和对接受者了解的程度。因为要运用口头语言在短时间内面对面向听者传播信息,你的传播不仅必须构思新颖、生动活泼,而且必须对听者有益。有益,才会让听者从根本上接受传播。

所以在传播前,尽可能多地了解你的传播对象,如他们的渴望、需求、愿望、性情、习惯、文化等;在传播中,察言观色、投石问路,从听者的表情、氛围得到反馈,随时调整传播内容和改换传播方法。

在口语传播中,还可辅之以动作、表情、手势等,为传播增色。但是,既然是口头语言传播,重要的还是言语技巧。掌握言语技巧,可以吸引听者的注意力;让混乱或烦躁的听者静下心来;吸引听者支持你的观点;最终说服对方。言语技巧约有以下几种。

1. 注意语调

语调是言语声调的高低变化,语调能反映出说者的内心世界,表露出情感和态度。

当人生气、惊愕、怀疑、激动时,语调一定不自然。从语调中,听者可以感受到你是一个令人信服、幽默、可亲可近的人,还是一个呆板保守、具有挑衅性、好阿谀奉承或阴险狡猾的人;语调同样也能表现出说者是一个优柔寡断、自卑、充满敌意的人,还是一个诚实、自信、坦率及尊重他人的人。

语调得体,节奏鲜明,会给说话打上无形的标点符号。

语调的变化多种多样,常见的有以下四种。

(1) 表示惊讶、反问、设问、鼓动、命令等,可提高声调,以加强效果,引起留意;

(2) 表示自信、肯定、祈使、结束说话,可用降抑调,以表明你的态度、感情,便于鼓励听者并促使他们去行动;

(3) 表示感叹、讽刺、愤怒、思索、怀疑、幽默等,可用弯曲调,以提高说话者的主动性,渲染话语的感情色彩,增强话语的感染力;

(4) 表示说明、叙述、解释,可用平直调,以示庄重、严肃,便于把意思说得清楚、透彻。

无论谈论什么话题,都应保持说话的语调与所谈及的内容相互配合,并能恰当地表明你对这一话题的态度。

2. 注意发音

人们说的每一句话、每一个词乃至每一个字,都有最基本的语音,并加以语调。正确的发音,有助于准确的表达。相反,错误的发音不仅无助于准确的表达,还会造成一系列后果。国家大力推广普通话,中小学花大力让学生学习汉语拼音,学习朗读,目的就在于让学生学会正确、准确地表达。遗憾的是,很多人发音错误并养成了错误的发音习惯。

必须按照正确的普通话语音发音并形成良好的发音习惯。

3. 不要发音刺耳或过多地用鼻音

个人的声音有一个区域叫作音域。音域的可塑性很大,或高亢或低沉或单纯或浑厚,人们会随着言语内容不自觉地变换。特别是在气愤、激动、紧张时,很多人会发音尖细,令人听着刺耳。而说者却不能自知,更无从纠正。例如,有人一激动就声如孩童,有人一生气就声嘶力竭、声如破锣。对这样的声音,大多数人天生反感。

另一类说者,经常发出"唔……嗯"的声音,或表示思索或表示深沉,殊不知,在听者听来十分消极,毫无生气。因此,应当少用鼻音。

4. 控制说话的音量

现代办公环境中,力戒大声喧哗,讲究安静、严肃、和谐。而有些人喜欢争辩,说着说着,就加大声音,如同呼喊。其实,人的威慑力与影响力,和他的嗓门大小无关。大声吆喝,除了引起他人反感,一无可取。因此,应当学习控制说话的音量,学习从容淡定。

5. 注意说话的节奏

节奏,是说话时发音与停顿间形成的强弱和长短的周期性变化,即语音的顿挫和快慢。如果不讲究节奏,会使说话单调乏味。

案例

中国外交部回应是否将承认阿富汗新政府

中国网 9 月 1 日讯 据外交部网站消息,在今日的外交部例行记者会上,中国外交部发言人汪文斌就是否将承认阿富汗新政府作出回应称,中方将一如既往奉行面向全体阿富汗人民的友好政策,尊重阿富汗主权独立和领土完整,不干涉阿富汗内政,继续为阿富汗早日实现和平重建提供力所能及的帮助。

会上,有记者提问,据报道,8 月 31 日,阿富汗塔利班消息人士称,阿有关组建新政府的磋商已完成,将于 9 月 3 日宣布组建新政府。中方对此有何评论?是否计划承认阿新政府?

汪文斌表示,阿富汗历史正在翻开新的一页,机遇与挑战并存,困难与希望同在。饱经苦难的阿富汗人民正迎来国家和平与重建的新起点。国际社会也高度关注阿富汗即将组建新政府等动向。中方真诚希望阿富汗各方顺应本国人民的迫切愿望和国际社会的普遍期待,构建开放包容的政治架构,奉行温和稳健的内外政策,同各类恐怖组织彻底切割,同世界各国特别是周边国家友好相处。

"毛泽东主席曾说:'阿富汗是一个英雄的国家,历史上从来没有屈服过。中阿两国是友好国家,中国不想损害阿富汗,阿富汗也不想损害中国,两国是相互支持的。'"汪文斌说,中方将一如既往奉行面向全体阿富汗人民的友好政策,尊重阿富汗主权独立和领土完整,不干涉阿富汗内政,继续为阿富汗早日实现和平重建提供力所能及的帮助。

资料来源:https://ml.mbd.baudu.com/r/VAPcgmTdall?f=cp&u=f73f0cb26cef1689,2021-09-01.

(二)双向直接口语传播

即说话者双方轮流向对方发出信息,给对方施加影响的面对面的口语传播。如对话、谈判、论辩等。技巧如下。

1. 把握谈话的目的

传播时,要时刻不忘目的性。方法可以灵活多变,而目的必须贯穿到底。不能变换或不顾目的,不能争辩枝节问题而忽略根本问题。

2. 创造良好的氛围

谈话前,应当精选适当的时机、时间和地点,以利于双方心理安适。开始谈话,先从关切对方的话题切入,有一个短暂却又温和的过渡,然后才是正题。正题即便观点相反,也无须剑拔弩张、咄咄逼人,而应始终保持平和语气。

3. 了解对方

知己知彼,百战百胜。与人对话,就必须了解对方的心理、感情、个性、人品和最近的心态、观感等,对症下药,以利于谈话进行,目的达到。不能由着自己的兴趣滔滔不绝,全然不顾对方的感受。

4. 注意倾听

对话是双方的,是互利互动的。听和说相辅相成。一方说之,另一方就听之。认真倾听的好处一是能有效了解对方说话内容,二是能给予对方支持和鼓励,让对方认为你尊重他的为人,重视他的谈话内容。之后,他会以同等态度回报于你,在你开口时,同样尊重你、支持你。

(三)间接口语传播

即双方通过中介物而进行的口语传播,如捎口信、打电话。特点是双方不见面,不能见到表情动作,或不能听到语调节奏。这种传播,讲究字斟句酌,马虎不得。中介物如果是电子装置,那么讲究选择高技术含量的;如果是人,那么讲究可靠的人品。

二、笔头语言与文字传播

文字传播是以笔头语言为传播手段的传播方式。文字传播是口语传播的高级延续。

（一）特点

它打破了时间和空间的障碍，传得远、传得久。所以，文字传播是现代社会不可缺少、普遍运用的传播方式。

（二）方式

1. 报刊

报刊的主要优点：一是容量大；二是保存信息的力量强；三是对读者的选择有主动性。

报刊的主要缺点：一是时效性远逊于广播电视；二是缺乏图声并茂的生动感；三是读者必须具有一定的文化程度。这样，对读者就有了一定的限制。

2. 图书、资料

（1）图书

图书即书籍。它是作者独立完成的、经印刷公开出版而广泛传播于社会的著作、作品。图书的传播技巧如下。

第一，分析读者。要分析读者的意愿（如：浏览，还是专攻）、构成（如：年龄、性别、阅历、知识水平）。

第二，确定目的。如是宣传目的还是说服目的。

第三，确定主题。主题是你在说明事物、阐述道理、反映生活时，通过全文所表达出来的基本观点或中心思想。形成主题是从生活到头脑，表达主题是从头脑到文字。

第四，搜集和运用材料。搜集和运用材料的方法有观察、体验、阅读、筛选等。

（2）资料

资料是从广泛的社会生活和众多图书报刊、档案信息中采集、搜索、查询而得的编写成篇的原始材料或粗加工成册的图书。常见的有大事记、年鉴、手册、指南、汇编、索引、目录、内参等。

三、信息语言与电子传播

随着信息技术的发展，手机和电话已经成为人们生活中的必需品，作为公共关系人员，能够熟练使用手机和短信进行沟通是必须掌握的基本技能，也是未来公共关系发挥作用的趋势。

（一）短信沟通

短信、微信沟通已成为人们常用的沟通渠道，所以短信、微信被越来越多的咨询公司员工作为开拓业务、维系客户关系常用的沟通手段。在沟通中应注意以下几个方面。

1. 选择适当的时机

发送手机短信或微信应抓住几个恰当的时机：刚通完电话的时候，感谢客户并提醒通话要点；刚发完邮件的时候，提醒客户接收邮件；刚接完客户的咨询电话，回复客户的某个有兴趣的话题或问题等。

2. 短信、微信的内容设计

（1）信息要精心设计

有时候朴素的语言更能打动客户的心，要选择与客户有关的内容，编发简短的祝福或问候语，在精简不乏温馨的问候中给客户留下好的印象。

（2）应保持内容的健康

一定不要给客户发送一些格调不高的笑话、俏皮话，那样会引起客户的反感，即使与客户的私交很深，也一样要慎重使用。

（3）短信的频率

不要经常向客户发促销业务的短信，因为这会给客户带来不必要的压力；频繁发送促销业务的短信还会干扰客户的正常生活，引起客户的不快，反而适得其反。

（4）署清自己的姓名

在最初与客户交往时，客户对你的手机号码比较陌生，因此一定要在信息的后面署上自己的姓名，让对方知道是谁给他发的信息。即使是较为熟悉的客户、同事、朋友，只要他们记不住你的手机号码，就一定要在信息的后面署名。

（二）电话沟通

现代社会，各种高科技的手段拉近了人与人之间的距离，即使远隔天涯，也可以通过现代通信技术近若比邻。事实上，我们在日常的沟通活动中，借用的最多的工具就是电话。电话在当今世界已经与人类的日常生活息息相关，不可分割。

1. 电话在商务活动中的作用

①联络感情；②互通信息；③客户开发；④客户服务；⑤提高工作效率；⑥帮助业务新手消除恐惧。

2. 电话沟通的类型

根据打电话的目的和内容将电话沟通分为三类。

（1）了解性质的电话

在对客户一无所知的情况下，首先需要了解的是客户的基本信息及其需求。这种电话决定了必须大量使用提问来达到目的。

(2) 约见性质的电话

直接通过电话达成目标一般来说难度是比较大的,这就需要通过面谈来完成通话的目标。因此约见电话就显得比较重要。例如,如何避开秘书,如何找到你的约见对象,如何达到约见目的等。

(3) 跟踪性质的电话

与顾客的沟通很多情况下是需要多次才能完成的,如通过多次的沟通找到客户需求和达到客户的满意度,因此需要对客户进行电话跟踪服务。

3. 电话沟通的技巧和礼仪

一个人接听拨打电话的沟通技巧是否高明,常常会影响到他是否能顺利达成本次沟通的目标,甚至也会直接影响到企业、公司的对外形象。因此,应多动脑筋,千方百计让对方从声音中感受到你的热情友好,通过声音展现出你对对方的尊重和重视。同时,熟练运用电话沟通礼仪也是十分重要的,具体的电话沟通礼仪,将在本书的后续章节中进行详细地介绍。

(三) 网络沟通

如同任何一种其他的沟通方式一样,网络沟通同样存在着道德规范和文明礼仪。网络礼仪要遵循彼此尊重、容许异议、宽以待人、保持平静、与人分享的原则。网上的道德和法律与现实生活是相同的。

当面不能说的话在网上也不要说;分享你的知识;尊重别人的时间和带宽,在提问题以前,先自己花些时间搜索和研究;平心静气地争论,以理服人,不要人身攻击;在论坛、博客等发帖的时候应该做到主题明确,对别人的回复应表示感谢;不要做有失尊严的事情,不参与连环信的活动;尊重他人的劳动和隐私权,不剽窃他人的作品。

四、语义与传播

语义即语言的含义、意义,它是语言的内容。语义与传播,即研究传播中的语言使用现象及规律。在传播中,我们经常看到传播失败、交流失误现象。

案例

培训者在某部关于新媒体环境下高校网络文化建设方面的书稿中见到如下文字:"……网络技术需要网络安全维护,组织不良信息进入高校网络世界,为高校网络文化建设创造良好环境。"从字面来看,既不存在错字,也没有语法错误;可是关联前后内容,"网络技术需要网络安全维护"同"组织不良信息进入高校网络世界"的意思抵牾。

如果是这样,那么高校网络安全的维护者岂不成了罪犯?长期从事编辑工作练就的职业敏感告诉培训者,此处的"组织"实为"阻止"之误。此例虽然从字面来说是文字差错,但也可以认为属于逻辑差错,毕竟前后句子缺少因果关系。

资料来源:http://www.sohu.com/a/235026352_757863,2018-06-11.

这些说话或写作的失误,使语言不能精确表达客观事物,或误会或两歧,或是双方未使用公认的语言,或是未考虑对方心理感情上的差异,等等。由此,我们应了解,语言本就是针对客观世界或主观世界而设定、设置,语言的产生和使用,也是为了人们的交际和信息传播。但是,语言一旦产生并固定下来,却又带着与生俱来的局限性和失误的可能性。

1. 语言局限

语言是有限的,而客观或主观世界却是无限的,语言的有限性会受到客观世界无限性的影响。

汉语常用字约3000个,经过组合形成的词汇,约几十万。然而,客观世界的事物有多少种?数量是多少?人脑能想到的事情有多少种?数量有多少?恐怕无计其数。应当说,那是无穷无尽的无限宇宙。常言道,"只可意会,不可言传。"证明语言无法真正精确地描述出客观,也无法真正准确无误地表达主观。因此,通常情况下我们无非是强调尽力表达得精确一些,逼真一些。

2. 语言失误

正因为语言有局限性,所以我们在运用语言时就经常出现失误,会有"我说得多清楚啊,你们怎么还是不明白?"的遗憾。

3. 表层义与深层义

在传播中,语言有时仅仅是表层的含义,即说的是什么,意思就是什么,如"台湾是中国的一部分,是祖国神圣的领土。""宪法是国家的根本大法。"但很多时候语言的运用,表层是一个意思,而里层,却可能还有更多的含义。

第二节 电子实像传播方式

电子传播是指利用电子媒介进行的传播。电子媒介,是指运用广播、电视、电影、录音、录像等电子技术、设备来制作、传递信息的传播媒介。电子媒介的介入,使传统的语言文字传播焕发了青春。因为有了高端技术和现代化设备,使得语言文字传播借助于新的载体,变得更加丰富、快捷、有效。

一、广播

人类历史上首次进入家庭的电子媒介是广播。

(一) 广播的优点

1. 传播面广

广播用声音传播,主要形式是言语。听众不受年龄、性别、职业、文化程度限制。广播用电波作传播手段,听广播不受时空条件限制。

2. 传播迅速

广播使用电波作手段,速度最快。它能把即时发生的事情传递给听众,实况转播做到几乎同步。

3. 感染力强

广播依靠声音传播。声音的优势在于逼真感,听其声能如临其境、如面其人,能激发听众的想象。声情并茂的人声特别能调动听众的感情,听广播成了赏心乐事。

(二) 广播的缺点

1. 传播内容稍纵即逝,过耳不留

对长篇内容、精确数字把握不住。边听边录音,又失去了广播的便捷优势。

2. 选择性差

广播内容由电台编制,听众只能被动收听,殊难参与,更难于选择。

3. 呈现形式单一

广播只有单一的声音,没有文字和图像,不够丰富多彩。

二、电视

20世纪最重大的事件之一是电视的发明和发展。科学界有人认为原子能、宇宙空间技术和电视是人类历史上具有划时代意义的三大事件,认为电视是震撼现代社会的三大力量之一。

(一) 电视的优点

1. 直观

电视诉之于形象画面,十分符合人们首先以眼睛、其次以耳朵为感官接收外界信息的特点。真正做到了为人们喜闻乐见。

2. 现场报道

电视可以直接对人、事、物做现场的目击报道。报纸和广播都是间接的,现场的情况需转述,而转述所用的语言又有描摹上的局限性。所以,"耳听是虚,眼见是实",电视能简便地解决好这个问题。

3. 迅速及时

电视的传播速度快,送达率高,这点与广播一样。

（二）电视的缺点

（1）呈现内容稍纵即逝，即便储存，成本也高。
（2）节目编排固定，观众选择难。
（3）受设备条件限制，灵活性不足。
（4）制作成本高，周期长。

总之，公共关系活动中，公共关系人员经常利用广播、电视等电子媒介向公众传播信息，这就要求他们要掌握广播、电视的优点，发挥它们的特长。同时，也应掌握广播、电视的制作本领，熟悉本地电台、电视台的工作人员，请他们协助本组织搞好传播工作。

案例

明星代言人与品牌的关系

流量明星代言人和品牌的关系，往往是一荣俱荣，一损俱损。

好的代言人可以提升品牌知名度，扩大品牌影响力。具有正向"流量"的明星和红人，其明星效应又能拉动粉丝经济，提升购买量。所以明星营销一直是很多品牌营销策略的重点。

可是当代言人有了大量的负面影响后，极有可能对品牌造成不好的影响，如造成集体抵制品牌行为、集体退货退款，如果不及时止损，很可能还会造成影响品牌形象和信誉度等问题。

作为代言人的明星，其生活及工作上的一举一动都会牵连到品牌形象、营销策略。品牌如何选择合适的明星进行合作，以及遇到突发状况如何迅速反应，做出有效危机公关，是品牌面临的一大课题。

三、多媒体电脑和网络

多媒体电脑是指通过增加配置而集印刷媒介和电子媒介功能于一身的电脑，是当今社会信息传播必不可少的设备。它能够播放 CD、VCD 和 DVD，播放电视节目、广播，还能通过上网传播报纸、期刊、图书资料等内容，从而具有了印刷的功能。不仅如此，它还能直接传播网上广告、文字信息和图片。另外，它还具有人际传播功能，如在网上聊天谈生意、交流思想。总之，多媒体电脑具有计算机、文字处理机和报纸、广播、电视、电话、录音、录像、传真等多种媒介功能。

（一）互联网的传播特征

1. 数字化

网络，又称电子网络，是国际电子计算机互联网络的简称，又叫因特网。这种新媒介是继报纸、广播、电视之后的"第四媒体"。互联网是真正的数字化工具,它把一台台孤立的计算机联成网络,可以用于连续的电子信息传递,包括电子邮件、文件传递及个人或计算机群之间的双向传播。

网络可以实现全球信息高速传递和共享。包括多媒体电脑在内的计算机只是提高了人类处理、存储信息的能力,而计算机的网络化却大大提高了人类交流信息的能力。它使人与人的联系实现了真正意义上的交流,而不仅仅是传播。国际互联网不仅具有报纸、广播、电视等传播媒体的一般特性,而且具有数字化、多媒体、适时性和交互式传递的独特优势。

2. 全球化

相比传统的传播媒介,互联网传播的范围更为广泛,表现出全球化的特征。也由于全球化特点,以前一些因地域限制而不是公关客体的群体也成为网络公关对象。微信、微博等移动互联网新媒体的出现则进一步强化了信息传输的全球化。

3. 交互性

互联网和传统媒体相比较,最大的区别就在于其交互性,又称互动化。它是指互联网带来了传授双方的双向互动传播,而不是媒体向接受者传递信息的单向传播。媒体作用于用户,当然用户也可以反作用于媒体,他们可以对互联网的信息进行处理、加工、修改,以及再组合等。最典型的例子就是微博、微信朋友圈的兴起,这类传播手段改变了信息单向传播的模式。在互联网的发展影响下,网络公关的双向互动性十分显著。

4. 个性化

网络的特征在公关中所起的一项重要作用是使公关客体这个角色在整个公关过程中的地位得到提高。网络公关具有了创建企业与顾客"一对一"关系的能力,这种能力是很重要的。前面提到的交互性和信息丰富的特点使受众的选择多样化。网络公关很多时候可以做到分众传播。

5. 直接性

与传统传播媒体相比较,网络公关的信息能更容易也更迅捷地到达受众。制造话题,引来各方关注是公关最有效的方式之一,可是在网络公关出现之前,想要把话题传达到受众方,是要通过传统媒体的。在传统媒体新闻的传播过程中,编辑、作者等新闻工作人员作为"守门员"的角色,决定了企业组织的新闻消息能否出现在当天的大众传媒上,同时还决定了这则消息的表现风格甚至隐含内容。在这样的情况下,企业和新闻消息相互脱节,不能直接相连。而网络公关则大大提高了这种直接联系的可能性。

(二)常用的网络公关工具与特征

网络公关的兴起缘于互联网和电子商务的发展,网络传播方式较之传统传播方式的创新,以及公关业发展的需要。传统公关的发展需要新的平台,而互联网具有个性化、互动性、资源无限性及信息共享化等特点,这些特点作为互联网的传播优势,具备了强大的资源整合性,并且随着网络媒体的运作日趋规范成熟,已经拥有相当大的媒体影响力,也是社会各界人士获取信息的主要渠道。

1. 万维网

万维网(world wide wed,WWW)。20世纪40年代以来,人们就梦想能拥有一个世界性的信息库。万维网使得全世界的人们以史无前例的巨大规模相互交流。相距遥远的人们,甚至是不同年代的人们可以通过网络来发展亲密的关系或者使彼此思想境界得到升华,甚至改变自己对待事情的态度。情感经历、政治观点、文化习惯、商业建议、艺术、摄影、文学等都可以以人类历史上从来没有过的低投入实现数据共享。

万维网是人类历史上最深远、最广泛的传播媒介。它可以使它的用户和分散于这个行星上不同时空的其他人群相互联系,其人数远远超过通过具体接触或其他所有已经存在的通信媒介的总和所能达到的数目。

2. 网站

网站是一种沟通工具,人们可以通过网站来发布自己想要公开的资讯,或者利用网站来提供相关的网络服务。也可以通过网页浏览器来访问网站,获取自己需要的资讯或者享受网络服务。

网站是网络公关的常用工具之一。在因特网早期,网站还只能保存单纯的文本。经过几年的发展,图像、声音、动画、视频,甚至3D技术都可以通过因特网得到呈现。通过动态网页技术,用户也可以与其他用户或者网站管理者泡馆进行交流,也有一些网站提供电子邮件服务或在线交流服务。

3. 电子邮件

电子邮件(e-mail)也是常用的网络公共关系手段和工具。电子邮件是一种用电子手段提供信息交换的通信方式,是互联网应用最广的服务。通过网络电子邮件系统,用户可以以非常低廉的价格、非常快速的方式(几秒钟之内可以发送到世界上任何指定的目的地),与世界上任何一个角落的网络用户联系。

电子邮件可以是文字、图像、声音等多种形式。同时,用户可以得到大量免费的新闻、专题邮件,并实现轻松的信息搜索。电子邮件公共关系具有明显的优势,它可以减少对用户的打扰、增加潜在客户定位的准确度、增强与客户的关系、提高品牌忠诚度等。

电子邮件公关可以根据公关的区别分为内部电子邮件公关与外部电子邮件公关。内部电子邮件公关主要是以针对内部公众而开展的电子邮件网络沟通,例如新闻邮件、会员通讯邮件、电子刊物等。外部电子邮件公关主要是专业的服务商用户用来开展网络营销活动而发送电子邮件的活动。电子邮件的存在极大地方便了人与人之间的沟通与交流,与外部公关建立良好的关系,促进了社会的发展。

4. 微博

微博时代已经开辟了网络博客的一个新纪元。这个自媒体正在中国的社会中发挥出越来越大的影响力和冲击力。如果把报纸、杂志、电视等称为传统媒体,而把微博、博客、播客、论坛、社交网络等社会化媒体称为新媒体的话,这些所谓的新媒体已经不再是"新人",它们正向我们扑面而来,与我们的生活密不可分。

微博时代的来临不可避免地改变着政府、机构、企业和个人面临的舆论生态。如何充分把握微博时代的机遇为自身形象加码,利用微博为自身的发展服务,同时有效规避微博带来的负面冲击,是政府机构、企业或个人亟待研究和解决的课题,也为公关咨询业开展传播研究和创新传播模式提出了挑战。

著名危机公关专家、华中科技大学公共传播研究所常务副所长、北京关键点传媒(关键点公关)总裁游昌乔认为,在新媒体时代,从政府到企业,其对公关的需求都会越来越大。在携程亲子园虐童事件、五星级酒店床单事件、美团清真门等热点事件中,微博已经多次发挥了它的社会功能。

星巴克致癌事件发生之后虽然使星巴克处于危机之中,但却被星巴克巧妙化解。不被危机所打倒,反而借此为自己赢得更多支持,这就是星巴克公关的智慧——闪电般地利用微博与公众沟通,并采取一系列措施,使企业转危为安,并维护了企业形象。微博在汇聚信息源、公共事务探讨、娱乐业信息发布、企业商业营销、生活信息提供和讨论等方面,已明显扩展了中国舆论的空间。

微博公关究竟有哪些方面的优点,使它发挥了如此之大的作用呢?

(1) 低成本,实时性,传播快

微博里盛传一种说法:粉丝数超过十万,就是一份都市报;超过百万,就是全国性报纸;超过千万,就是电视台;超过一亿,就是CCTV。企业通过发表微博吸引粉丝的同时,也使得自身品牌得到了不断的推广,这种低成本的投入却可以得到高成本的回收。微博具有"随时随地可分享"的特点,因此企业可以随时随地发布相关信息,同时根据特定的节假日、活动日发表相关活动,宣传公关,宣传自己。

(2) 形式新颖多样,创造力大

新浪微博和Twitter都要求发文字数不能超过140字,这就要求相关企业用最简短的语言、最创新的方式来吸引大众关注。现有微博不仅支持文字,同样支持图片、音频、视频等,企业的微博公关可以通过多种形式的综合运用,创造出形式内容新颖的微博来。传统意义上的长篇声明具有官方性,民众不易接受更不愿仔细阅读,短小精悍的语言更能够引起读者的兴趣与共鸣。

(3) 双向互动,沟通性好

微博公关作为一种新的方式,打破权威,为公众与企业提供了一个可以交流的公众平台。企业充分利用微博这一平台进行公关,参与和回复关注者的评论,达到沟通和影响舆论的目的;通过与公众互动、对话的方式,提升自身的企业形象,使得公众能够切身体会到其企业文化。同时,企业一方面可以通过在线直播、网上投票、有奖竞猜、转发抽奖等方式传播自己的产品并与大众进行互动交流,也可以随时对评论转发情况进行舆情监控,随时调整宣传服务战略,第一时间进行危机处理,化解矛盾,挽回各方损失。

微博的积极作用不言而喻,但微博同样是把"双刃剑"。微博上每个人都是发布者,发布信息的快速性和内容的无法证实性,增加了事件的不可控性,正如郭美美事件,由于大量真假信息的鱼龙混杂,各路微博的推波助澜,给红会形象造成严重的影响。微博发布信息的快速性、不可控性也让企业面临潜在的危险因素,如果不及时正确地处理,企业的形象将会遭受严重的破坏。

案例

面对网络公关的两面性,企业应如何开展网络公关?

网络为现在的公共关系提供了一种新思维、新模式,就是网络公关。网络公关在促进企业发展方面,起着显著的作用。企业运用得好,则能够有效地宣传企业品牌、形象,加快企业的发展,反之,则会使企业面临危机。

企业危机的出现是不可避免的,因此网络公关就显得格外重要。合理地利用好网络公关,利用好危机,合理处理危机公关,将危机转化为商机,这才是企业做好网络公关的真正意义所在。

网络公关的最高境界,应该是把一堆烂泥捏成一件艺术品。听起来好似一门高深的学问,其实对照一些企业成功和失败的例子,大抵可以总结出解决危机的一条秘诀——勇敢地说出来,如果错则真诚道歉,如果遭诽谤则大胆怒斥诉诸法律。而对艺人和经纪公司来说,要掌握这个秘诀最需要的是真诚和责任。

信息化时代的到来带动了网络公关的发展,而由于负面信息在网络上出现的越来越多,网络公关活动被越来越多的企业所认可。任何事物都具有两面性,网络公关也是如此,是一把"双刃剑",有的网络公关会采用一些不正当的商业竞争手段以达到自己的意图。对于这种状况,我们应当合理地控制,让网络公关健康地发展下去,这也是互联网开展的必然趋势。

在发生网络公关危机时,公司除了直接面对之外,更应当注重言论的引导。正确引导网民的言论,是处理网络公关危机的有力方式。千万不可以硬碰硬,这样事情反而会闹得很僵,会往更坏的方向发展。因此,公司此刻应当传达有利的言论,发布积极正面的信息。

公关危机中的言论效果之大,足以影响公司的发展方向。

事实上,公司出现公关危机是很正常的,就是那些大型公司也避免不了。出现危机并不可怕,积极应对,妥善处理才是最要紧的。在危机发生以后,公司的品牌多多少少会遭受一些不良影响。这个时候,重塑公司形象就要提上日程了。只有当良好的公司形象重新得到树立,公司的公关危机才谈得上真正结束。这才是网络公关成立的意义所在。

资料来源:https://ishare.ifeng.com/c/s/7vWy0zwSaR4,2020-04-09.

第三节　其他传播方式

其他传播方式指的是除语言传播外的一切传播方式,也可统称为非语言传播。人的行为、表情、穿着、手势、姿态是非语言传播;与人有关的饰物、器具、时间、空间、烟火、鼓号声是非语言传播;音乐、舞蹈、绘画、书法也是非语言传播。

非语言传播就是排除语言媒介,采用其他形式或符号激起人们意义联想的传播。非语言传播的类型很多。有听觉性的,如鼓声、号角声、口哨等;也有行为动作性的,如穿衣打扮、举止表情等;还有艺术性的,如音乐、舞蹈、书画等。

这里主要探讨体态语和视觉性非语言传播。

一、体态语

体态语又称作身体语言、体语等。它是人的行为动作、表情姿态乃至穿着打扮所传递的有意义的信息。体态语是人类传播方式中,除语言外最重要的传播。

(一)动作

它是用身体或身体的某部分表达和传递信息。招手、点头,就是动作,表示了某种意向:示意再见或赞同。当然,情景不同、地区不同,同样的动作表达出的意向可能会不尽一致。

(二)姿态

姿态也应是动作的一种,但比动作更整体化一些。古人云,人当站如松,坐如钟,卧如弓,行如风。可见讲究姿态,古已有之。

表情是姿态中最重要的一环,因为人的表情最丰富多彩。姿态还应包括穿着打扮、化妆修饰,如服装、配饰、发型等,既体现个性,又表现文化。它们是人体的外加部分,可装扮的空间极大。

(三)时间与空间调动

时间、空间本是客观因素,但是一旦人特意运用或调动它们,它们就成了人的行为的一部分。

1. 时间

时间的运用,往往代表着特定的含义。毛泽东主席告诫干部们,工作要"团结、紧张、严肃、活泼",这既是作风,也是秩序。秩序就是时间的节奏问题。

2. 空间

空间的运用,有助于表现人与人的关系和态度。人在不同的空间之内有不同的感受。登临泰山之巅,心旷神怡;蜗居三尺陋室,憋气窝火。空间也表现为距离。两人相会,不同的距离表达不同的意思。在我们的文化中,面对面往往有对立、对抗的性质,法庭审判就是一种典型。开大会设主席台,庄重有余,亲切不足,即源于这种"台上台下,干群对面"的格局。因此,在公共关系事务中,与客人交谈,往往坐成45度:既没有面对面的对抗,又避免了并肩的亲密。

二、视觉性非语言传播

视觉性非语言传播就是诉诸形象的传播。

(一)照片与图画

照片与图画都是通过平面构图来传播特定的形象信息,都具有丰富的表现力,也是人们喜闻乐见的传播形式。它们的优点是一目了然、便于接收,而且让人记忆深久。比如,小人书对孩子的启蒙是至关重要的,即使几十年后,也会让人记忆犹新。

公共关系活动中,照片与图画总是不可或缺的。如在说明书、展览会上,照片与图画是一种简单明了的传播方式,其后若配以简明文字,就能传递复杂一些的信息。

(二)标识

标识是商标、名牌、徽记、代表色等的总称,是一个组织或一种商品的形象标志。

1. 商标

商标通常由文字、图案或其他符号单独或综合构成。商标的设计应注意:一是突出该商品的优势、特征,如"舒肤佳"香皂、"飘柔"洗发水。二是简练、美观。很多商标既复杂又难看,真正莫名其妙,图案且不说,光文字就冗长晦涩,如:"塔撒诺娃摇摇滚滚"。三是注意文化环境,如"金利来"原名"金狮",广东读音"金输"即亏本,很不受欢迎。

2. 品牌名称

多数用文字,主要讲究:一是寓意独特,让人印象深刻。如"可口可乐""麦当劳"。二是寓意健康且语感好。如"春兰""康佳"。三是大众化。如"熊猫""大白兔"。而非将饼干称"克力架"纯属哗众取宠。

3. 代表色

代表色是指特选的颜色,被用在包装、服饰、设备、建筑物上。颜色的社会内容特别丰富多彩:红色象征革命、白色象征纯洁、蓝色代表天空和海洋。北京的城市色调为灰色,象征着稳定和历史悠久。而柯达胶卷为黄色,富士胶卷为绿色,它们在中国市场竞争,有人戏称"色彩之战"。因为人的视觉对颜色最敏感,对颜色形成的记忆最深刻,代表色成了企业形象的最佳代表。

 复习思考

1. 口头语言传播和笔头语言传播各有什么优缺点?
2. 语言有哪些局限?
3. 你认为公共关系工作中经常使用的体态语有哪些?

 实践课堂

1. 实践内容

情境语言的运用。

2. 实践目的

运用恰当语言达到预期目标。

3. 实践环节

(1) 告别词

小李调任上海分公司公关部经理,临行前本公司召开欢送会。请为小李设计一份"告别词"。

(2) 劝导词

小李又将调回本公司,可是职务降了半级,为本公司公关部副经理。请你设计一番话语,既让他回来,又让他高高兴兴。

4. 技能要求

语言简练又要使听者信服。

扩展阅读 4-1 社交网络时代的危机公关

第五章 公共关系调查

学习目标

1. 了解公共关系调查的意义和重要性;
2. 理解公共关系调查的原则和内容;
3. 能够进行公共关系调查;
4. 掌握公共关系调查的程序及调查方法。

技能要求

掌握公共关系调查问卷的设计方法、调查方法,并最终完成一份调查报告。

> **引导案例**

借力打力：从摔杯到抢章、五菱、网抑云、气氛组

当当"从摔杯到抢章"主题活动

2019年摔杯为号，李国庆掀起与生活、事业合伙人俞渝的当当权力争夺战。2020年4月底，当当创始人李国庆带人去当当公司拿走公章，再次引发与俞渝权力大战的舆论风波，相关话题刷屏网络。

网友忙着围观两虎相斗，顺便同情一下身处舆论旋涡的"儿子"当当。当当却没有"坐以待毙"，而是积极"应战"，推出紧扣老板与老板娘之间大战"主题"的优惠活动，公然蹭起了自家热度。网站首页广播"好的婚姻，要守护财产和爱"，点进去是特别策划专题"从摔杯到抢章"，部分图书每满100减50，推荐了婚姻、两性、法律、运营、管理、心理六方面书籍。

对于当当消费自己"老板和老板娘的瓜""自己蹭自己热度""生产自救"的营销活动，广大网友丝毫不吝惜自己的赞美之词，"幽默""挺好""笑喷""危机公关别出心裁"。连中国新闻网、观察者网这样的主流媒体都主动给它打起了"广告"。

五菱"人民需要什么，五菱就造什么"

对于"五菱"这个汽车品牌，可能大部分网友都停留在"秋名山车神"这个网梗上。上汽通用五菱定位的就是廉价车，此前的五菱宏光也是四五线城市首选，本身非常"接地气"。2020年，五菱凭实力再次出圈。

2020年年初突发疫情，口罩一时间成为紧缺物资。于是，上汽通用五菱于2月开始改造生产线转产医用口罩，并且打出了"人民需要什么，五菱就造什么"的旗号。上汽通用五菱生产口罩一事，瞬间在社交媒体发酵，并登上微博热搜榜。

2月15日，央视《新闻联播》报道《战疫情 中国制造跑出中国速度》，点赞上汽通用五菱仅用了三天时间就完成了10万级无尘车间改造、设备安装调试等一系列工作，并取得了民用防护口罩的研发、生产、销售资质。

5月开始，地摊经济逐渐火热，甚至掀起一股全民摆摊的风潮。五菱看到了商机，6月2日五菱专用车公众号发布文章《五菱翼开启售货车——地摊经济的正规主力军！》，推出"地摊神器"五菱荣光小卡翼开启和五菱荣光新卡翼开启两款车型，一上线就销量火爆，订单甚至排到一个月后。网友对此评价"真就人民需要什么，五菱就造什么"。6月3日，港股五菱汽车午后大幅拉升，最高涨幅达126.13%，报0.45港元/股。

从网抑云到网愈云

2020年8月,专业工具网抑云突然成为网络爆梗,起因是有许多网易云评论区无病呻吟的评论被爆出是假的,或者是编的,引发大众反感情绪。该梗用于嘲讽那些"为赋新词强说愁"的人。

但即便大众对这些"伤痛文学"抵触,也不能排除写下那些抑郁评论的人是否真到了伤心处需要一个倾泻口。基于这样的情况。8月3日,网易云音乐称已推出"云村评论治愈计划",邀请心理专家、万名心理专业志愿者加入"云村治愈所",万名乐评达人组成云村乐评团发起乐评征集大赛;同时升级《云村公约》治理虚假编造内容,规范乐评礼仪,为真正有需要的用户提供专业帮助。

星巴克气氛组

2020年12月初,成都一名遭网暴确诊患者被质疑职业正当性,后澄清是酒吧气氛组员工。随后"气氛组"成为网络流行词,引申为在各种场合,用来形容活跃气氛、带动气氛的人。

12月下旬,网友在社交平台上公开询问,"那些在星巴克里拿个笔记本电脑一坐就是一下午的人都是什么职业?"立马就有人回复,"星巴克气氛组"。显然一开始,这只是调侃一下。

随后,星巴克官方接梗,还发布了一则招募通知:立即招募官方气氛组30人,招募时间在12月21—27日内为期一周,顺势做了一波圣诞节营销宣传。"原来星巴克还有气氛组"这一话题发布后24小时阅读2.3亿次、讨论2.5万条,迅速引起了广大网友的围观。

公关解读

互联网就像一片瓜田,每天都有新的"瓜"——热点诞生,但这"瓜"能不能吃到、好不好吃就要考验品牌公关营销的能力了。

想抓住热点首先需要考虑其与品牌形象和定位的契合度,其次是能否很好地融合到自身的产品或服务上。如五菱的口罩和地摊车,就是基于当时的大环境,根据自身的能力开展公关工作,既满足了自身需求,又体现了企业的社会责任感,提升了品牌的知名度和美誉度。

当当、网易云、星巴克三家在当时都或多或少面临着一些质疑声,前者因为抢章事件被怀疑不能正常运营,后两者均被质疑造假(评论造假、气氛造假)。当当没有大发声明澄清或者卖惨,反而以自家的瓜为主题进行图书促销活动,以实际行动证明自身并未因"爹妈大战"影响到运营,不但完美地回应了质疑,还低成本地收获了千万级的品牌曝光。网易云面对网抑云的调侃并没有迷失方向,而是剖开了事件的表象看到本质,选择为抑郁的用户提供心理咨询,体现了品牌的人文关怀和社会责任,同时也没有忽视那些稀释云村调性的"噪音",决心清理,双管齐下以逐步扭转网抑云为网愈云。

星巴克也没有着急地去撇清与"气氛组"的关系,而是"用魔法打败魔法",如同始作俑的"段子"一样同样略带调侃的"招聘气氛组"化解了一波负面舆论。既对星巴克"找托"这件事进行了回应,还借势火了一把,大大提升了品牌曝光度,说是教科书级的公关营销也不为过。

资料来源: https://zhuanlan.zhihu.com/p/357716068?ivk_sa=1024320u,2021-01-30.

第一节 公共关系调查的意义和原则

一、公共关系调查的意义

1. 收集信息与整理积累资料

公共关系调查,就是广泛地收集信息、整理信息并积累有用的信息资料,从而形成社会组织的信息资料库,为社会组织决策者和经营管理人员随时提供参考咨询,充分发挥信息资料在社会组织制定政策和决策中的重要作用。

2. 制定策略和及时反馈信息

在公共关系调查中,要充分了解社会公众的意见和社会环境的状况,以全面系统的资料和数据为依据,制定正确有效的公共关系策略。公共关系调查的作用就是要把握社会组织中公共关系工作及其影响因素的状况,这既是社会组织正确评估其公共关系状态优劣的依据,也是社会组织开展公共关系科学运作的基础。

社会组织在制定和执行公共策略的过程中,要经常进行公共关系调查,随时发现问题或偏差,同时反馈社会环境与社会公众舆论等各种信息,及时调整社会组织的行为,使社会组织的公共关系政策日臻完善。

3. 监测环境调整自身公共关系策略

社会组织的公共关系工作要在一定的公共关系环境中开展,并受到公共关系环境的制约和影响。为此,社会组织要有效地开展公共关系工作,必须注意实时监测自身所处的公共关系环境。

开展广泛的公共关系调查,可以起到监测政策、经济、文化等社会各方面环境的作用。社会组织通过公共关系调查,收集有关环境变化的情况资料,通过分析研究,有效地把握公共关系环境变化的内容、变化的方向和变化的特点,注意其发展的趋势,保证社会组织的公共关系运行策略符合公共利益的要求,掌握正确的经营方向。同时,开展公共关系调查还便于社会组织及时调整和制定出与未来公共关系环境相适应的公共关系策略和计划。

4. 掌握公众意向协调公共关系工作

社会组织通过公共关系调查，可以了解社会公众对社会组织的意见、要求、希望和评价，准确、及时地处理社会公众所反映的意见，进行正确的舆论导向，从而避免社会组织的发展受到不良状况的影响；可以通过公共关系调查活动加强同社会公众的联系。与此同时，社会组织通过公共关系调查可以协调自己内部各部门的相互协作配合关系，有利于统一开展公共关系工作。

二、公共关系调查的原则

公共关系调查活动从策划到实施的整个过程都具有很强的目的性、计划性和系统性。都必须以科学的方法切实保证调查内容和调查过程的客观、真实，为了保证公共关系调查能够达到预期的目的，调查活动应遵循以下基本原则。

1. 客观公正原则

公共关系工作人员在进行公共关系调查时，务必实事求是，尊重事实真相，客观公正地了解和掌握来自各个方面的信息。公共关系调查是为了准确地了解社会公众对社会组织形象的评价。调查人员在调查过程中，应从客观实际出发，要注意区分社会公众的客观态度和主观臆想。只有把握了调查对象的客观态度，才能对社会公众的有关评价得出科学、准确的结论。

2. 全面系统原则

公共关系调查必须注重其全面性和系统性，这既包括调查对象的广泛全面，还包括调查内容的系统全面。公共关系调查的全面系统原则要求调查人员在搜集调查对象对社会组织形象的评价时，必须注意搜集各方面社会公众的意见。这里应注意以下两点，即调查对象必须能够代表社会公众，而且调查所得的资料必须系统全面。

如果调查对象没有代表性，尽管他们对社会组织形象的评价是客观的，也并不能代表社会公众的整体态度。既要有调查对象的正面意见，也要有调查对象的反面意见；既注意到一方面社会公众的意见，也注意到另一方面社会公众的意见，并注意各种意见之间的联系。

3. 科学准确原则

公共关系调查的客观公正和全面系统原则要求，公共关系工作人员在进行调查活动时，应掌握科学的思维方式和调查研究方法，以此来确保调查结论的准确性和真实性。同时，应对调查问题的实质及各种不同情况做出具体的和科学的分析与评估，保证公共关系调查从事实到结论都经受得起严密的逻辑推敲和实践检验。

4. 高效及时原则

公共关系调查具有很强的时间性，及时准确地反馈结果，可以使社会组织迅速地对环境状况做出反应。任何迟滞的调查信息都会使社会组织失去取胜的机会。

对一个社会组织来说,调查所得信息的价值取决于提供的信息和处理信息的时间,迟滞的信息会导致社会组织失去取胜的良机。因而,在调查过程中,调查人员不仅要注意调查信息的准确性,还要注意调查信息传递的快捷性。

5. 严密计划原则

公共关系调查是社会组织形象管理中的重要一环。社会组织不可企望通过一次调查获得所有的情报。公共关系调查工作应被列入社会组织的整体运作计划中,并加以制度化、规范化。公共关系调查的制度化、规范化可以提高调查工作的效率和质量。

三、公共关系调查的重要性

公共关系调查不同于其他社会调查,公共关系调查是指广泛、深入地了解社会公众对社会组织形象的评价,并且通过对这些评价的研究分析,使社会组织准确地了解其自身在社会公众中的形象定位。社会组织通过对自身形象定位的了解,可以正确地测量出社会组织自我期望的形象与其自身在社会公众中实际形象的差距,从而使社会组织及时针对这个差距制定有效的公共关系策略。

现代社会组织要想适应不断变化的外部环境,就要经常地、积极主动地与社会系统进行相互作用。要做到这一点,就要重视社会组织与社会系统之间的信息交流。而公共关系调查,实际上就是主动寻求和使用信息资源,其重要性已日益为现代社会组织所重视。

1. 公共关系调查是社会组织公共关系工作的起点

社会组织在开展公共关系活动时,首先要进行公共关系调查研究,在获得大量信息的基础上进行整理、分析、预测、决策,并逐步过渡到制订计划、目标与方案、实施方案及评估效果等各阶段,然后又回到起点,进行下一轮循环。

不断研究新情况,找出遗留问题和新问题,从而制定更完善的计划方案和措施。因此,公共关系调查既是公共关系活动的起点,又是终点,是保证公共关系活动有始有终顺利进行的重要条件。

2. 公共关系调查是社会组织确定公共关系目标的基础

进行公共关系调查是为了了解各界社会公众对社会组织的观点、态度和反应,从中找到企业所面临的问题,以便确立公共关系目标,拟定达到目标的可行性方案,并实施最佳方案。因而,公共关系调查,是社会组织进行公共关系决策的基础和依据。如果没有基础或者基础不稳定,那么社会组织的公共关系决策目标和方案就难以实现。

3. 公共关系调查帮助社会组织树立真实形象

每一个社会组织,都希望在社会公众中树立良好的组织形象。如果一个企业在社会公众的心目中信誉卓著,产品价廉物美,服务热情周到,便能赢得更多的顾客,占领更广阔的市场,实现更大的效益。久而久之,这个企业在社会公众中的知名度和美誉度就会越来越高,其社会组织形象就会愈加完美。

一个社会组织的形象,要靠公共关系调查来了解内外环境及各种因素的变化,分析现状,扬长避短,利用各种公共关系手段不断设计出新的社会组织形象,才能逐步树立起来。调查评估自身的形象,对于一个现代化的社会组织来讲极为重要。

第二节 公共关系调查的内容与程序

一、公共关系调查的内容

社会组织通过公共关系调查找出自身的差距和存在的问题,为社会组织策划公共关系活动提供依据。公共关系调查的内容主要有以下四个方面。

(一)社会组织基本情况调查

社会组织基本情况是社会公众评价的主要对象。全面了解社会组织的历史与现状,才能正确评价社会公众意见。这是每位公共关系人员必须具备的资料,开展各项公共关系活动都可能用到这些资料。社会组织基本情况调查的主要内容包括:社会组织的经营状况和社会组织的内部关系状况。

(二)社会组织的社会公众舆论调查

公众舆论调查是公共关系调查的重要内容。主要是调查社会公众对社会组织的认识、态度与印象,包括知名度、信誉度和社会公众评价的调查,通过征求社会公众和同行业有关专家的意见,确定社会组织形象在社会公众心目中的地位。

另外,还要调查社会公众的动机,探明形成某种印象和评价的原因;调查社会组织在公共关系工作中内外传播活动的效果;调查内部公众的意见。及时、准确地把握社会公众的意见和社会公众的变化动向,对社会组织开展公共关系活动具有重要意义。

(三)社会组织所处的社会环境调查

社会组织进行社会环境调查的目的是为了使其适应社会环境的变化,以求获得较好的社会生存环境和发展环境。社会环境调查的主要内容包括以下几个方面。

1. 基本社会环境调查

基本社会环境一般是指社会组织所处的一个国家或地区的政治、经济、文化等因素构成的宏观社会环境系统。基本社会环境状况调查的主要内容有以下几项。

(1)人口环境状况

人口环境状况包括现有人口的总量、增长速度、年龄结构、性别比例、地理分布、婚姻状况、教育状况、就业状况、流动状况、国家的人口控制政策与人口管理措施等方面的情况。

(2) 政治环境状况

政治环境状况包括国家或地区的政治体制及其改革情况,国家或地区的法律法规、方针和政策的提出、制定、颁布、实施等方面的情况,以及其他方面的政治性因素存在与变化等方面的情况。

(3) 经济环境状况

经济环境状况包括国家或地区的经济体制及其政策情况,国家或地区的产业结构、分配结构、交换结构、消费结构、技术结构及其高速变化的情况,国家或地区的经济发展情况及相应的战略与策略等方面的情况。

(4) 文化环境状况

文化环境状况包括国家或地区的民族特征、文化传统、宗教信仰、教育水平、社会结构、风俗习惯、价值观念、生活方式、社会道德规范与精神文明建设等方面的情况。

2. 具体市场环境状况调查

具体市场环境是指与社会组织的公共关系活动相关联的市场因素组成的社会环境系统。在现代市场经济条件下,对具体市场环境状况进行调查,是社会组织特别是企业组织环境状况调查的一项重要课题。具体市场环境状况调查的主要内容有以下几项。

(1) 市场需求状况

市场需求状况包括市场容量,社会的购买力,居民的消费结构与消费水平,现有的和潜在的购买人数,近期需求和长远需求及其需求变化的趋势,国家是否鼓励某类消费,银行是否贷款支持某类消费等方面的情况。

(2) 消费者状况

消费者状况包括消费者的总体数量,消费者的构成情况,消费者的消费欲望与购买动机,消费者的偏好及造成消费者偏好的原因等方面的情况。

(3) 市场竞争状况

市场竞争状况包括市场是否形成竞争态势,竞争对手的生产能力、产品特色、销售政策、服务措施、在消费者心目中的印象、与中间商和消费者的关系、广告宣传的力度、公共关系促销的措施等方面的情况。

3. 所属行业环境状况调查

所属行业环境是指由社会组织所在特定行业中各种组织构成的微观社会环境系统。开展所属行业环境状况调查,可以搜集同行组织的信息,把握本行业的发展动向。所属行业环境状况调查主要有以下几项。

(1) 所属行业基本状况

所属行业基本状况包括所属行业各种组织的数量,所属行业的整体发展水平,所属行业在国民经济和人民生活中的地位与作用等方面的情况。

(2) 所属行业特定组织状况

所属行业特定组织状况包括所属行业特定组织的经营方针、人员素质、技术力量、资金占有、经营管理水平、产品与服务方面的情况,以及该特定组织在社会公众心目中的形象、在同行业中的地位等方面的情况。

(3) 所属行业横向协作状况

所属行业横向协作状况包括所属行业各种组织之间的协作意向、协作项目、协作类型、协作可以取得的效果,有无同行组织愿与本组织开展协作等方面的情况。

(4) 所属行业竞争对手状况

所属行业竞争对手状况包括竞争对手的历史,竞争对手的优势,竞争对手的横向联系情况,竞争对手的公共关系状态,竞争对手的关键技术和关键人物,竞争对手原本已有的竞争对手或合作伙伴等方面的情况。

(四) 社会组织的形象调查

1. 社会组织自我期望形象的调查

自我期望形象是指一个社会组织自己所期望建立的形象,它是一个社会组织公共关系工作的内在动力、基本方向和目标。自我期望形象的确立应注意主观愿望和实际可能相结合。作为动力和方向,对自我期望形象的要求越高,社会组织在公共关系工作中自觉做出努力的可能性就越大;作为目标,对自我期望形象的要求越高,实际成功率也可能越低。科学的自我期望形象的调查主要包括以下三方面的内容。

(1) 社会组织领导层的公共关系目标和要求

公共关系活动的目标必须围绕着社会组织的总目标,支持社会组织总目标的实现。社会组织的公共关系计划实质上始于领导层。作为社会组织的决策者和领导者,他们对于自己组织形象的期望水平,对于组织目标和组织信念的形成,对于组织形象的选择和建立,具有决定性的意义。

他们对社会组织形象的期望水平和具体要求,是设计社会组织形象的重要依据。

(2) 社会组织中员工的要求和评价

社会组织要经常了解内部广大干部和员工对自己组织的看法和评价。因为一个社会组织的目标和政策必须得到广大员工的认同和支持,才可能有效地转化为该组织的实际行动。所以,需要通过调查研究,了解广大员工对社会组织的要求、看法及各种批评建议,了解他们对领导层提出的总目标的信心和支持程度,发动全体员工寻找社会组织的薄弱环节并提出改进措施。

(3) 组织的实际状态和基本条件

社会组织对自我形象的要求不能脱离客观的实际状态和条件。公共关系工作者必须完整地掌握本组织各方面的基本资料,包括经营方针和管理政策、生产状况、财务状况、技术开发状况、市场销售状况、人事组织状况等,并以此作为设计社会组织形象的客观依据。

2. 社会组织实际形象的调查

由于社会组织的实际形象往往与其自身的期望形象有一定的差距,因此必须通过公共关系调查来了解社会组织自身形象的准确定位。衡量社会组织实际形象的主要标准是社会组织在社会公众中的知名度和美誉度,通过对社会公众的数量和层面的调查,了解社会组织知名度的高低;通过对社会公众舆论和态度的调查,了解社会组织的美誉度情况;并且从这些调查中找到自身形象的差距与不足。

调查社会组织在经营方针策略、服务水平和产品质量等方面的计划方案,积极改进社会组织各方面的工作,使社会组织自身期望形象与实际形象相一致。

二、公共关系调查的程序

公共关系调查是对社会组织的公共关系状况进行的科学考察,它必须根据人的认识过程和认识规律,科学地安排调查的运作程序。公共关系调查的程序是指对社会组织客观存在的公共关系状况进行科学调查的基本过程,应当具有严密的逻辑性和良好的运作效率。公共关系调查程序,如图 5-1 所示。

(一)确定调查目标

公共关系调查的第一步,是要策划好明确的调查目标和调查对象。因为公共关系调查的内容和范围十分广泛,在公共关系工作中需要掌握的信息也是千头万绪,任何一次公共关系调查都不可能做到包罗万象,应该选择与社会组织密切相关的实用、急需解决并且针对性强的课题。

图 5-1 公关关系调查程序

(二)制订调查方案

公共关系调查成败的关键就是看调查方案制订得好坏。制定科学、正确的调查方案,可以使公共关系调查紧扣主题,有明确的目的性;公共关系调查人员对调查的内容要进行通盘考虑,从而使调查结论更显效果;制订切实可行的调查方案可以确保调查工作有条不紊地展开。制订调查方案可分三步进行。

1. 设计调查指标

设计调查指标是调查方案的主题部分,调查指标是公共关系调查的目的和科学假设的集中体现。因而,必须注意指标的可行性,在科学理论的指导下,进行综合分析,形成一套完整的调查指标体系。

2. 设计调查的具体方案

这一步涉及的内容相当广泛,一般包括调查的对象、工具、时间、地区范围和调查的方法等。在调查中每个环节都必须仔细考虑,不可疏漏,这样才能开展卓有成效的调查,获得理想的调查效果。

3. 设计调查问卷

一份好的问卷应做到:内容简明扼要,信息包含要全;问卷问题安排合理,合乎逻辑,通俗易懂;便于对资料分析处理。一份正式的调查问卷一般包括以下四个组成部分:标题、导语(前言)、正文和结束语。

案例

企业形象调查问卷(范文)
×××企业形象客户调查问卷(标题)

尊敬的客户您好:

为使格林莱对您的服务更优质,市场信息反馈更及时,更为树立格林莱高端、专业的品牌形象,我们对您进行一次问卷调查,希望就此听取您的意见。请根据实际情况,提供真实的意见和想法。

十分感谢您对问卷调查的配合!(前言)

请问您所从事的行业:

(主选项)

1. 请问您是否进入过格林莱企业网站(http://www.gll.cc/)?
   (1) 进入过　　　　(2) 印象不深　　　(3) 从来没有
2. 请问您对格林莱的企业网站印象如何?(多选)
   (1) 信息易懂　　　(2) 信息量丰富　　(3) 新鲜感　　　(4) 有个性
   (5) 先进性　　　　(6) 高质量　　　　(7) 非常出色　　(8) 其他(请注明)
3. 您认为格林莱的企业网站应加以重视的要点是什么?(多选)
   (1) 容易找到信息　(2) 信息量丰富　　(3) 信息新颖独创　(4) 内容易懂
   (5) 版面设计容易阅读　(6) 采用闪光画面等在显示方法上下工夫
   (7) 版面设计新颖　(8) 其他(请注明)
4. 请问您对格林莱的标志×××××××有无印象?
   (1) 印象深刻　　　(2) 印象模糊　　　(3) 没印象　　　(4) 其他(请注明)
5. 请问您在日常生活中有没有见过格林莱的广告?
   (1) 有　　　　　　(2) 无
6. 请问格林莱广告给您留下的印象如何?

(1) 印象深刻　　　(2) 印象模糊　　　(3) 没印象　　　(4) 其他(请注明)

7. 请问格林莱的产品给您留下的印象如何？
　　(1) 专业程度(高端/中端/低端)　　　(2) 产品品质(优/良/差)
　　(3) 公司信誉(非常好/很好/较差)　　(4) 产品系列(健全/一般/不健全)
　　(5) 性价比(高/一般/低)　　　　　　(6) 售后服务(非常好/很好/一般/较差)

8. 请问下列格林莱的成功案例中哪些适合您所处的领域？
厂房照明样板工程：
富士康集团鸿淮厂房、诺基亚东莞厂房、联想办公楼、韩国LG化学、韩国发电厂等。
道路照明样板工程：
福建省龙海市二环路、长春高新开发区、韩国隧道工程、巴基斯坦太阳能路灯等。
商业照明工程：
嘉兴沃尔玛、华润万家、韩国国家网球中心等。
其他案例工程：
上海浦东机场、香港公共卫生检测中心、法国巴黎铁塔、韩国三星化学、香港威尔斯医院等。

9. 请问您还用过哪家公司的同类产品，使用感受如何？
　　(1)　　(好/一般/较差)　　(2)　　(好/一般/较差)
　　(3)　　(好/一般/较差)　　(4)　　(好/一般/较差)
　　(5)　　(好/一般/较差)　　(6)　　(好/一般/较差)
　　(7)　　(好/一般/较差)　　(8)　　(好/一般/较差)
　　(9)　　(好/一般/较差)　　(10)　　(好/一般/较差)
　　(11)　　(好/一般/较差)　　(12)　　(好/一般/较差)

10. 请问您认为无极灯进入民用市场的最大瓶颈是什么？
　　(1) 价格高昂　　(2) 安装困难　　(3) 灯具不匹配　　(4) 其他(请注明)

11. 请问您选择无极灯优先考虑的条件是什么？(可多选)
　　(1) 使用寿命　　(2) 显色效果　　(3) 节能环保　　(4) 高新产品
　　(5) 性价比　　　(6) 无频闪护眼效果　(7) 其他(请注明)

12. 请问您选择无极灯时的顾虑是什么？(可多选)
　　(1) 技术成熟度　　(2) 使用安全性　　(3) 售后服务
　　(4) 使用环境要求　(5) 其他(请注明)

13. 请问您印象中的格林莱哪些方面还有待提高？(可多选)
　　(1) 技术　　　　(2) 质量　　　　(3) 货期
　　(4) 售后　　　　(5) 服务意识　　(6) 宣传力度
　　(7) 新产品研发　(8) 其他(请注明)

（您对格林莱还有哪些期望：）

14. 目前格林莱研发出更节能的新产品——射流灯,您有没有兴趣深入了解?
    （1）非常感兴趣　　　　　　　　（2）比较感兴趣
    （3）没什么兴趣　　　　　　　　（4）其他(请注明)

15. 请问您是否了解EMC(合同能源管理)这种模式?

    "EMC是一种新型的市场化节能机制。其实质就是以减少的能源费用来支付节能项目全部成本的节能业务方式。

    合同能源管理是实行EMC模式的公司通过与客户签订节能服务合同,为客户提供包括能源审计、项目设计、项目融资、设备采购、工程施工、设备安装调试、人员培训、节能量确认和保证等一整套的节能服务,并从客户进行节能改造后获得的节能效益中收回投资和取得利润的一种商业运作模式。在合同期间,EMC与客户分享节能效益,在EMC收回投资并获得合理的利润后,合同结束,全部节能效益和节能设备归客户所有。"

    （1）没有听说过完全不了解　　　　（2）听过想深入了解
    （3）非常了解　　　　　　　　　　（4）其他(请注明)

16. 请问您是否愿意采用EMC(合同能源管理)这种模式?
    （1）非常愿意　　（2）想进一步了解　　（3）不能接受　　（4）其他(请注明)

(三) 实施调查

市场调查的各项准备工作完成后,开始进行问卷的实地调查工作,组织实地调查要做好两方面工作。

1. 做好实地调查的组织领导工作

实地调查是一项较为复杂烦琐的工作。要按照事先划定的调查区域确定每个区域调查样本的数量,访问员的人数,每位访问员应访问样本的数量及访问路线,每个调查区域配备一名督导人员;明确调查人员及访问人员的工作任务和工作职责,做到工作任务落实到位,工作目标、责任明确。

2. 做好实地调查的协调、控制工作

调查组织人员要及时掌握实地调查的工作进度完成情况,协调好各个访问员间的工作进度;要及时了解访问员在访问中遇到的问题,帮助其解决,对于调查中遇到的共性问题,提出统一的解决办法。

要做到每天访问调查结束后,访问员首先对填写的问卷进行自查,然后由督导员对问卷进行检查,找出存在的问题,以便在后面的调查中及时改进。

(四) 整理和分析调查资料

搜集调查资料的过程,是应用科学的方法和手段的过程。公共关系调查人员首先要采取科学的收集方法,如调查统计表、统计图和调查问卷等,及时、真实和全面地反映与调查内容相关的各种资料。

然后,对各种资料进行系统整理和统计分析。应用统计学知识,对调查资料进行更深层面的发掘,理清头绪,抓住问题的要害,得出正确的调查结论。

(五)撰写调查报告

公共关系的调查结果一般都是领导层的决策参考依据,因此调查结果若想得到认可和应用,就需要把整个公关调查结果以报告的形式呈现出来。

这是公共关系调查过程的最后一个环节,经过对调查资料的汇总、统计和分析,得出公共关系调查的结果。将这一结果与第一阶段课题确定时拟定的目标进行比较研究,如果两者一致,说明公共关系调查取得了成功。反之,则失败。

第三节 公共关系调查方法

公共关系调查的方法对于公共关系调查任务的顺利完成具有重要的作用,它包括用以保证公共关系调查目的能够顺利实现的调查途径、方式、手段和措施等。公共关系调查的方法多种多样,形式各异。科学正确的调查方法是能够保证调查取得良好效果的关键环节,公共关系调查最常使用的方法有文献资料研究法、民意测验法、公共关系审查法和公共关系预测法,下面分别予以说明。

一、文献资料研究法

文献资料研究法是公共关系调查中运用比较普遍的一种方法。它是一种收集、整理、保存、检索和分析文献资料的方法,目的是为了积累整理资料,以便于在急需使用时迅速查出有关资料,分析事实与观点,及时发现问题,为公共关系活动服务。其主要步骤如下。

1. 收集资料

社会组织中的公共关系部门必须购置常用的工具书,如各种辞书和各类年鉴,从中了解国内外重大事件,以及各行业新的进展和新的成就。从辞书中引用典故、丰富词汇,使各种传播材料制作得更加精彩纷呈。

此外,必须了解本组织的历史和现状,以及基本的经营状况,这些情况和资料要从各种内部刊物、公众档案、企业报表、市场情报资料等方面进行深入的了解和收集。

2. 检索资料

对收集到的资料进行分类整理,建立检索系统。可以按汉语拼音或偏旁部首进行排序,也可以按英文字母顺序进行分类目录检索。

3. 保存资料

随着时代的发展,现代保存资料的方法不再局限于剪贴、复印、装订、登记、编目和归档等工序,许多社会组织都已采用电脑储存来管理资料。建立电脑资料库,扩大了检索的范围,提高了检索的速度。当然,这就需要既精通管理又精通电脑技术和训练有素的专门人才,才能使电脑管理取得理想的经济效益。

4. 分析资料

采用纵向和横向分析的方法,检索出有关资料,进行详细分析,提出报告建议,为决策者提供参考咨询。公共关系人员在分析资料时必须保证观点的准确和可靠,广泛征询专家意见,在综合分析了丰富翔实的资料和各方意见之后,再提出最终可行的建议与方案。

案例

维他奶下架、恒大破产、三只松鼠辱华,2021年企业公关失败案例

一、企业危机公关

现代市场的竞争不仅包括商品、技术、价格、服务的竞争,还包括企业的信用、声誉、形象的竞争,处理公共关系也是一种竞争手段。进入当今时代,互联网的兴起将企业危机公关带入了新的局面,互联网已成为解决危机事件的重要部分和不可替代的路径。

互联网可以扩大企业品牌宣传,也可以给企业形象带来负面影响。如果企业不重视互联网的传播作用,不及时处理网上关于本公司的负面信息,就有可能引发严重的公关危机,损害企业的对外形象。下面从2021年的企业负面舆情中选出几个热点事件,分析危机公关处理失败的案例,以期找出一般规律,纠正漏洞和误区。

二、具体事例分析

1. 维他奶下架风波

2021年7月1日,维他奶员工在袭击警察后因害怕犯罪而自杀。维他奶官方称其员工"不幸去世",一时引起了人们的愤怒。维他奶企业形象崩溃,明星取消代言,多家代理商下架产品,股市暴跌,市值大幅蒸发。一夜之间维他奶一地鸡毛,一家巨无霸企业在民意面前如同鸡卵一样。

2. 恒大破产风波

2021年8月17日,恒大董事长卸任、总经理套现过亿等新闻相继登上热搜,随后,恒大相关新闻频繁引发民众热议,甚至传出了恒大面临破产重组的消息。恒大面临困境,一方面是银行停止放贷、停止销售的现状,另一方面,恒大需要在流动性的压力下完成"保民生、保交楼、保稳定"的任务。因此,自2021年以来,恒大必须继续"抛售",以获得流动性资金支持。

3. 三只松鼠辱华风波

2021年12月26日,"三只松鼠模特"的话题在微博登上热搜。一位网友公开了三只松鼠2019年的产品宣传海报。这张海报刊登了模特"眯眯眼""厚嘴唇"的妆容,许多网友认为三只松鼠品牌方在宣传过程中,故意丑化国民,引起广泛争议。之后,三只松鼠模特发出回应,说自己只是个打工人,并声称:"我的眼睛小就不配当中国人了吗?"反将三只松鼠辱华行为曲解为大众的审美问题,引起了更多网民的不满。

三、规律及原因总结

无论是众所周知的三只松鼠,还是有几十年历史的维他奶,抑或是房地产巨头恒大,危机发生后的公关方式都是一样的,存在很多误区。综合这些事件,可以得出企业危机公关处理失败的一般规律,其根本原因只有以下四点。

1. 忽视公关

在网络时代,信息的传播是爆炸性的、不可预测的,许多企业低估了"互联网"的传播能力。现在很多危机公关失败的主要原因是,不把看起来小型的事件当作问题,不及时应对。例如,在上面提到的三只松鼠辱华事件中,三只松鼠及其当事人模特选择了在负面舆情爆发、网民声讨的时期作出回应,且态度强硬,无异于抱薪救火,不仅不能有效遏止负面舆情的发酵,反而让负面舆情更快传播。

2. 定位错误

公关不是企业在发生伤害消费者的事件后出来善后的人。专业危机公关的目的是采取正确的手段减少公司声誉和运营方面的损失,公关的任务是促进公司运营和体系的不断完善,更好地为消费者服务。维他奶企业方面在此次事件中的应对可以说是定位失误的典型。维他奶狭隘地将宣传活动用作"事故现场的清扫",有心维护品牌声誉,得到的结果却适得其反。

3. 手段陈旧

传统媒体时代的危机公关管理本质上是企业与媒体的博弈,在危机中控制媒体不报负面。目前,在移动互联网的状态下,由于媒体高度碎片化,传统的阻止危机传播的渠道已经难以发挥作用,本质上危机的管理就是疏导和控制网民如洪流般传送的情绪。三只松鼠只在意与媒体和网民的争吵,妄图通过"控诉"来摆脱责任,直接影响公众的好感度。三只松鼠的问题也是现在相当一部分企业采取的方式,每次负面舆情爆发都不关注网友的讨论话题,只是"道歉"却不谈解决问题,不了解民众的诉求。

4. 缺乏后续

公关后续流程才是最重要的,最初的应对只能暂时平息事件,后续的跟进才是网民评价企业形象的标尺。恒大第一次事故发生后,由于内部监管流程不完善,后续的舆情不断发酵,进一步传出破产重组的消息,被大众定位为"老赖"。这个时候,采取再多的补救措施也没有用。

资料来源:https://www.163.com/dy/article/GT1SBI8F0552EW55.html,2022-01-06.

二、民意测验法

民意测验法是公共关系调查中应用最为广泛的方法。最早在美国,出现了许多专业性的民意测验机构,如非常有名的盖洛普民意测验组织、哈里斯组织、杨科洛维奇组织等。民意测验包括以下步骤。

(一) 确定调查目的

确定调查目的,首先要了解社会组织领导者的真实想法,使民意测验顺利进行;其次是了解社会组织领导者进行民意测验的具体目标。一次民意测验具体目标不宜过多,设计的提问一般不要超过二三十个,否则会让人生厌,降低民意测验的质量。

(二) 确定人口总体

确定人口总体就是确定调查对象的标准,明确在所调查的区域范围之内,哪些层次的人属于这次民意测验的对象,如调查总体是全国的还是全省的顾客,是青年、妇女还是儿童。根据人口统计或其他人事基础资料,尽量明确总体的确切数字。

(三) 拟定问卷

问卷设计具有很强的专业性、科学性和艺术性。要围绕调查目标设计、拟定问卷,探测调查对象的情况、认识和态度。

1. 问卷的提问方式

一般提问方式有两项或多项选择提问和开放式提问。

两项或多项选择提问属于封闭式提问。列出所有的备选答案,内容规范,便于定量分析。但该方法容易忽略可能的备选答案,会产生偏差。开放式提问也称自由式提问,一般用于深度调查,让调查对象自由解答,答案十分灵活、广泛,给整理资料带来一定难度,不易统一标准,误差也较大。除这两种方式外,还有多种问卷方式,如组句法、填空法或采用图表测量等方式方法。

2. 组织问题、斟酌措辞和试测

组织问题,是在一份问卷前,一般要有简短的说明,解释调查的目的,言辞委婉恳切,尊重对方;在提问顺序上,要适应调查对象的心理,先易后难;把同类问题归纳在一起,按逻辑顺序提出。

斟酌措辞,是在提问时要明白易懂,避免使用带有倾向性的措辞。问卷拟好后,在小范围内具有代表性的调查对象中进行测试,检验问卷设计中的科学性和可行性。如发现问题要及时修正,最后确定问卷内容和形式。

(四) 确定访问方式

访问有深度访问和问卷访问两种方式。

1. 深度访问

深度访问是指可以进行个别访问,也可进行小组座谈会。这种访问不用问卷,事先准备好访问重点。调查对象不受问题限制,可以畅所欲言,双方互相启发,共同探讨,使调查更加深入。

2. 问卷访问

问卷访问,可分为当面访问、通信访问和电话访问。采用精心设计的问卷,其结果可以编码统计,进行定量分析。三种访问方式各有利弊,采用何种方式,取决于调查目的、人口总体、调查对象的分布和问卷长短等。还要考虑问卷复杂程度,以及经费和时间等因素。

(五) 进行抽样

社会调查有普查和抽样调查两种方式。

普查是对全部社会公众进行的、内容尽可能多的调查,使社会组织获得丰富、全面的资料。该方式虽然比较准确可靠,但是需要大量的人力、物力、财力和时间,如全国人口普查就是如此。

抽样调查,需要有一份反映人口总体自然特征的基础材料,如姓名、地址、电话簿等,从中抽选一部分人进行调查,根据其结果推论整体情况的方法。它所产生的误差,可以用统计方法进行计算和控制。一般社会组织机构和公共关系公司通常采用抽样调查的方法。抽样调查一般分为随机抽样和非随机抽样两种。其中随机抽样又分为简单随机抽样、分层随机抽样、分层同比和异比抽样、多阶段分地区抽样等多种方式。

1. 随机抽样

在随机抽样方法中,简单随机抽样是用纯粹偶然的方法在总体中随机抽取若干个个体作为样本,总体中每一个个体被抽取的机会是相等的,抽样者不能作任何有目的的选择。分层随机抽样,是先将总体按特征分类,即按个体的特性,如行业、年龄、教育程度等分层次,然后在每一层次中选取部分作为样本。

分层随机抽样包括同比和异比两种方法。即对各层次按同一比例或对各层次采用不同比例进行抽样调查。多阶段分地区抽样是对广大地理区域的社会公众进行访问时需采用的方法,建立在分层随机抽样方法的基础上。

2. 非随机抽样

非随机抽样是按照调查的目的和要求,依据一定的标准选取样本。总体中每一个个体可能被抽取的机会是不相等的。一般有任意抽样、判断抽样和配额抽样等形式。任意抽样是调查人员从方便的角度出发选择样本,因为方法比较简单而且节约经费,所以常被广泛采用。判断抽样是根据专家或调查人员的主观判断来选取样本,能适应调查人员的某种特殊需要。配额抽样是将总体先按调查特征分层,并规定各层次的样本配额,再由调查人员按每一层的配额依判断抽样的原则进行抽样。这种方法比较省时、省力、省钱,只要在调查中认真执行规定,就能获得准确的结果。

(六)撰写调查报告

调查报告就是根据调查研究的成果而写成的文字性(包括数据)书面报告,以文字图表的形式将调查的过程、方法和结果表现出来。调查报告的主要格式包括:题目、导言、主体和最后结尾。

题目,要求生动明确,符合报告内容;导言,讲清楚调查的内容、目的和方法;主体,详尽有序地说明调查的过程、问题的发现及各项调查论证等内容;最后结尾,对调查结果进行分析并提出建议,要简明扼要,观点明确,必要时可附上参考资料加以佐证。

三、公共关系审查法

公共关系审查法是用来对社会组织机构的公共关系现状进行全面审查,调查各类公众对该社会组织机构的印象,分析社会组织机构运转中出现的问题或存在的隐患,从而提出公共关系工作的目标和实施公共关系活动的步骤。

进行公共关系审查主要是通过广泛访问、舆论调查和仔细分析的方法调查社会公众的意见,然后有针对性地提出今后的公共关系计划,最后检测公共关系的传播效果,检测时主要采用受众调查法和内容分析法。

受众调查的基本方法有日记法、机械记录法、面访法和有助或无助回忆法等。内容分析法的研究对象是传播内容,其基本步骤是:首先确定分类,依据研究目的,对传播内容加以分类;其次进行定量分析,对各类传播内容所占的篇幅或时间加以统计;最后进行定性分析,请专家或传播媒介等有关人员共同研究、评价报道是否达到理想效果。

四、公共关系预测法

采用公共关系预测法,可以从诸多的社会问题中,预测社会组织机构可能遇到的公共关系问题。主要步骤如下。

1. 识别问题

识别问题是通过查阅资料、民意测验等方法,收集并罗列出各种正在出现或可能出现的问题。

2. 排列问题等级

排列问题等级是按主次、轻重、缓急等划分问题等级。一般分为对社会组织机构的生存有决定作用的"战略性问题"和没有决定作用的"公共政策问题"。

3. 联系问题

联系问题指把问题与本组织机构的总体目标、经营理念等联系起来。

4. 制订行动方案

制定可供选择的行动方案,确定目标,划分具体指标,进而寻找到走向成功的最佳途径,列出几种方案供决策层选择。

以上介绍了公共关系调查的四种方法,其中民意测验的方法最多,可在实践中单独分开运用。通过公共关系调查获得对有关社会组织某些方面的认识或结论,为开展下一步的公共关系工作服务。

把握住这些要点,撰写公关调查报告还会难吗?

对于企业而言,各种信息的传递离不开各种分门别类的报告。各种不同的报告都存在它特有的写作技巧、文本格式,以及文案功能等。在本篇文章中,笔者给大家来仔细地讲述一下,如何写好一篇公关调查报告,及公关调查报告的含义和功能。

一、公关调查报告的含义

公关调查报告,其概念是用于反映公关调查所获得的信息成果及认识成果的书面表达报告。它是关于某个项目内容的一种信息集合文本形式。在整个项目进行的过程中,庞杂的初始材料及一些不必要的内容,会对整个信息传递产生严重的阻碍作用,为了能够更好地实现信息传播,用简单直接的调查报告的形式进行内容表达,能极大提升信息有效率,促进关键信息明了化。

根据公关调查报告的内容形式,其主要可以分为两类:综合性调查报告及专题性调查报告。

顾名思义,综合性调查报告指的是对大范围内容的系统项目,进行综合性的判断。它所表达的内容较多,内容分类更复杂。

当然,综合性的公关调查报告正是由于其系统性及完整性,很多时候都是作为战略性内容存在的。相对而言它的功能对企业的发展更具影响力。

专题性调查报告,指的是根据具体的专题,进行数据整理分析而得出的报告。其内容表达形式较为简洁,中心内容较为聚集。它往往都有个明确且具体的调查核心,这与上述综合性战略报告,存在本质的差距。

二、公关调查报告的功能

通过概念及种类分析,我们不难发现,公关调查报告的功能主要有以下一些内容。

1. 陈述客观事实

报告本身就是对数据整理之后的客观成果进行表述的文本而已。因此它的第一个功能就是陈述客观事实。

2. 简化信息传播

从初始的庞杂的数据资料到后续简单明了的调查报告,整个关键信息的传播过程得到了极大的简化。

无论是对于内部信息传递,还是外部受众信息表达,人们总是更愿意接受简洁的内容表达形式。当然,简洁程度,要以不脱离材料本身的功能性为准。

企业具备明确的结构性及阶级性,对于不同岗位的员工而言,对于身处同个项目的所有员工而言,他们所需要掌握的有关整个项目的数据内容,是存在差异的。在部门与部门间进行信息交流的过程中,简化且准确的调查报告,能够提升整体员工的工作效率。

3. 更快速地实现成果投入实际操作

在具备清晰结论之后,后续企业在运用报告内容的时候,可以快速地实现调查内容向实际的转化。

三、公关调查报告的文案结构

对于完整的公关调查报告内容,它的文案结构分为标题、导语、索引、正文、结语、附录等六个结构。每个不同结构的写作技巧及文本格式引起功能的差异,从而拥有不同的表达方式。

1. 标题:点明报告基调和中心内容

无论是哪种形式的文案载体,标题都是不可或缺的一环。

在公关调查报告中,标题就是对内容进行高度概括的作用。它要体现内容的核心价值并激发读者的阅读欲。因此,标题的写作要求就是准确、明了、体现主题。

对于公关调查报告而言,标题一般都写于文案封面,除了标题之外,封面上的信息还要包括调查单位及时间。

公关调查报告的标题可以分为单标题和双标题两种格式。

对于单标题而言,它主要出现的场合是在一些公文类型的报告中。首先,这些报告不需要激发读者的阅读欲,因为这些信息的内容,无论标题好坏,都不影响人们阅读它的冲动。其次,这些报告具备强烈的功能性,标题的作用主要是向读者表达文案的种类及基调。

双标题运用的场景相对而言会更加宽泛。很多时候,简单地通过单标题很难具象地将内容完全输出,因此在主标题之外会添加一项副标题的内容。

首先,主标题是对文章基调进行确定,副标题是对内容进行具象的修饰。

另外,通过主、副标题的组合形式,可以增强报告阅览人的阅读欲,也更容易让阅读人更加准确地把握内容观点。

2. 导语:内容观点简述

一般来说,导语内容就是对整篇报告进行的整体阐述。读者可以通过对导语的通读,明确报告所要输出的内容成果。一方面有利于阅读人快速获取关键信息,另一方面也有助于信息查阅。

因为报告本身内容的差异,导语的组成方式同样存在一定的结构差异性。

首先,阐述调查本身的意义,即可以直接在引言中阐述调查研究的原由及目的,将甲方与乙方的信息、调查内容及解决怎样的内容进行表明。

其次,从时间线出发,对从开始到后续结论得出的过程进行描述。

另外,还有一些导语是以直接列举内容观点的形式进行表述。

3. 索引:清晰结构,方便查阅

索引的作用较为简单,主要是通过索引页,使读者可以快速查阅对应正文内容。

4. 正文

正文就是对整个公关调查过程进行详细的阐述。调查的每个步骤、每个环节,都必须确保内容的正确性。否则,报告将没有任何实际价值。

对于正文内容创作要求而言,主要把握的点就是结构严谨、条理清晰、逻辑严谨、重点突出,即各项数据、表格、材料、观点都需要进行清晰的结构分类与布局。

关于正文结构的格式主要有横向结构、交叉结构及纵向结构,结构具体内容,可以自行查阅相关文献,本篇对此暂不多加赘述。

5. 结语:观点整理总结

结语部分就是整改报告的总结性文案,不存在具体的格式,重点在于将整个报告的观点或成果清晰、准确地阐述清楚。但根据内容本身的差异性,结语也会相应产生表述差异,或总结观点,或列举未解决问题,或呈现问题解决方法及调整建议等。

6. 附录:结果得出的各项数据表格

在结论推导的过程中,会产生很多统计性图表,这些内容在正文或结论中没有出现,但它的作用却不容忽视。因此这些内容会在附录版块中出现,用于佐证结论或材料补充说明。

资料来源:https://www.sohu.com/a/358922329_120104552,2019-12-07.

1. 公共关系调查可以采取哪些方法?
2. 一份调查问卷一般包括哪几个组成部分?

1. 实践内容

以小组为单位进行某社会组织形象地位的调查与分析。

2. 实践目的

通过对社会组织在社会中的自身形象调查,分析其现有形象对社会组织发展的影响,运用公共关系工作手段和方法,提高组织的形象地位,使得组织追求更高的形象目标。

3. 实践环节

设计社会组织形象调查问卷,有针对性地对组织进行调查研究,以数据和事实为依据,逐一分析该组织的形象弱点,提出合理化建议,采取有效公关手段,实施形象设计计划和效果检测,并进行总结。

4. 技能要求

熟练掌握组织形象地位分析法,设计问卷合理化,调查组织现状真实化,把公关理论运用到公关实践当中去。

扩展阅读 5-1　商业与法治舆情观察室:舆情监测要看方法,公关声明重在内容

第六章 公共关系策划

学习目标

1. 了解公共关系策划的知识；
2. 理解公共关系策划的作用；
3. 掌握公共关系策划的原则和程序。

技能要求

根据实际需要进行公共关系的策划，帮助组织提升社会形象。

第六章 公共关系策划

引导案例

铿锵有力：老乡鸡手撕联名信、爱奇艺财务造假

老乡鸡董事长手撕员工联名信

2020年2月8日元宵节，不少企业面临着疫情防控和复工的双重压力。晚间，一段题为《刚刚！老乡鸡董事长手撕员工联名信》的视频通过微博、微信朋友圈等平台广为流传。视频中束从轩称由于受疫情严重影响，老乡鸡保守估计会有5个亿的损失，为了帮助企业渡过难关，员工提出疫情期间不拿工资，并签字摁手印提交联名信。

束从轩对此的回应是直接撕掉，并喊话员工，哪怕卖房子、卖车子，也会千方百计确保员工们有饭吃、有班上。强硬的手撕联名信，在餐饮业界普遍哭穷哭惨声中独树一帜，该视频迅速出圈，刷屏网络，在抖音平台的搜索量高达500万。该事件也被认为是餐饮业困境之下品牌公关传播的范本。

爱奇艺财务造假

2020年4月，在瑞幸遭看空、曝财务造假后，爱奇艺也受到做空机构联合狙击。Wolfpack Research于4月7日发布研究报告称，爱奇艺在2018年上市之前已存在欺诈行为，还指责爱奇艺将2019年的营收夸大了80亿至130亿人民币，用户数量夸大约42%～60%。消息爆出后，爱奇艺股价瞬间跳水，暴跌超15%。

随后，爱奇艺官方回应称，已了解并审查了Wolfpack Research于2020年4月7日发布的做空报告，认为该报告包含大量错误、未经证实的陈述及与爱奇艺有关的误导性结论和解释，爱奇艺披露的所有财务和运营数据均是真实的，符合SEC要求，对于所有不实指控，坚决否认，并保留法律追诉权力。同时，爱奇艺创始人兼CEO龚宇在朋友圈表示："邪不压正，看最后谁赢！"

4月8日龚宇再次回应："感谢大家的信任和鼎力支持，老老实实做人，踏踏实实做事。"同日，搜狗CEO王小川发博力挺爱奇艺，称龚宇的为人、敬业、勤奋都是"出类拔萃的"，"爱奇艺造假，打死我都不信。"一连串回应之后，爱奇艺的股价已经开始出现反涨，截至4月9日17点30分，爱奇艺股票报价为16.51美元/股。

公关解读

公关并不是一定要顺着"潮水"——舆论的方向，插科打诨、自黑的幽默并不适用于重大的公关事件，需要根据具体的情况来决定公关措施，如面对

诽谤等,自身态度需要明确,该硬气时就硬气,有必要时可以用法律武器来武装自己,让利益相关者(员工、用户、投资者、合作伙伴等)安心。

财务造假的指控对于一家企业尤其是一家上市企业的严重性,看看过山车的股价就知道了。上市公司按规定要公开财报,也是不少人盯着的焦点,投资者可能挖掘出价值,投机者能挖出隐雷。一旦处理不当,失去投资者的信任,对于上市公司而言是重大打击。

2019年12月,Wolfpack Research也曾发文做空中概股趣头条,称趣头条2018年的确有74%的"虚假销售"。受此消息影响,趣头条一度急跌超10%。随后,趣头条公开回应称,该报告有严重错误,完全背离了基本事实,正准备启动相关诉讼程序,而趣头条的股价也随着回应的消息强势反弹。

同样遭遇的爱奇艺连发声明,态度坚决对此否认,并启动了内部调查,给外界吃下了一颗定心丸。这在一定程度上挽回了部分投资者的信任,止住了股价下跌。随后爱奇艺也没有松懈,而是言行合一,由爱奇艺内部的独立审计委员会负责,并得到专业咨询机构包括一家非公司审计机构的四大会计师事务所协助,针对做空报告内容进行调查。10月份爱奇艺公布调查结果,没有发现能够支持做空报告中说法的任何证据。

束从轩手撕联名信,上演现实版"霸道总裁"的背后,既有企业的艰难亦有员工的艰难,在这种场合之下只有慎重严肃地对待此事,才能显示出企业管理者对于员工的尊重和企业对员工的责任感,这种强势的态度显然也更令人安心。

资料来源:https://zhuanlan.zhihu.com/p/357716068?ivk_sa=1024320u,2021-01-30.

第一节 公共关系策划

一、公共关系策划的作用

公共关系策划在公共关系工作中处于核心地位,体现了公共关系理论与实践的精华,在公共关系实务中发挥着承上启下的作用。在现代公共关系活动中,公共关系策划对于实现公共关系目标起着极为重要的作用,是公共关系人员必须掌握和能够灵活运用的技能。

从公共关系工作的特性来看,公共关系策划的作用可以概括为以下几个方面。

1. 理清思路

公共关系策划是一种对公共关系工作进行布局的思维创作过程,通过公共关系策划,可以使公共关系工作变得条理清晰、层次分明,促使公共关系工作人员有更加严密的思维逻辑和思维结果,避免公共关系工作的盲目性、无序性和随意性。

2. 创意创新

公共关系活动不是公共关系理论的照本宣科,更不是生搬硬套。每一个社会组织都有其自身的行业特征和环境差异,因而也有着不同的公共关系目标。因此,要在公共关系策划中创新创意,通过不断进取,力求做到"人无我有,人有我优"的资源最佳运用与组合,追求完美创意的美好反响。

3. 指导公共关系行为

公共关系策划是对未来公共关系行为的设计和规划。为了能够达到预期的策划目的,公共关系策划必须做到精心设计每一个步骤和细节,对公共关系的行为方向、方法、尺度、效果做出统一的规定与要求。

4. 促进竞争力的提升

现代公共关系本来就是市场竞争的产物,从社会组织整体的竞争战略看,公共关系策划势必会提升社会组织在树立形象、传播沟通和协调关系等各个方面的竞争力。

在今天的市场竞争中,各类社会组织为了其自身的生存与发展,已经从有形资产的竞争逐步发展到了无形资产的竞争,即形象和关系的竞争,而这些取决于公共关系策划水平的高低。

二、公共关系策划的原则

公共关系策划的原则是指导公共关系策划的行为准则。由于公共关系策划不是公共关系策划人员随心所欲的,而是科学的、艺术的思维创造,公共关系策划必须遵循客观规律,避免脱离实际地为策划而策划。为做到这点,在公共关系策划中应遵循以下各项基本原则。

1. 公众利益优先的原则

公众利益优先的原则,是公共关系策划的首要原则。社会组织只有坚持社会公众的利益为先,才能够赢得社会公众的好评,才能提高社会组织的认知度和美誉度,从而获得社会各方面的支持,使社会组织自身获得更大更长远的利益。

2. 尊重客观事实的原则

公共关系人员在策划过程中,要坚持以客观事实为依据,尊重事实、尊重实践、尊重科学。为此,首先应该做到先通过大量的调查,全面掌握各方面的信息资料,在经过科学的分析和研究后,再如实地将信息反映到策划中。

其次,公共关系策划要根据社会组织环境的实际状况和自身的资源状况,设计出符合社会公众真实需求和社会组织自身利益的形象,将社会组织形象向社会公众进行有效的传播。

最后,在社会组织形象的传播过程中,要根据环境状况的变化,不断地修正、补充、完善策划方案和调整实践行为。

3. 灵活创新原则

公共关系策划人员在进行公共关系活动的策划过程中,应力求以动态的眼光看世界,使策划思路适应环境的变化。力求策划出最新的方案,达到最佳的效果,力求别出心裁、独辟蹊径。

在公共关系策划中,创意是策划的灵魂。公共关系策划者不仅要在公共关系策划的全过程中,从整体上使用创造性思维方法,而且要在公共关系行为的每一步骤、每一细节的设计策划中,都采用创造性思维方法。

4. 合理可行的原则

公共关系策划虽然是一种创造性的思维活动,但是,它必须以尊重客观事实为前提,不能脱离实际情况而存在。公共关系策划既然是事前对公共关系行为的通盘谋划,那么就必须充分考虑到其策划在未来的实施中是否合理可行。遵循公共关系策划合理可行的原则,在策划中应当注意到风险性、经济性、合法性与可操作性。

风险性是指任何行为的事前策划都不能说有百分之百的成功把握,成功与失败的结果总是同时存在。作为公共关系策划者,既不能因畏惧风险而裹足不前、故步自封,也不能因盲目自信、漠视风险而粗心大意。策划者应力求以准确的信息、合理的方式、周全的设计加之艰苦的劳动,将风险降到最低。

经济性是要求公共关系策划者必须依自己的资源实力,合理地策划公共关系活动,必须充分考虑社会组织自身的经济承受力,以最少的投入创造最佳的结果,力求以有限的条件多办事、办好事、办成事。

合法性是要求策划公共关系活动必须考虑到法律合同的要求,考虑到公共关系活动可能涉及的宗教信仰、民族意识、文化传统、风俗习惯约束,绝不允许不服从法律与其他约束,有悖于国情民意的策划。

可操作性是要求公共关系策划者,在策划公共关系活动时,必须充分考虑其在实施中的运作性。公共关系策划本身就是为公共关系行为的实施提供依据,其可操作性表现在公共关系行为中每一个环节之间的衔接呼应是否切合实际,不使操作者在运作过程中出现理解的偏差,以保护策划方案的顺利完成和落实。公共关系策划不能是一厢情愿,更不能是空中楼阁。

第二节 公共关系策划的程序和技巧

一、公共关系具体策划程序

公共关系的具体策划程序可以分为六个工作步骤,如图6-1所示。

二、公共关系策划的技巧

公关活动策划与实施是企业企划部在工作中常用的技术手段。成功的公关活动能够提升企业品牌形象,持续提高品牌的美誉度、知名度、认知度、忠诚度、客户满意度,改变目标公众对企业的认知,并能从不同程度上促进产品销售。

很多公司都组织过公关活动,但是目标不明确、缺乏重点、虎头蛇尾、不够严谨的公关活动屡见不鲜。有的公关活动由于策划欠周全或危机处理不力,导致活动失败,带来较大损失,甚至酿成事故,造成人员伤亡,受到法律制裁。

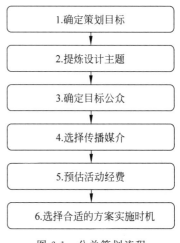

图 6-1 公关策划流程

1. 活动本就是一个媒体

随着传播新工具、新技术的不断涌现,短信、微博等新兴的电子、网络媒体被广泛应用于公关活动,公关媒体继"网刊互动"后仍在不断发生着革命。殊不知,活动本身就是一个传播媒体,它具备媒体的很多特点,其作用和大众传媒相比,只是在实施前不发生传播作用,一旦开展起来,它就能产生良好的传播效应。

2. 目标一定要量化

公关活动特别是大型公关活动往往耗费很多人力、物力、财力资源。一个新产品在中心城市的上市传播费用,一般都在百万元以上。为什么要进行这样大的公关投入?为了企业的传播需要,为了建立品牌的知名度、认知度、美誉度,为了更多的目标消费者去购买本企业的产品,这就是新产品上市公关活动的目标。

没有目标而耗费巨资做活动是不可取的,目标不明确是不值得的。目标一定要量化,只有量化目标,公关活动策划与实施才能够明确方向,才会少走弯路。

3. 集中传播一个卖点

公关活动是展示企业品牌形象的平台，不是一般的促销活动，要确定活动的卖点（主题），并以卖点作为策划的依据和主线。很多公关活动，花了不少钱，却没有给目标客户留下很深的印象，最后策划者本人都不知是什么活动了。只有提炼一个鲜明的卖点，创造公关活动的"眼"并进行传播，才能把有关资源整合起来，从而完成活动目标。

这里的卖点是指公关活动流程设计中最精彩、最具传神的地方，是活动事隔多年，情节大多被人淡忘，但仍能让人记起的一个情节。公关活动策划需要创造这样一个非常精彩的高潮，要把这个高潮环节设计得更有唯一性、相关性、传播性。

创业公司6个公关技巧

据不完全统计，世界各地每年有1亿家公司被创建，因此对这些创业公司来说，竞争是异常残酷的。

对于寻求建立自己的品牌、获得广泛宣传并且想获得认可的创业公司来说，这意味着什么？事实是，在开始的时候会很艰难。你会发现，在激烈的竞争中披荆斩棘，建立你自己的品牌，并且让媒体关注你的公司是一项严峻的挑战。然而，有一些策略不可忽视，这些策略可以用来帮助你的初创公司。

这里有6个公关技巧，每一个创业公司都应该学学，将来你可能会用它来获得竞争优势。

（1）你的产品要先做好准备

首先最重要的是，你要提前做好准备。如果你的产品不是其本身的最好版本，你就不会得到任何好的产品评论，没有记者将会报道你，并且你可能还会收到很多抵制和负面报道。相信我们，负面报道是真的存在的。因此，要确保在使用任何的公关策略前，你已经完全准备好了。

（2）自己要先搞清楚：你是谁

在你可以大声告诉世界你是谁之前，确保你自己知道如何回答这个问题。为了确立你的身份，要问自己：我们的价值观是什么？究竟什么是我们的企业文化？是什么使我们不同于我们的竞争对手？我们是否在做一些别人没有做过的东西？是什么让我们独一无二？确定这些答案，并且在你的创业公司的每一个方面都切实反映出来。公司的身份、价值观和文化是很重要的。如果你不确定，问一下你周围的人寻求一下帮助，制作一个答案表格并且评估一下，哪些答案是一样的。如果有太多不同的答案，那就说明你有问题了。在讲述你的故事之前解决它。

（3）创造一个你的故事，用来分享

学习交流一个精彩的故事是公共关系的一个组成部分，在你已经确定了你的身份之后,你需要做的工作是,创造一个故事,或者准备好你的创业故事。如果你想在媒体、投资人和你的目标客户的视线中脱颖而出,你必须分享一个关于你是谁、你是如何开始的精彩的故事。这个故事不仅会把你和你的用户联系在一起,而且也会使他们很难忘记你。在访谈及谈论你的创业企业的任何其他机会过程中,将这种故事融入社交媒体中,融入你的报道消息中。并且其中一个关键因素是,在每一个故事中都使用你的公司名称。

(4) 确保首席执行官/创始人引人注目

你的首席执行官或创始人是你的喉舌,在塑造公司形象、品牌与文化时发挥着重要的作用。因此他需要面向并且贴近公众。这意味着他们必须出现在社交媒体面前,需要与媒体有着积极的关系,并且需要有完美无瑕地分享你的故事的能力。他们引人注目的程度,不仅将会在你所在的行业中为你建立信誉和领导地位,而且也会将这些信誉和领导地位呈现在合适的人面前,以拓展企业渠道。

(5) 从一开始就制定一个社交媒体推广计划

建立你的品牌并且保持超然,是一项耗时的、艰巨的工作。但是,别忘了创造代表你的品牌、你的价值观和文化的社会媒体策略的重要性。你要从一开始就创建一个有吸引力的社交媒体计划,以扩大你的影响力。一个很好的针对社交媒体的执行策略,将会让你在行业中确立地位和信誉。分享你的故事,并且将你的首席执行官定位为一个思想领袖和先驱。你要花时间直接与你的追随者进行接触,回答问题、共享信息,并且在你的谈话中把他们纳入进去。

(6) 聘用合适的人或公关公司来操作

创业是艰难的,当你刚刚开始起步时实施强大的公关策略是具有挑战性的。但是你不必独自做到这一点,你可以雇用一个专业的人士。你需要确保他们对于你的企业来说十分合适,并且对你的计划很热衷。一个好的公关公司将会帮助你确立一个强大的身份,有效地将你的故事传达给合适的人,为你的CEO创造成为思想领袖的机会,并且建立有吸引力的社会媒体计划。他们将建立你自己的品牌,帮助你脱颖而出,提高你的知名度并且让你展现在决策者面前。

资料来源:http://www.enkj.com/idcnews/Article/20140718/5668,2022-02-26.

4. 没有调查就没有发言权

国内不少公关公司做公关活动,因缺乏公众研究意识或公众研究水平有限、代理费少、时间紧等原因,省略公众调查这一重要工作环节已是司空见惯的事情。想一个点子,找一个适当的时间就可以搞公关活动,这是某些所谓"策划大师"的通病。

"没有调查就没有发言权""知己知彼,百战不殆"。只有摸清自己的优劣势,洞悉公众心理与需求,掌握竞争对手的市场动态,进行综合分析与预测,才能扬长避短,调整自身公关策略,赢得公关活动的成功。

5. 策划要周全，操作要严密

公关活动给我们的成功或失败的机会只有一次。公关活动不是拍电影、拍电视，不能重来，每一次都是现场直播，一旦出现失误无法弥补，绝不能掉以轻心。

例如，操作某人力资源公关活动时，有一个活动环节是新闻发布会后请出席活动的领导人题词，这个信息早已向媒体发布。由于分工负责器材、物品的某工作人员的疏忽，忘记携带题词用的毛笔，再回去取为时已晚，只好临时取消了这项活动内容。这个问题一发生，就受到了媒体的关注，他们中的一部分人认为是领导人对活动的支持程度发生了变化，从而影响了活动的发稿率。

6. 化危机为机遇

大型公关活动有一定的不可确定性，为了杜绝意外事件发生，公关人员在实施的过程中要抱有强烈的危机意识，充分预测到有可能发生的各种风险，并制定出相应的对策。只有排除了所有风险，制订出的策划方案才有实现的保障。发生紧急事件时，要随机应变，不要手忙脚乱，不要抱怨，应保持头脑清醒，迅速查明原因并确认事实的真相。

已造成负面影响的，一种方法是及时向公众谢罪，防止再发生类似情况，要让不同媒体建立对立关系，避免出现负面报道，策略性处理媒介关系，否则负面影响修复较难；另一方法是化危机为机遇，借助突发事件扩大传播范围，借助舆论传播诚意，争取公众的支持，反被动为主动。

在某次"北京企业媒体沙龙"时，某知名主讲人因某些原因可能来不了，面对出现的无法向参会代表兑现承诺的潜在危机，会议主持者只得使出浑身解数，以情感人，以利益激励人，最终说服了对方，化解了潜在危机。

7. 全方位评估

在对公关活动进行评估时，很多企业往往只评估实施效果，评估不够全面。如能在评估时，除实施效果外再评估活动目标是否正确、卖点是否到位、经费投入是否合理、投入与产出是否成正比、客户资料搜集是否全面、媒体组合是否科学、公众与媒体关系是否更加巩固、社会资源是否增加、各方满意度是否量化等，公关活动的整体效果才能体现出来。

这种全方位评估有利于活动绩效考核、责任到人，更能增加操作经验，为下一次公关活动的策划与实施打好基础。

8. 用公关手段解决公关问题

社会上对于公关活动的认识在不同时期存在不同误区，部分媒体的错误引导，更加深了这种错误认知的蔓延。近年来，对公关的认识又有了新的误区，即把公关活动等同于促销活动。实际上两者的目的、重心、手段不同。公关活动的目标是提高美誉度，提升亲和力；促销活动的目标是提高销售额和市场占有率。

公关活动的重心是公众、媒体、政府，促销活动的重心是消费者。公关活动关注公众，促销活动关注消费者，公关与市场区别较大，营销的手段不适用于解决公关问题。公关活动的公众非常多,消费者只是公众的一种。对于不同的公众,应使用的公关手段也不一样。所以,要走出"公关活动就是促销"的误区,用公关手段解决公关问题。

案例

如何开展公关活动？四个步骤缺一不可

企业为了树立良好的品牌形象,更好地提升业绩,通常会采取各类公关活动来实现目标。开展公关活动的过程中,需要注意哪些事情？开展公关活动的顺序是什么呢？很多没有经验的相关从业者都对此不了解,如果你也有此疑问,不妨看看下面的内容。

明确目标

做任何事情都需要明确自己的目的是什么,做公关活动同样如此,如果自己接到了开展公关活动的工作任务,需要向上级问清楚公关的目的是什么？截止时间是什么时候？明确公关目的,相当于明确方向,只有方向对了,接下来的活动才有意义。

掌握可调用资源

要开展任何公关活动,都需要有足够的资源。完成一项公关活动,可让自己调用的资源包括哪些呢？这些资源包括媒体途径、活动场地、可调用的工作人员及公关活动预算等,这些都需要了解清楚。一定要结合可用资源制订公关计划,否则很容易出现自己做完公关计划,交给上级审批的时候不被通过的情况,就因为可调用资源不够。

制定具体方案

目的和资源都了解之后,接下来是做公关活动的具体执行方案。执行方案中要确定每个步骤的具体截止时间,需要的人员、场地及预算。做公关通常是为了在市场中树立良好的形象,争取更多的潜在消费者,所以开展公关活动,不仅仅是一次独立的公司内部的活动,更是一场市场上的竞争活动。因此制定公关方案之前,需要对竞品近期的公关活动做了解,并对其公关活动流程做分析,发现竞争对手的不足之处,从而优化自己的公关活动执行方案。这样才能够让最终的公关活动,在市场呈现方面比竞争对手更胜一筹。

监督活动现场

经过上级审批之后,通常就可以执行公关活动方案了。由于一场公关活动通常需要涉及很多相关工作人员,在正式执行活动之前,应该事先预想可能出现哪些问题,有哪些工作细节是需要提醒其他参与工作人员的。作为一场公关活动的负责人,也应该在活动方案执行的过程中进行监督。如果发现事情进展与预想有差距,应该及时进行正面干预,以确保公关活动顺利完成。

以上是开展公关活动的主要环节,如果想在接下来的公关活动中展示良好的个人工作实力,则应该注重总结每一次开展公关活动后的工作经验。对工作效果进行分析,对执行中发现的问题进行总结与改善,这样才能让自己今后负责的公关活动越来越完美。

资料来源：https://www.sohu.com/a/525175279_121218495,2022-02-24.

 **复习思考**

1. 公共关系策划的作用和原则是什么?
2. 公共关系具体策划分哪六步程序?

 **实践课堂**

1. 实践内容

以小组为单位设计一个社会组织形象地位提升的策划。

2. 实践目的

通过对社会组织在社会中的自身形象分析,了解现有形象对社会组织发展的影响,运用公共关系策划工作的方法和程序进行公共关系策划,提高组织的形象地位,使得公众增加对组织的认识,实现组织更高的形象目标。

3. 实践环节

进行社会组织形象提升的公共关系策划设计,有针对性地对组织形象进行提升,提出合理化构思,进行巧妙设计,采取有效公关手段,实施形象提升策划计划,并进行总结。

4. 技能要求

熟练掌握公共关系策划的技能和程序能够根据实际需要进行相关设计,并突出创新和技巧相结合,吸引公众眼球,把公关理论运用到公关实践当中去。

扩展阅读 6-1　公关传播内容推广的 20 种有效方法

第七章 专题公关活动

学习目标

1. 理解赞助活动、新闻发布会、公关广告的特点、策划、组织原则和活动流程;
2. 正确区分公共关系广告与商业广告;
3. 了解危机公关的含义、预测、预防及处理方法,树立危机公关意识;
4. 了解其他形式的专题公关活动,掌握沟通技巧。

技能要求

掌握赞助活动、新闻发布会、公关广告等公共关系专题活动的组织和策划,能够迅速识别和灵活应对危机公关。

公共关系与现代礼仪
(第6版)

> **引导案例**
>
> **外交部：中国兑现承诺，向世界奉献了一届简约、安全、精彩的奥运盛会**
>
> 中国网2月21日讯 外交部发言人汪文斌在今日的例行记者会上表示，经过6年多的筹备和16天激动人心的比赛，北京冬奥会圆满落幕。这是中国的成功，是奥林匹克事业的成功，更是世界的成功。
>
> 汪文斌指出，中国兑现了自己的承诺，向世界奉献了一届简约、安全、精彩的奥运盛会。绿色、共享、开放、廉洁的办奥理念贯穿整个北京冬奥会筹办过程始终。北京作为首个"双奥之城"载入史册。专业、公平的竞赛环境给世界留下深刻印象，有力有效的防疫措施为今后举办国际性重大活动提供了成功范式，绿色低碳、可持续利用的办奥模式留下了丰富的冬奥遗产。
>
> 汪文斌强调，奥林匹克精神在北京冬奥会上得到大力弘扬。来自91个国家和地区的近3000名冰雪运动健儿奋力拼搏、挑战极限、超越自我，刷新了两项世界纪录和17项冬奥会纪录，完美演绎了更快、更高、更强——更团结的奥林匹克格言。北京冬奥会成为设项和产生金牌最多的一届冬奥会，也成为史上收视率最高的一届冬奥会，开启了全球冰雪运动新时代。
>
> 汪文斌表示，北京冬奥会不仅为身处疫情寒冬的各国人民带来温暖和希望，也为动荡不安的世界注入和平与团结的力量。各国运动员之间相互尊重、相互鼓励，为对手祝福，即使对方失利也会送上安慰。这一幕幕暖心的画面告诉人们，团结的力量比想要分裂世界的力量更强大。
>
> "我们感谢国际奥委会及关心和参与北京冬奥会的各国、各界朋友。尽管北京冬奥会主火炬'大雪花'已经熄灭，但北京冬奥会为世界带来了春的讯息。中方愿同国际社会继续携手合作，促进奥林匹克运动蓬勃发展，一起开创人类更加美好的未来。"汪文斌说。
>
> 资料来源：http://cn.chinadiplomacy.org.cn/2022-02/21.

第一节 赞助活动

一、赞助活动的概念及作用

赞助活动也叫捐赠或资助活动，是社会组织无偿提供人力、物力、财力资助某一项事业,以取得一定的形象传播效果的社会活动。它的目的是培养公众对本组织的感情,争取社会对本组织的支持,树立本组织的美好形象。公关赞助活动的作用主要有以下几点。

（1）通过赞助社会公益事业,能够表明组织作为社会成员愿意为社会的发展做出相应的贡献,乐于在承担企业社会责任的同时追求企业的社会效益。

（2）通过赞助社会公益事业,能够证明组织的经济实力,赢得社会公众的信任。

（3）通过赞助社会公益事业,能够提高社会资源的利用效率。

（4）通过赞助社会公益事业,能够大大提高组织的社会知名度和提升组织的整体社会地位。

（5）通过赞助社会公益事业,能够增强企业宣传的说服力和影响力。

（6）赞助有助于产品的销售。

二、常见的赞助形式

1. 社区赞助

这是对企业或公司总部所在地事业的赞助,这些赞助可能会广稀薄收,也可能会颇有成效。例如,杭州娃哈哈集团在当地组织了儿童艺术团,出版了娃哈哈画报,筹建娃哈哈大厦,从事儿童艺术教育,通过赞助活动进一步提高了企业的市场竞争力,扩大了企业的影响范围。

2. 慈善赞助

这种赞助往往与企业的营销目标无明显联系,但却具有深刻的社会价值和广泛的社会需求。例如,上海大伟力鞋业有限公司,向上海福利院捐款,助养一名孤儿,通过赞助活动使得企业内部员工热情高涨,在社会公众中也引起了很大的反响。

3. 市场开发赞助

这种赞助与市场营销战略和企业整体国标有关,它通常以一种限定时间、指定具体项目的方式制订出周密计划,是一个长期的企业发展战略的一部分。例如,国外某家电脑公司,在连续几年中向全国的学校系统赠送了一大批计算机,经过这段时间的赞助,公司为其产品开拓了迄今为止最大的学校市场,同时还为将来的产品奠定了消费基础。

4. 文化赞助

这种赞助主要是利用文艺界、体育界的名人效应,提高企业的声望。文化赞助的企业主体应把握社会倾向和公众心理,支持和赞助具有充分公众基础的艺术形式和体育项目,立意创新,展现企业对发展文化、体育事业的赤诚之心和社会责任感,在公众心目中树立起良好的形象,企业的经济效益就会大大提高。

案例

当当"从摔杯到抢章"主题活动

这几天,当当创始人李国庆与俞渝的权力大战正酣,相关话题刷屏网络。网友忙着围观两虎相斗,顺便同情一下身处舆论旋涡的当当。当当却没有"坐以待毙",而是积极"应战"。

4月27日下午,有网友发现,当当正在做优惠活动,部分图书每满100减50,首页广播"好的婚姻,要守护财产和爱",点进去是特别策划专题"从摔杯到抢章",推荐了婚姻、两性、法律、运营、管理、心理六方面书籍。

婚姻:《好的婚姻,要守护财产和爱》《爱的博弈》《危险关系:爱、背叛与修复之路》

两性:《男人这东西》《为何爱会伤人》

法律:《公司控制权的争夺:不可逾越的经验法则》

管理:《一本书看透股权架构》《合伙人制度:以控制权为核心的顶层股权设计》《公司控制权:用小股权控制公司的九种模式》《股权战争》

心理:《原生家庭:如何修补自己的性格缺陷》《看人的艺术》《热锅上的家庭:原生家庭问题背后的心理真相》《情感操纵:为什么伤害我们的都是最亲近的人》

看看这主题、这书名,再想想两位创始人之间的博弈,是不是感觉充满了各种明喻暗喻?连中国新闻网、观察者网这样的主流媒体都主动给它打起了"广告"。不过重点传播者还是以自媒体大V为主。

作家"铁铁铁铁铁鱼"是较早发布当当主题促销活动的博主,这条博文传播次数较多,是热门博文之一。值得注意的是,这条博文还获得了《好的婚姻,要守护财产和爱》这本书作者"遇见吴杰臻"的转发。这本书亦是当当此次活动的主题,所以有人说吴杰臻是最大赢家。

在去年10月份李国庆PK俞渝1.0的剧本中,当当表现亦可圈可点。当时正值"双十一"的宣传预热期,两位创始人互撕大闹舆论场,当当还尽职尽责地不忘在官微宣传进行中的促销活动,宣传文案"无狗血只有书香"颇有种"敌军围困万千重,我自岿然不动"的气概,顺便传达了其单纯卖书的形象定位,被广大网友夸赞"优秀"。

当当两次都能获得赞誉并不是偶然。由于李国庆和俞渝之间的婚姻与利益纠葛,导致处在风口浪尖的当当处境颇为尴尬,尤其是公章归属和权限处于模糊胶着状态,让人不得不怀疑当当还能不能正常运营下去,不免对当当怀着同情又带点看热闹的心思。

1. 当当足够大胆,敢于在"太岁"——老板头上动土,在这个职场上习惯叫强势一方"爸爸"的情境中独树一帜;

2. 当当很放得下身段,自我嘲讽远比"卖惨"更容易博得大众的好感和认同,以"退"为进实现了自我解嘲；

3. 当当活动选品很切题，无论是《好的婚姻，要守护财产和爱》还是《一本书看透股权架构》都对应了此次李俞纠纷里舆论最关注的话题和争议；

4. 通过这个活动，还让外界看到当当运营稳定、业务正常，小小地回击了当前一片看衰的舆论倾向。

当当前两天更改公关总监招聘条件，不知道这次动作是否是出自新总监手笔。从传播效果和舆论反馈来看，这肯定是一次高情商的危机公关应对，也是一场高效、低成本的营销活动。毫不夸张地说，这可能是2020年十佳公关案例之一，非常值得各大品牌公关学习。

资料来源：https://www.civiw.com/business/20200429155148，2020-04-30.

三、公关赞助的基本原则

赞助是一种技术性和政策性很强的公共关系宣传活动，开展赞助活动必须遵循以下基本原则。

1. 社会效益原则

企业开展赞助活动的目的是树立企业的社会形象，表明企业积极承担社会责任和义务。一般局限于公益事业、福利事业、救灾抗祸、教育事业和公共设施建设等方面。被赞助的对象必须有可靠的社会背景和良好的社会声誉。

2. 合法原则

合法原则是开展赞助活动的基本要求。企业开展赞助活动时必须遵守党和国家的政策法律。违背政府的经济政策法规，利用赞助活动搞不正之风，会削弱赞助活动的宣传效果。

3. 实力原则

一般地说，企业赞助的活动应当量力而行，根据企业利润额、经济实力和市场发展战略，支出合理的赞助经费。赞助经费的数额，必须在企业能够承受的范围之内，同时又要达到一定的额度，以形成较大的影响规模。

4. 相关原则

企业赞助的活动对象应当与公众生活或自己的经营内容相关联。例如，运动饮料厂赞助体育事业，这样的赞助活动自然和谐，既可赞助经费，又可提供饮料，实惠方便，容易取得公共关系宣传的良好效果，强化企业的品牌形象。

四、赞助活动的策划

公关赞助的目的总的来说就是促进理解，提高声誉，树立形象。但是每一次赞助活动往往还要选定一个具体的目标。

1. 组织参加赞助

对于组织参加的赞助应从以下方面着手进行筹划。

(1) 要考虑所赞助的活动与本组织能否很和谐自然地被公众联想在一起,能否对本组织产生有利的影响。

(2) 要考虑所赞助活动的社会影响。例如,媒介报道的可能性、报道频率和报道的广泛性,受益人是谁,受影响公众的分布情况,影响的持久程度,活动本身能否引起人们的注意,能否产生"轰动效应",等等。

(3) 要考虑本组织在活动中与公众见面和直接沟通的机会有多少,以及赞助费用的多少和赞助的形式。

(4) 要考虑赞助的监督情况。例如,通过何种方式对赞助活动予以控制?赞助活动是否合法?发起单位的社会信誉如何?赞助费用如何落实到受益人?等等。

(5) 应考察赞助活动对本单位的产品销售有无赞助价值。如果发现值得赞助,便可着手落实赞助。在具体落实赞助时应有专人负责,落实过程中要主动了解活动的筹备与进展情况,争取把握有利机会。

(6) 赞助活动结束后,还应对参加赞助的效果进行评价。一方面依据媒介报道和广告传播的情况测定,另一方面要对参加赞助的全过程进行回顾和总结。

2. 组织发起赞助

对于组织发起的赞助应该从以下方面着手去争取。

(1) 主办单位要有良好的形象。在举办赞助时通常有发起者(或倡议者)、主办者、协办者之分,这仅仅是角色和所起作用不同而已。无论哪种角色都应有良好的组织形象,使公众感到企业确实是在参与社会公共事务。

(2) 赞助活动本身要有吸引力和周密的计划。赞助的目的是什么?赞助的时间是怎样安排的?主协办单位名称是什么?对于这些问题,还有赞助的性质和方式及活动方案的设计等都必须有一整套的策划。一般来说可用发邀请信或公开募捐两种形式争取赞助。无论哪种形式,让对方了解活动本身是很重要的。

(3) 应争取得到媒介及各种权威性公众的支持。媒介和权威性公众通常会成为很好的舆论领袖,引导其他人的思想行为。

(4) 赞助活动的具体负责人(直接与赞助人打交道)应该有良好的个人形象,以期在具体的游说、解释、沟通和宣传过程中得到公众的接受,并能在最大程度上影响公众的支持。

(5) 赞助活动必须给赞助人(单位和个人)可以看得见的"实惠"。如果是无偿赞助,应赠予其捐助纪念证书;如果是有奖赞助,应发给赞助方对号券,使之有中奖机会;等等。这样,赞助就会成为互益性的活动,这是争取赞助的重要手段。

3. 赞助活动策划注意事项

赞助各种有益的社会事业,在推动社会公益活动发展的同时可使本组织同步成名,这是一种行之有效的公共关系手段。任何组织为使公关赞助取得成功都要遵循一定的规则，进行赞助活动须注意以下原则。

（1）传播目标明确

所赞助的项目须适合本组织的特点和需要，或有利于提高本组织的社会影响，或有利于扩大业务领域。为企业创造一个鲜明、突出、慷慨大方的形象，这种机会能发展企业与消费者之间互利互惠的双边关系。

（2）受资助者的声誉和影响

要认真研究和确认被赞助的组织、个人或社会活动本身是否具有良好的社会声誉，是否有积极、广泛的社会影响，保证赞助活动取得良好的社会效益。

（3）本组织的经济承受力

要考虑赞助额是否合理、适当，本组织能否承担，不要做超出本组织承担能力的赞助活动。确定赞助规模及其一致性和连续性；预测公关活动对创造企业形象、提高知名度的影响程度。

（4）别具一格的赞助方式

一般来说，凡是符合社会及公众利益的赞助活动，都会引起社会各界特别是新闻界的关注。但是，如果能够以新鲜、别致的方式来实现赞助，才能取得更好的效果。所以赞助方式切忌雷同。

（5）跟踪媒介动态及消费者的反响

随时跟踪新闻媒介的动态，消费者的反响，及时将有关情况反馈给企业决策者。因为公关赞助活动将对企业的基本方针产生积极的影响。同时收集赞助反馈，为下一次活动积累基础。

（6）利用宣传和营销手段支持赞助活动

利用企业现有的宣传和营销手段支持赞助活动，如利用广告、小册子，企业出版物、新闻等进行宣传。

五、公关赞助活动流程

一次完整、成功的赞助活动，需要做好以下几个步骤，活动流程如图7-1所示。

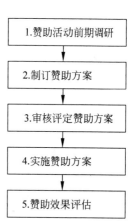

图7-1 公关赞助活动流程

1. 赞助活动前期调研

组织要开展赞助活动，进行赞助研究是非常重要的一步。组织应从经营活动政策入手，分析组织公共关系目标，确定赞助目的，并据此考核需要赞助的项目是否对社会、对公众有益，是否能对本组织产生有利影响，还应进行成本核算和效益分析，保证社会和组织都能获益。

2. 制订赞助方案

组织要在赞助调研基础上制订赞助方案。赞助方案的内容应该具体、翔实,对赞助的目的、赞助的对象、赞助的形式、赞助的费用预算、赞助的具体实施方案等都有所计划,并控制范围,防止赞助规模超过组织的承受能力,得不偿失。

3. 审核评定赞助方案

组织每进行一次具体赞助活动,都应由组织的高层领导或赞助委员会对其提案和计划进行逐项的审核评定,确定其可行性、具体赞助方式、款额和时机。

4. 实施赞助方案

组织要派出专门的公共关系人员,去实施赞助方案。在实施过程中,公关人员要充分利用有效的公共关系技巧,尽可能扩大赞助活动的社会影响;同时,应采用广告和新闻传播等手段,辅助赞助活动,使赞助活动的效益达到最佳峰值。此外,公关人员的形象应与组织形象一体化、谋求公众的好感,争取赞助的成功。

5. 赞助效果评估

赞助活动结束后,组织应该对照计划,评测赞助活动实际效果。跟踪和收集各个方面(如公众、新闻媒介、受赞助组织)对此次赞助的反馈、看法、评论,看是否达到预定目的,还有哪些差距,原因是什么,并写成书面报告,为以后的赞助活动提供参考。

第二节 新闻发布会

一、新闻发布会概述

新闻发布会又称记者招待会,是指特定的社会组织或个人把有关新闻单位的记者邀请到一起,宣布有关消息或介绍情况,让记者就此提问,由专人回答问题的一种特殊会议形式。它是传播信息、谋求新闻界对某一事件客观报道的行之有效的手段,也是社会组织搞好与新闻界关系的最重要方式之一。

2021年上海十大新闻公关事件

1. 第四届进博会举办首场网上推介会

第四届中国国际进口博览会首场网上推介会——德国海外商会网上推介会在国家会展中心(上海)举行。中国国际进口博览局和国家会展中心(上海)向德国海外商会组织的多家行业协会、逾百家境外及在华德企介绍了第四届进博会的最新进展。进口博览局与德国海外商会上海分部线上签署了参展合同。日本、韩国、瑞士等国的重点组展机构及有关驻外经商机构旁听了此次推介会。

2. 世界移动通信大会上海展开幕

以"和合共生"为主题的2021世界移动通信大会上海展在上海新国际博览中心拉开帷幕。首创线上、线下相结合形式，吸引了中国移动、中国电信、中国联通、华为、联想、诺基亚、中兴通讯等企业的演讲，以及上海诺基亚贝尔、移远通信、中科创达、共进股份、日海智能、永鼎股份等200多家企业参展。集中呈现人工智能、物联网、智能家居等领域的5G创新产品，展现5G在技术创新、应用场景探索、跨界合作和投资方面的发展与实践。

3. 首届上海国际咖啡产业论坛举行

"因为咖啡，所以上海"上海咖啡文化周开幕式暨第一届上海国际咖啡产业论坛在国家会展中心(上海)举行。来自世界各地的咖啡飘香会场，咖啡产业的上下游产品也同台竞技。观众还在现场观摩了多场世界级的精彩咖啡专业赛事。咖啡作为一种舶来品，自19世纪中叶进入上海后，便逐渐融入这座城市的肌理，与城市发展融为一体。一杯小小的咖啡不仅承载着海派文化，也折射着市民的生活方式，更是产业和文化链接的重要节点。如今，这座城市与咖啡的故事再次开启新篇章……

4. 第一届长三角智能制造高峰论坛开幕

第一届长三角智能制造高峰论坛在上海嘉定开幕。论坛以"智能工厂，数字驱动"为主题，聚焦智能工厂建设、数字化转型等话题，汇聚长三角智能制造企业智慧经验，探讨智能制造领域技术前沿和发展趋势，谋划长三角智能制造协同创新发展蓝图。论坛为期两天，来自长三角三省一市的300多家智能制造领域相关的企业积极踊跃报名参与，齐心为长三角智能制造产业协同创新发展出谋划策，助力构建长三角智能制造产业一体化高效协同布局，为推动长三角一体化发展做出更大贡献。

5. 2021中国品牌日活动在沪开幕

今年品牌日活动，在严格落实疫情防控常态化要求前提下，采用线上线下结合模式举办，活动主题是"中国品牌，世界共享；聚力双循环，引领新消费"，活动内容包括举办2021年中国品牌发展国际论坛和中国自主品牌博览会，引导地方自行组织开展特色品牌创建活动。其中，中国自主品牌博览会同步搭建线上线下展示平台，线下展览占地约2.5万平方米，在上海举办；线上展览以线下实体展览为基础，设置1个云上序厅、37个云上地方展馆和19个云上央企展馆。

6. 第24届上海国际电影节在上海开幕

第24届上海国际电影节在上海开幕。本届电影节期间，有400多部中外影片集中展映，其中世界首映73部、亚洲首映89部、中国首映99部，13部中外新片入围金爵奖主竞赛单元评选，呈现一年一度的"光影"盛宴。今年，上海国际电影节展映范围从上海中心城区辐射至嘉定、青浦、松江、奉贤、南汇"五个新城"，并将首次走出上海，把"一带一路"电影周展映活动推送至南京、苏州、杭州、宁波、合肥五个城市。

7. 2021世界人工智能大会开幕

本届大会的主题是"智联世界，众智成城"，设会议论坛、展览展示、竞赛评奖、应用体验等活动，超过300家企业的众多前沿人工智能技术与产品集中亮相。围绕大会"智联世界，众智成城"的主题展开，体现人工智能技术、产业和应用全球化发展的趋势。大会开幕式将引领性传递以人为本的城市数字化转型理念与体系，全局性演绎AI赋能经济、生活和治理的探索与实践，前瞻性探讨人类社会新的伦理与法治规范等。

8. 2021中国智能媒体传播高峰论坛在沪举办

本次会议由中国新闻史学会传播学专业委员会与上海大学联合主办，上海大学新闻传播学院、上海大学全球人工智能媒体研究院承办。其间，来自海内外80多所高校的百余位师生在线上线下共同与会，分享传播学研究的理论成果，展望智能媒体传播的崭新未来。今年的中国新闻史学会传播学专业委员会年会聚焦智能媒体传播，邀请学界、业界专家与高校学子共同探讨智能媒体时代的新思想、新理念，为传播学研究和智能媒体创新发展注入强大推力，以期实现理论创新与实践破局的双赢。

9. 第四届中国国际进口博览会开幕式在上海举行

第四届中国国际进口博览会在上海开幕。今年共计2900多家参展商参展，420多项新产品、新技术、新服务将在本届进博会上亮相，新能源类展品成为今年主要亮点，新技术、新形式赋能融媒报道，多维度、多平台展现展会盛况，"进博直播"更是吸引超亿人次围观。"合作共赢""扩大开放""消费升级""RCEP"等成为进博热词，充分彰显了中国与世界分享自身发展机遇、推动世界经济可持续发展的决心。"尖端科技""绿色低碳""首秀首发""人文交流"等也被反复提及，展现出本届进博会上的新趋势、新特点。

10. 2021人力资源新动能峰会在上海举办

2021人力资源新动能峰会在上海举办，百仕瑞联合卡思优派集团，广邀华为、安踏、阿斯利康、方太等行业名企输出成功经验，特邀孟宪忠、姚琼、杨文彪、高茂源等行业大咖传授管理心法，创造性地用"名企案例＋知识分享＋公开课学习"三大维度赋能HR转型升级，为现场500多位人力资源高管带来一场认知迭代、能力升级的思想盛宴。峰会内容包括9场主题演讲、17场精品公开课、2场圆桌Battle、1场白皮书发布，全面解答近两年来数字化转型、灵活用工、降本增效、人才培养等HR面临的诸多难题。

资料来源：https://www.163.com/dy/article/GTU863BS0552N01B.html,2022-01-17.

（一）新闻发布会的特点

新闻发布会是组织与新闻界保持联系的一种重要的活动方式，也是组织向公众广泛传播各类信息的重要工具之一。一个组织在发展过程中难免会遇到许多错综复杂的问题，会发生许多重大的事件，如受到了公众的批评，同其他社会组织发生了不可澄清的法律纠纷，组织作出了一项重要决策等。这就需要通过新闻发布会来与公众沟通信息,以取得公众的谅解与支持。

举办新闻发布会的目的是迅速及时地把组织的重要信息传播给社会公众,因而,新闻发布会具有以下特点。

1. 宣传性

新闻发布会是组织的一项重要信息传播和宣传活动。

2. 正式性

采用新闻发布会来传递信息,形式正规、隆重,而且能增加信息传递的深度和广度。

3. 耗费较高

召开新闻发布会要占用记者和组织者较多的时间,需要动用一定的人、财、物,有较高的成本。

（二）新闻发布会的策划

社会组织是否能通过新闻发布会将组织的有关信息成功地传递出去,并借此树立自己的形象,提高自身的知名度、美誉度,关键在于新闻发布会的策划。具体来讲,新闻发布会的策划应注意以下几方面。

1. 确保新闻发布会的必要性

举行新闻发布会必须有充分的理由和明确的目的。也就是说,在新闻发布会举行前,社会组织必须对所发布的消息是否重要、是否具有广泛传播的新闻价值等问题及新闻发布的紧迫性和最佳时机进行研究和分析。只有在确认举办新闻发布会的必要性和可能性后,方可决定举办新闻发布会。

2. 活动要严密、规范、富有新意

新闻发布会的举办要涉及组织者、公众,尤其是媒体等多方面的人士,因而活动的策划要严密、规范,并富有新意。既要有规矩可循,又要不拘于以往的形式,在活动的设计安排上要适当创意,以增强活动的效果。

3. 把握时机,提高组织形象

举办新闻发布会是组织向社会公众展示自身实力、提高组织形象的最佳时机,会议的工作人员要注重个体形象,充分利用自己的人格力量增强信息的可信度,支配公众的顺向心理,使公众对组织产生较好的整体印象。

二、新闻发布会策划流程

（一）会前的筹备

1. 确定新闻发布会的主题

主题是新闻发布会的中心议题。组织要从新闻媒介和社会公众的角度出发,确定会议的主题和信息发布的最佳时机。再进一步考虑这个主题是否非常重要,是否具有新闻价值,能否对公众产生重大影响,此时召开新闻发布会是否适宜等。

2. 确定新闻发布会的时间和地点

举办新闻发布会,在地点选择上主要考虑要给记者创造各种方便采访的条件。可安排在某一饭店或会议室、公关俱乐部机构等,会场要具备必要的照明设备、视听设备和通信设备等,并且要安静,不受电话干扰,交通要方便,要有舒适的座椅以便记者就座。

会议的时间要尽量避免节假日、重大社会活动和其他重大新闻发布的日子,以免记者不能参加。会议时间一般宜控制在一小时以内,对无关或过长的提问应有礼貌地予以制止,会议应有正式结尾。

3. 确定会议主持人和发言人

由于记者的职业习惯,其提问大都尖锐深刻,有时甚至很棘手,这对主持人和发言人的能力提出了很高的要求。主持人和发言人必须时刻对提问保持头脑清醒,反应机敏,要有较高的文化修养和口头表达能力。

在组织中,会议的主持人一般由有较高专业技巧的公关人员担任,会议的发言人由组织或部门的高级领导担任,因为他们清楚组织的整体情况、方针、政策和计划等问题,又具有权威性。

4. 准备发言稿和报道提纲

公关人员在会议召开前,应在组织内部统一口径,组织专门小组负责起草发言稿,全面认真地收集有关资料,写出准确、生动的发言稿。并写出新闻报道提纲,在会上发给记者作为采访报道的参考。

5. 准备宣传辅助材料

宣传辅助材料要围绕主题准备,尽量做到全面、详细、具体和形象。形式应多样,有口头的、文字的、实物的及照片和模型等。这些材料的准备要根据会议主题和内容的具体要求而定,在会议举行时现场摆放或分发,以增强发言人的讲话效果。

6. 择定邀请记者的范围

邀请的记者覆盖面要广,各方新闻机构都要照顾到,不仅要有报纸杂志记者,还要有电台、电视台的记者,不仅要有文字记者,还应有摄影记者。特别注意对记者要一视同仁,不能厚此薄彼。

发邀请信时,认识的记者可以发给本人,不认识的可以发到新闻机构,并且在会议举行前要及时用电话联系落实记者出席情况。

7. 组织参观和宴请的准备

发布会前后,可配合主题组织记者进行参观活动,请记者作进一步的深入来访,这样常常会产生出具有重大价值的新闻报道。有关参观活动事宜应在会前就安排好,并派专人接待,介绍情况。会后,如有必要可邀请记者共进工作餐,利用非正式交谈,相互沟通,融洽与新闻界的关系,解决有关发布会没有解决的问题。

8. 制作会议费用预算

应根据所举行新闻发布会的规格和规模制订费用预算,并留有余地,以备急用。费用项目一般有:场租费、会议布置费、印刷品、邮电费、交通费、住宿费、音像器材、相片费、茶点或餐费、礼品费、文具用品费等。

9. 做好接待工作

组织人员要提前布置好会场,横标、发言人席、记者座位,周围环境要精心设计、安排,营造一种轻松、自然、和谐的会场气氛。培训接待人员和服务人员,要求他们穿戴整洁、适宜,精神饱满、愉快,体现出组织的风格;安排会议的记录、摄影、摄像工作,以备将来的宣传和纪念之用。

(二)会议程序

举办新闻发布会,会议程序要安排得详细、紧凑,避免出现冷场和混乱局面。一般来说,新闻发布会应包括以下程序。

1. 签到

应安排足够的工作人员,设立签到处,并派专人引导记者前往会场。参加会议的人要在签到簿上签上自己的姓名、单位、职业、联系电话等。

2. 发资料

会议工作人员应将写有姓名和新闻机构名称的标牌发给与会记者,并将会前准备的资料,有礼貌地发给到会的每一位人员。

3. 介绍会议内容

会议开始时要由会议主持人说明举办新闻发布会的原因,所要公布的信息或事件发生的简单经过。

4. 主持人讲话

主持人要充分发挥主持和组织作用,以庄重的言谈和感染力,活跃整个会场气氛,并引导记者踊跃提问。当记者的提问离会议主题太远时,要善于巧妙地将话题引向主题。会议出现紧张气氛时,能够及时调节缓和,不要随便延长预定会议时间。

5. 回答记者提问

要准确、流利自如地回答记者提出的各种问题,不要随便打断记者的提问,也不要以各种动作、表情和语言对记者表示不满。对于保密的东西或不好回答的东西不要回避,而要婉转、幽默地进行反问或回答,以确保所发布的消息必须准确无误。

6. 参观和其他安排

会议结束后还应由专人陪同记者参观考察,给记者创造实地采访、摄影、录像等机会,增强记者对会议主题的感性认识。如果有条件,社会组织还可举行茶会和酒会,以便个别记者能够单独提问,并能融洽和新闻界的关系。

（三）新闻发布会后的工作

新闻发布会结束后，社会组织要检验会议的效果是否达到了预期目的。要求做好以下工作。

1. 整理会议记录

会后应及时整理会议的记录材料，总结会议的组织、布置、提问、回答问题和宴请等方面的工作，并将总结材料归档备查，对发现的问题要认真吸取教训。

2. 分析发稿情况

收集整理出席的各个媒体的发稿情况，并对发稿的数量、发稿的单位、发稿单位的级别、发稿内容等进行归类分析，检查举办新闻发布会是否达到了预期目标，对于检查出的问题，应分析原因采取补救措施。

3. 了解与会者反应

了解与会者对会议的反应，检查组织在举办发布会中的欠妥之处，为以后的类似活动积累经验。

第三节 公共关系广告

一、公共关系广告概述

（一）公共关系广告的概念

公共关系广告，又称社会组织性广告或声誉广告，是指由社会组织承担费用，自己或委托广告代理商策划、设计、制作，利用可控制的媒体传播组织信息、树立组织形象，协调社会组织同所处环境关系的一种广告形式。

（二）公共关系广告的类型

公共关系广告的具体形式多种多样，并且还在不断发展。从公共关系广告的内容来看，大体上可以把公共关系广告划分为以下四种基本类型，即形象广告、公益广告、观念广告和响应广告。

1. 形象广告

形象广告是指以提高组织知名度、树立组织形象为目的的公共关系信息传播活动。形象广告的设计要注重表现组织的独特的整体形象，而不是表现某个局部的或个体的具体形象。形象广告是树立组织良好的独特的社会形象，提高组织知名度、美誉度和和谐度的重要手段。

2. 公益广告

公益广告是指组织关心社会公益事业,为社会公益活动贡献力量的公共关系信息传播活动。组织通过公益广告活动,既可扩大其知名度,赢得公众的好感,又可为提升组织的社会影响力,树立组织形象起到促进作用。

3. 观念广告

观念广告是指通过提倡或者灌输某种观念或意识,影响公众的态度和行为的公共关系信息传播活动。观念广告的内容主要是组织的宗旨、理念、文化或者某项具体的政策等,也可以是某种社会潮流或公众关心的热点。观念广告主要运用暗示的方法来引导、触发公众的联想,在潜移默化中影响公众的观念,改变公众的态度和行为。

4. 响应广告

响应广告是指组织宣传自己与社会各界的关联性和共同性的公共关系信息的活动。响应广告的内容主要有两个方面:一是具有联络感情的性质,如表达对其他组织的祝贺、支持、赞许等。二是具有社会性,如响应和支持公众生活中某一重大活动或主题。响应广告是组织向社会显示自己对生活、对公众和对公共事务的关心。

二、公共关系广告与商业广告的区别

1. 性质不同

商业广告具有直接的商业目的。商业广告具有以盈利为直接目的,以推销自己的产品附带宣传品牌形象和企业形象的活动。公共关系广告不以盈利为直接目的,而是通过宣传组织信息,树立组织形象,协调组织与环境的关系,对企业的运营起到促进的作用。

2. 内容不同

商业广告主要使消费者了解、认识、喜爱产品,以至购买该产品。而公共关系广告则主要是介绍企业的总体特征,如企业的理念、宗旨、追求等,使公众从总体上了解企业,从而最终促进企业目标的实现。

3. 表达方式不同

商业广告的表达大多直截了当,具有浓厚的商业气息。而公共关系广告较为含蓄,不具有明显的商业气息。

4. 效果不同

商业广告的宣传效果,主要体现在短期内经济效益最大化。而公共关系广告的效果主要体现在社会效益上。虽然社会效益在短期内难以测量,但从长远来看,良好的社会形象必然会带动经济效益的提升。

5. 责任不同

商业广告具有其浓厚的商业性。而公共关系广告由于一般不具有商业性,形式灵活,内容广泛,表达随和,一般不直接承担经济责任,但其社会责任却很重。

三、公共关系广告的作用

公共关系广告是公共关系宣传活动的重要内容之一，对于实现公共关系的总目标具有重要意义，其作用主要表现在以下三个方面。

1. 树立形象、提高声誉

组织通过公共关系广告可以及时、连续地向社会公众宣传组织的成绩，以及对社会的贡献等，对树立组织良好的社会形象，提高组织的声誉、知名度、美誉度和好感度都起到了促进的作用。便于扩大组织在社会公众中的影响，提高组织的社会地位。

2. 体现宗旨、提高士气

组织通过公共关系广告大力宣传自身的理念、组织文化等，不仅可体现出自身价值追求和宗旨，还可增强组织成员的自信心和荣誉感，增强凝聚力，提高士气。

3. 消除隔阂、治理环境

公共关系广告可以有效地消除组织与社会公众之间、组织与合作伙伴之间的疑虑和沟通障碍，增强彼此之间的信任感。尤其在处理危机事件时公共关系广告的作用更是十分明显。

第四节　危机公关

组织的行为活动会牵涉众多的公众，有时候组织的行为可能会损害到公众利益从而使组织及其品牌形象受损，甚至使得组织难以生存下去。公共关系部门的重要职责之一就是防止这些危机事件的发生及在发生后进行合理的处理，尽可能减少危机事件的负面影响。

一、危机的类型

1. 非人为危机

非人为危机是自然力或物理因素导致的危机。如地震、水灾等自然灾害；断电、塌方等工程灾害。这种危机是不可预测、不可控制的。

2. 人为危机

人为危机是人的行为导致的危机。如企业管理不善，产品质量低劣，服务不到位，故意破坏等。这种危机是可以预测和控制的。本节讨论的就是人为危机公共关系。

案例

2022开年八大企业危机事件盘点,网友接受它们的公关了吗?

事件一:腾讯应届生因加班问题怒怼管理层

1月25日深夜,腾讯企业微信的一名应届生员工在部门内部大群中,因"赶版本"导致的高强度加班问题,发消息怒怼管理层以员工加班为荣的表彰文,并呼吁大家重视高强度加班下的身体健康。

事发后,该员工的直属领导与企业高层第一时间与张同学进行沟通,并传达了改善该加班现象的想法与举措。随后,企业微信负责人黄铁鸣也在腾讯内部论坛上发布长文回应。他表示,很惭愧因为项目产品而让员工如此辛劳,并指出持续高强度的急行军是不持久的。管理层已经在思考优化方案,这位同学的敢于表达再次给我们做了对于快速优化的提醒;接下来,部门管理团队会尽快商议出一整套解决此类问题的具体方案。

事件在职场平台脉脉小范围流传后,于次日9时被爆料至大众社交平台,引发舆论关注。12时,当事员工将事件完整梳理的PDF发出,舆情热度快速上升,于16时达至峰值。

从舆情热度来看,"腾讯应届生因加班问题怒怼管理层"成为1月影响力最强的公关事件,因涉及头部互联网企业、加班、反职场内卷等多个话题因素,致使事情的潜伏期较短,爆发速度快。

但腾讯的"即时""温和"的回应和优化方案的给出,都极大地化解了这次危机。以至于在舆情爆发之时,网友对腾讯的直接负面情绪表达不算太高,仅占28%;网友更多地在称赞当事员工直谏的勇气,表示"佩服""吾辈楷模",正面情绪表达占比54%。

事件二:B站审核风波

B站审核风波成为1月第二热的公关事件,舆情影响力达60.9,该风波由两起同类型事件共同推起。

15日22点,有网友在豆瓣生活组发帖"B站黑产,破解教室摄像头后偷拍女老师/更新,医院摄像头也被破解"。

17日8点,该帖被网友转载至大众社交平台,陆续获得更多网友关注,引发规模舆情。当日20点,B站发布处理公告:我们第一时间组织排查,下架了相关内容,并对上传相关内容的账号进行了封禁。

一波未平一波又起,18日12点,网友发帖爆料B站有账号直播妇科手术。相较于首轮风波长达34小时的舆情潜伏期与爆发期,该事件在前事的铺垫下快速引发关注,舆情潜伏期与爆发期仅达2小时与4小时。

在此关注下,当日16时,群众向日照市公安局举报该事;18时,涉事厉某被抓获。20时,B站回应网友称:经内部核查,直播间于1月15日直播过程中被多次警告及切断,随后被永久封禁,已向公安机关进行举报。

两起同类型事件的爆发,让一些网友对B站的审核机制产生质疑,负面情绪表达达71%。有时某一负面事件的爆发,可能并不仅仅是单一事件的漏洞,而是暗示着系统性的缺陷。以此来看,企业在危机事件中以大局观来完成整体优化,或比仅"就事论事"的处理会有更好的成效。

事件三:高洁丝被曝卫生巾有虫卵

2021年12月28日,有博主将小红书视频转载至社交平台爆料称,高洁丝卫生巾出现虫卵。据视频显示,其白色卫生巾上有黄色点状物。

29日15点,高洁丝发布说明称,已与消费者取得联系,待取得产品进行检测后将第一时间公布结果。同时表示,生产车间具有卫生防虫设计,该环境内虫子和虫卵无法生存。

2022年1月29日11点,高洁丝再次发布说明称,至今仍未获得该疑似问题的样品,且该消费者已自行确认撤销了本次投诉;对于此,我们始终敞开大门,不论消费者寄样给我们调查,或再次通过政府处理,我们都愿意公开、积极地配合。同时,高洁丝发出长达3分钟的"高洁丝工厂防虫体系的实拍与介绍"和《虫害控制和风险监测评估报告》,以求力证生产的标准化。

同日21点,热搜当事人发声表示"并未撤诉",其本人共进行了4次申诉,但因流程、规章等问题进度受阻,本人确留存有证据,而后将继续跟进申诉,不可能撤诉。据后续高洁丝与当事人在评论区的沟通,网友总结出双方或具有信息差,后续有待观望。

高洁丝事件的爆发是有些"意外"的,原博7月在小红书上发布的曝光视频,但当时并未引起较大关注,经过4个月的潜伏期后,被其他博主转载至大众社交平台,舆情就此爆发。

虽然目前来看,高洁丝二次公关的成效还不错,相较于初次回应时收获的中立及负面情绪占主导的局面,二次回应下,正面情绪占比大幅上升;但4个月的潜伏期,表示着品牌曾有过更好的处理时机。

事件四:万人请辞哈利波特手游策划

1月19日,网易手游《哈利波特:魔法觉醒》上线新春活动,活动上线后不久,就陆续遭遇玩家吐槽——"又氪又肝""阴间"。在"积怨已久"的情况下,针对游戏策划的负面情绪愈演愈烈。

19日20点左右,陆续有网友开始刷"万人请辞哈利波特手游策划"的词条。20日早间,"新浪游戏""动漫游戏君""游民星空"等游戏大V关注并发帖报道此事,话题热度直线上升。

1月20日12:47,《哈利波特·魔法觉醒》官方发文致歉表示,已第一时间进行反思及优化,具体优化方案将于本日内公布。

玩家吐槽游戏似乎成为了一种"常态",但闹得如此大规模的却不常见。游戏运营是一项长期工作,但对玩家意见的关注与回应却是需要实时进行的;稍不注意,难保小情绪不会升级为大请辞。我们能注意到,在1月22日间,原本冷静下来的热度趋势又出现了小幅波动……

事件五:肯德基盲盒被中消协点名批评

1月4日,肯德基上线DIMOO联名盲盒套餐,购买售价99元的指定家庭桶套餐,可随餐获得一个DIMOO限定款系列手办。盲盒套餐上线即获火爆反响,多地出现售罄断货情况。但因对抽取盲盒的需求过大,据网友反映出现了"为抽盲盒丢弃食物"的现象。而在二手交易网上,甚至存在单个盲盒被炒至800元的情况。

1月12日,中消协发文点名批评该盲盒活动称:肯德基作为食品经营者,利用限量款盲盒销售手段,诱导并纵容消费者不理性超量购买食品套餐,有悖公序良俗和法律精神。

对此肯德基官方未做出回应,据媒体向客服询问结果称:盲盒将不受影响,继续销售,具体情况可咨询当地餐厅。

虽然长久以来,玩具套餐已是快餐店们的"常规活动"了,且部分网友并未直接指责肯德基,认为其失序行为的错误更大的在黄牛和盲目的消费者本身,肯德基遭受的品牌创伤较小。但在接入"盲盒"等新业态营销时,品牌可以再多一分考量,优化方案,减少舆论、监管等风险。

1月12日,上海市市场监管局发布《关于发展壮大市场主体的若干措施》。措施中提到,上海将制定实施《上海市盲盒经营活动合规指引》等一系列指导性规则,及时为新业态、新模式提供运行规范,以跨前服务强化预防式监管。

事件六:三只松鼠广告使用红领巾被指违法

三只松鼠因在此前发布的"331补脑节"广告图中,使用了佩戴红领巾少年的画面,被指涉嫌违法——中国少年先锋队队旗、队徽和红领巾、队干部标志及其图案不得用于商标、商业广告及商业活动。

据三只松鼠致歉信内容,其公司于2019年3月28日上线的该系列广告图,在接到芜湖市少工委函告后,已在同年4月1日下线相关广告与产品。

该违法广告图在2021年12月29日,被网友扒出,而后舆情开始发酵,于2022年1月13日达至峰值。同日14时,三只松鼠发布道歉信。

该事件的前情提要是三只松鼠持续陷于"眯眯眼妆容"的风波中,致使时隔两年多的错误被再次挖出。"眯眯眼妆容"风波在舆情中尚有争议,但广告使用红领巾却是板上钉钉的错误,因而成为品牌陷于危机时,使品牌再次受创的另一把匕首。对于品牌维护的漫长征途来讲,当下和未来的风险排查或同样重要。

事件七:屈臣氏1分钱面膜活动被质疑玩不起

11日,屈臣氏在美团推出促销活动——指定面膜1分钱1盒,线下门店提货。但一些下单成功的消费者前往提货时却被告知因缺货,无法兑换面膜订单。因提货受阻,11日午时12点,便已有消费者在黑猫上发起集体投诉,投诉量超1500。

14日，网友发布视频称，屈臣氏主播对前往直播间维权的1分钱面膜活动消费者言论不当，录屏中主播作出"就为了一分钱的东西，像疯狗一样咬人""踢了你就高兴""活该"等发言，事件随之引发舆论关注。

14日23：59，屈臣氏发布道歉信称：活动因系统原因导致在短时间内产生了远超库存的大量异常订单，公司决定采取补货的方式继续履行剩余订单。对于直播间出现的不当言论，屈臣氏称该主播为公司合作的第三方机构人员。

原本便因兑换受阻令消费者不满，"屋漏偏逢连夜雨"，主播的不当发言给它加了把火，将消费者负面情绪越拱越高。在14日、15日两日间，消费者负面情绪持续绝对占比达80%；即使在道歉之后，情况也未发生明显转变。从消费者发起黑猫集体投诉到屈臣氏发布道歉，84小时的时间内，屈臣氏从原本活动失误的单一危机，变成了受到二次拱火的多重危机，大大加剧了公关难度和品牌创伤，值得品牌们引以为戒。

事件八：小天鹅被指威胁曝光食安问题消费者

网友蒋女士因在购买的火锅底料中发现一根不明黑色塑料异物，便拍摄视频发布网络曝光。15日当晚，蒋女士收到多名自称小天鹅品牌方的私信，联系删除，有的说好话，有的则是进行威胁，并提及"看你家小孩挺多的"以作暗示。

16日10点，"后浪视频"采访曝光该事件，网络舆情爆发。

晚间，涉事品牌"小天鹅集团"创始人何永智回应称，承认问题火锅底料是由小天鹅生产的，并认为这是一起假冒企业员工威胁消费者的事件。并表示"公司已成立了三人调查小组，并向石柱公安局报案，严查此事件的幕后黑手"。

17日，在巴中市场监管局的介入调查下，双方完成调解。小天鹅对消费者进行先行赔付，按照消费者购进一箱货物的货币价值240元，给予蒋女士夫妇10倍的权益赔付，即赔付了2400元。

目前，蒋女士已删除爆料视频，小天鹅方表示警方正在全力调查中，品牌方会予以跟进，还消费者和品牌一个公道。

资料来源：http://k.sina.com.cn/article_2194035935_82c654df001014teh.html, 2022-02-18.

二、危机公共关系的意义

1. 减少物质损失

危机直接的后果就是物质损失。如果事先能预防、事中能妥善控制和处理，就会使损失程度减少到最低。

2. 维护组织形象

危机的间接损失是对本组织形象的损害，而形象损害有可能是致命打击。例如，2002年"南京冠生园事件"（用去年月饼的陈馅冒充新馅被中央电视台曝光，舆论大哗），使得南京冠生园企业申请破产。因此任何组织都必须爱惜组织形象,维护组织形象。

三、危机的预测和预防

(1) 对危机的预测。包括:本组织可能发生哪些危机,危机的性质和规模,能产生哪些影响。

(2) 制定应急措施。公关人员根据危机的可能性制定一整套危机管理计划和措施,并印制成册,发放到各部门。

(3) 搞好培训。公关人员应协助组织建立应急队伍,并对之培训。

(4) 随时准备。筹备物资、随时准备,以备不时之需。

四、公共关系部门的作用

很多企业的公关部都停留在发布企业新闻通稿、接待媒体采访等烦琐的事务性工作上。这样的公关部最终沦落为企业和媒体的金钱交易部门,没有策划能力,没有对企业的全局把握和洞察能力。所以当问题出来的时候,根本没有公关能力。

针对危机公关,预防是最有效的措施,为此,公关部每天要重复和认真做以下三件事。

1. 和媒体记者聊天

聊天永远可以收到比较好的效果。由于财经媒体的记者大多进行相互交流,如果有新的新闻动向,几乎任何一个在市场上活跃的媒体记者都会有所耳闻。如果有选择地和一些记者进行沟通交流,所有不利或者有利的公关素材必然就会摆在你的面前。

2. 关注企业内外的利益变化趋势

大多数危机的产生都是因为企业的变化使许多人受到了利益伤害,这种伤害很可能产生矛盾冲突而被媒体嗅到,而且这种冲突最容易被当事人告知媒体,甚至会写成文章被媒体采用。所以公关部门一定要盯紧企业的政策变化给哪些人带来了利益损失,然后与人力资源部门沟通,将内部矛盾尽可能减到最低。

3. 进行全员公关

在营销上有个全员营销,很多企业将此理念深入企业内部,收到了很好的效果。全员公关也是要求公司的全部员工都有公关概念,工作时直接或者间接地要为公关的目标服务。

五、危机公关处理

(一) 将危机扼杀在萌芽状态

一旦发现了危机发生的苗头,要采取合理的应对措施,将危机扼杀在萌芽状态。

1. 对面临的问题做一个全面、系统的把握

发现危机切忌手忙脚乱或者掉以轻心。应立即对危机扩散的范围进行调查估计。在

确立了范围之后才可以发挥公关沟通的作用。

2. 在沟通的基础上找方法

作为公关基本功的沟通在处理危机中具有极为重要的作用。巧妙地运用了沟通,公关活动就会取得很好的效果。在全面沟通的基础上寻找处理问题的方法,危机才可能在发生的最初阶段就被处理。

3. 快速三板斧

任何事情都有策略解决,兵来将挡、水来土掩,所有的策略都有招法解除,唯快无解。对所有危机的处理办法都应该采取尽可能快的解决方案,这是处理危机的最高宗旨。对于萌芽状态的危机大多可以采用以下步骤。

(1) 找到危机源头

危机源头其实很好找,只要是个有心人就可以立即找到。

(2) 消灭危机源头

对危机源头的处理方法很多,但是目的只有一个,就是控制这个源头或者消灭这个源头。

(3) 大面积消毒

大面积消毒是对已经造成的影响做观念性扭转,这个工作的重点是和大众沟通,影响大众的观念,从而改变大众的态度。

(二) 危机发生后的处理

1. 成立危机公关小组

当危机出现的时候千万不要惊慌,而是应尽快成立危机公关小组。一般情况下,危机公关小组由企业的公关部成员和企业涉及危机的高层领导直接组成。在这里要千万注意的是,在危机情况下一定要把握住宣传口径的一致,作为公司的直接领导人和企业老总千万不能随意发表言论,以免给媒体和大众落下口实。

2. 危机公关处理的四个条件

(1) 重视媒体作用

很多企业的公关部除了和媒体的朋友吃喝之外就是在新闻发布会上给媒体红包,完全没有专业精神。事实上,健全的公关部首先是一个对媒介十分精通的部门,不仅重视媒体的作用,而且知道如何进行媒体运作和制造新闻热点。

(2) 良好的媒介关系

在国内很少有企业在媒介方面有良好的关系网,这一点除了与公关部门的人员素质有关,与企业的文化氛围也有很大关系。

(3) 政府资源

对政府资源的利用和把握一直是令很多企业头疼的问题,但是不管你有多头疼,在遇到危机的时候你都必须借助政府资源。

（4）公关公司的指导

只要政府资源没有大碍，媒介关系又良好，而且自己企业的人才足以洞察媒体的运作规律，那么，这个企业就具备了应对危机的条件。但是如果欠缺其中的任何一个方面，和专业公关公司合作则是很好的选择，即使三个条件都十分成熟，听取专家的意见也是有利的举措。

3. 危机处理的方法

谈到方法，很多人就会想起段永平的名言：最厉害的招是没有招的招。寻求无招胜有招的境界固然重要，但是"接招"的基本法则还是非常重要的。

（1）充分利用媒体资源

危机公关指的就是当企业遇上信任、形象危机或者某项工作产生了失误时，企业通过一系列的活动来获得社会公众的原谅和理解，进而挽回影响的一项工作。由于社会公众受媒体的影响很大，因此，危机公关在很大程度上就是针对媒体所做的。当危机产生的时候，最需要的就是立即利用手中的媒体资源让其保持沉默，然后就需要找到危机的源头。

（2）寻找源头

和萌芽状态的危机处理办法一样，当危机已经如火如荼的时候，办法仍然是从寻找源头开始，因为寻找源头的过程就是你决策的过程。如果源头是一个弱势阶层，就采取强压政策；如果是强势阶层，则可采取亲和政策。

（3）联合行业或者政府

政府的形象永远是民众最依赖的。如果有一些危机十分难缠，可以尝试着和政府公开公正地合作，让政府出来表明企业的心迹。

（4）敢于剖析自己，敢于承认错误

中国有句俗语：能屈能伸大丈夫。但是有好多企业却配不上"大丈夫"这个称号，总是对媒体的质疑过于敏感，反应过激。

（5）疏导

治水在于疏导而不是堵截。大禹因为明白了这个道理最终被人万代颂扬。危机公关也需要做疏导。对危机进行疏导，使消费者了解事情的原委，得到消费者的支持，由此才能建立起企业的形象，将危机化为机会，变害为利，带动企业的发展。

六、危机沟通技巧

1. 确保沟通渠道的畅通有效

组织要在建立危机沟通渠道的基础上，保证其日常沟通的有效性与畅通性，以确保与各沟通对象及时有效地沟通，保证公众对危机事件有正确的认识，避免因沟通渠道不畅引起误会。组织可以采用及时召开新闻发布会的方式，或者采用就此次危机事件设立专门接待人员、开通热线电话、开设网站等方式，确保组织危机处理信息能及时有效发布。

2. 注重情感沟通的重要性

在危机面前,公众很有可能存在着对组织及其行为的不满情绪。因此,组织除了应对受害者进行物质补偿外,还应注重危机给公众带来的情感损害,应采取恰当的手段与公众进行情感沟通,消除公众对组织的不满情绪,强化组织与公众的情感联系。

3. 注重双向沟通

危机沟通应是双向的。组织应该采取相应措施,为各沟通对象提供与组织沟通的渠道。例如,对于在危机中受到损害的消费者,企业可以鼓励其通过一定的方式,将其受到损害的具体情况及事后发展告知企业,以便于企业更为有效地就其损失程度对其进行赔偿。

4. 统一对外口径

除了制定专门人员担任组织危机事件新闻发言人之外,组织还应在内部进行统一部署,确保从组织领导层到组织员工能统一对外口径。危机发生之后,若组织对外所发布的消息存在前后矛盾或冲突之处,往往容易使自身陷入故意隐瞒、欺骗公众的不利局面。

5. 保证沟通持续性

许多组织常常容易犯这样的错误:在危机爆发之初,迫于全社会强大的舆论压力,这些组织对沟通极为重视,希望通过及时的危机公关尽快控制事态的发展。但随着危机激烈程度的缓解,这些组织便减少甚至停止了沟通。在这种状况下,危机对组织的影响有可能持续较长的时间,难以消除。因此,持续的沟通对于保障组织增进与公众的感情、确保组织尽快从危机中恢复过来具有有力的推动作用。

第五节　其他专题公关活动

公共关系专题活动除了赞助活动、新闻发布会、广告以外,还有一些常见的专题活动。如庆典活动、展览活动、开放参观等。

一、庆典活动

(一)庆典活动的含义和目的

庆典活动是组织在重大节日、配合社会的重大事件或围绕组织自身重要的值得纪念的时间所举办的活动。组织通过庆典活动,可以向公众展示自身的良好形象,扩大知名度,提高美誉度,获得公众的支持与认可,从而实现组织更大的经济效益与社会效益。

庆典活动种类很多,包括节日庆典、开业典礼、奠基仪式、剪彩仪式、颁奖仪式、周年庆典等。活动的形式也可以有座谈会、联欢会、宴会、舞会等多种类型。

（二）庆典活动的准备工作及操作程序

1. 准备工作

（1）明确活动主题与形式。
（2）安排活动时间。
（3）选择并布置场地。
（4）策划活动程序。
（5）邀请嘉宾。
（6）准备接待工作。
（7）人员安排。
（8）准备嘉宾留言册。
（9）准备馈赠礼品。
（10）事先检查活动所用设备。
（11）联系媒体。
（12）经费预算。

2. 操作程序

（1）主持人宣布典礼开始。
（2）宣读重要嘉宾名单。
（3）致辞。
（4）剪彩、奠基、签字、颁奖等。
（5）礼成后可安排节目、参观组织或宴请招待。
（6）摄影留念。
（7）赠送纪念品。
（8）送客。

二、展览、展销会

（一）展览、展销会的含义和目的

展览、展销会是一种综合运用实物、文字、图像、音像资料或操作演示等形式，在一定时间和地点集中向公众展示组织的成果、风貌、特征，梳理组织形象的公共关系专题活动。由于其具有形象、生动、直观性、知识性、趣味性等特点，往往对公众有较强的吸引力。

组织举办展览、展销会主要是为了达到以下目的：第一，通过举办展览、展销会，达到拓展渠道、促进销售、传播品牌、开拓新市场的目的；第二，通过举办展览、展销会展示产品和技术，向公众显示自身实力，使公众对组织留下良好的印象；第三，组织可以通过举办展览、展销会向公众征询意见，密切组织与公众的关系，更好地进行自我完善。

（二）展览会的组织

1. 展览会的组织

(1) 分析展览会的必要性和可行性。

(2) 明确展览会的主题和目的。

(3) 确定参展项目和参展单位。

(4) 确定参观者类型。

(5) 选择展览的时间、地点。

(6) 培训展览会的工作人员。

(7) 准备展览会的辅助设施和相关服务。

(8) 做好新闻媒体的传播报道。

(9) 准备好各种辅助性的宣传资料。

(10) 构思展览会结构。

(11) 预算展览会的费用开支。

(12) 测定展览效果。

2. 展览会的注意事项

(1) 展览会举办者的信誉。

(2) 展览会举办者的经验。

(3) 参加展览会的费用。

三、开放参观

1. 开放参观的含义与目的

开放参观，是指社会组织邀请内外公众参观本组织的工作条件、环境设施、成就展览等。请公众代表参观本组织，可以争取公众对组织的了解和支持，扩大组织的影响，在社会公众中树立良好形象。

开放参观活动的目的包括以下几点：第一，对于公众误会事件，开放参观能让公众亲眼看见组织的运作，让外界了解组织的实际状况，形成较强的说服力，从而达到澄清事实、获得公众理解的目的。第二，表示出组织对社会各界人士的善意和诚意，促进组织搞好同外部公众的关系，维护和扩展良好声誉。第三，吸引更多的潜在消费者，扩大组织知名度。第四，安排员工家属参观公司的工作环境，了解公司的成就，能增强员工和家属的自豪感。

2. 开放参观的注意事项

首先要明确开放参观的目的。组织举办开放参观活动，都有特定的目标，因此要围绕其目的进行策划组织。其次要注意策划、组织、实施的各个环节，对每一个细节都要进行周密考虑,不能因为一些不显眼的小事影响到整个参观活动。最后是保密工作。

组织要处理好公开与保密的关系,选好参观地点,设计合适的参观路线,既要让公众感受到组织的真诚,又要注意组织的商业或技术秘密的保密工作。

案例

洽洽瓜子企业透明工厂直播活动,在线参观洽洽生产车间

近日,洽洽透明工厂全球直播活动开启。开播短短5分钟即突破10万人次观看,直播异常火爆。直播间网友发上万余条弹幕,并纷纷表示,洽洽靠实力说话,为中国质造点赞。据统计,截止到发稿时间,洽洽透明工厂全球直播当天累计观看突破100万人次!

为了让更多消费者共同见证本次洽洽透明工厂全球直播,洽洽在全渠道向消费者进行邀请,不仅在官方微博和线上电商旗舰店上线直播宣传图,更是早早在线下全球洽洽终端卖场铺设宣传海报,进行工厂直播观看邀请。

不仅国内引爆网络,国外网友也对本次洽洽透明工厂全球直播高度关注。洽洽本次除了在官方Facebook和ins上进行宣传预热,还在美国纽约时代广场纳斯达克大屏上进行了透明工厂大屏直播,实现真正意义上的全球直播、世界同屏。海外消费者只需用手机扫描二维码,就能打开直播页面,与中国消费者一同观看洽洽先进的现代化智能工厂。据了解,不少国际友人在看过直播后表示,中国质造让他们刮目相看,洽洽Very Good!

好产品来自于严格的过程控制,洽洽此次全球透明工厂直播共设置了10个机位,对源产地、生产、包装、分拣等环节进行实时呈现。这些机位既包括葵园的原料产地、坚果生产线,也涵盖了产品出货的洽洽电商全球立体仓储中心,可谓是覆盖整个全产业链。其中,核心生产区域更是首次向全球观众开放展示。

本次,洽洽通过镜头向公众展现自己领先世界的先进设备生产线。其中包括:高效保障原料质量的全球最先进布勒色选机;精准化控温的瑞士布勒烘烤生产线;以及人工智能蜘蛛手自动包装系统。让全球消费者亲眼见证,洽洽每一包新鲜坚果(瓜子)的诞生。

同时,消费者还看到了洽洽坚果生产线。洽洽联合瑞士布勒公司开发的专业立体烘焙设备,四段控温、低温烘烤,激发坚果酥脆口感。坚果智能数粒机,通过智能数粒系统根据营养均衡黄金配比自动精准分配与控制每袋坚果和果干的配比、重量。让小黄袋达到"奶粉级"保鲜工艺的充氮包装系统,通过吸氧剂+干燥剂+充氮包装三重保障,让产品中的含氧量不超过1‰,坚果更加新鲜美味。

作为首家入选国家健康品牌计划的坚果品牌,洽洽一直致力于技术研发,将新鲜理念贯彻到生产中的每一环节。

"透明工厂"是产业升级的产物,也是工业4.0的重要标志。洽洽透明工厂全球直播的动作不仅引发公众关注,更在企业层引发轰动。中国联通、中国邮政、格力、科大讯飞、惠而

浦等多家质造品牌在官微上与洽洽联名互动,声援助力本次洽洽透明工厂全球直播,并打出"有技术 敢透明"的口号,在微博上引发万名网友转赞讨论。这样的联名举动展示了中国食品、家电、科技、信息等关键制造行业一同倡导行业透明化、智能化发展的决心。

本次"洽洽透明工厂全球直播"活动,用真实、开放的态度打通了消费者与企业之间的信息差壁垒,有效建立并提升了双方信任度,让消费者看到了最真实的洽洽。

本次,洽洽用"透明工厂全球直播"证明了自己的品质实力,更向全球消费者展现了自己作为民族品牌,透明开放的姿态与决心;未来,洽洽将继续发挥民族企业责任感,不负消费者所托,让消费者不仅成为产品的使用者,也成为产品品控的监督者,不断为消费者提供安全、新鲜、美味的坚果休闲食品。

资料来源:https://www.163.com/dy/article/EP02DJS80545A9MM.html,2019-09-13.

1. 什么是公共关系广告?公共关系广告与商业广告有哪些区别?
2. 常见的公共关系专题活动有哪些?
3. 公关赞助的基本原则有哪些?
4. 危机公共关系的意义是什么?
5. 危机公关处理有哪四个条件?

1. 实践内容

针对3·15消费者权益日活动,设计一个公共关系广告(响应广告)。或以小组为单位为某个企业的危机进行处理。

2. 实践目的

通过公共关系广告来组织宣传自己并向社会公众和其他组织显示自己对社会生活、对公众和公共事务的关心、参与和支持,向公众和其他组织表示善意和好感。也可借助社会活动和重大主题的影响机会来扩大自己的影响。

3. 实践环节

设计一个响应广告,支持、赞许中国消费者协会及相关单位,及时曝光部分存在欺骗消费者行为的商业广告。根据公共关系广告的原则,进行巧妙的策划构思,切忌商业广告的味道。根据假设条件应用危机公关的处理原则和流程就某个企业面对的危机进行危机公关处理。请你为危机公关设定相应应对策略。

4. 技能要求

熟练掌握公共关系广告与商业广告的区别,熟练掌握响应广告的设计原则和策划技巧。应对机制要详细、周到,内容简练实用,充分体现5S原则。

扩展阅读7-1　盘点2021年36个危机公关大事件

第八章

礼仪概述

学习目标

1. 了解礼仪的起源和发展；
2. 明确礼仪的原则与作用；
3. 充分认识中西方礼仪的差异。

技能要求

能够充分了解礼仪的概念和发展，掌握中西方礼仪的不同，并能在实际生活及商务交往中熟练运用商务礼仪。

引导案例

全国政协常委王学典建议编定《国民通礼》，建构礼仪社会

近年来，中国经济稳步发展，实力显著增强，但部分国民素质并没有随之提高，出现低俗婚闹、铺张浪费、高铁占座等乱象。针对这类问题，全国政协常委、山东大学儒学高等研究院执行院长王学典在今年全国两会上建议，编定《国民通礼》，重建"礼仪之邦"，建构以仁义礼智信为内核、以温良恭俭让为外在表现的礼仪社会。

王学典表示，几千年来，"礼乐文明"深刻塑造了中国社会，是中国得以保持稳定、长治久安的重要力量，传统中国之"礼乐文明"亦对东亚世界产生了深刻影响，成为主导"东亚文化圈"的重要文化基础。

"仓廪实而知礼节，衣食足而知荣辱。"王学典认为，当前，中国实现全面脱贫，步入小康社会，"仓廪实""衣食足"的历史任务已经完成，"知礼节""知荣辱"的任务应该提上日程。应制定并颁行一部适用于不同领域与群体、接续传统并适应现代文明要求的《国民通礼》。

提案具体建议，在中央精神文明建设指导委员会办公室下设立一个专门工作机构汇集专家，研究制定颁行《国民通礼》，对待人接物、婚丧嫁娶、岁时节日等日常礼仪进行明确规范与界定。

王学典说，颁行《国民通礼》，用礼仪教化民众，与法律法规的约束力形成互补，有利于整饬当前社会上出现的一些道德滑坡、行为失范的乱象，规范民众日常生活，理顺社会秩序，提升中国整体形象。"社会主义核心价值观中强调的文明、和谐、诚信等准则，与'通礼'相契合。推行《国民通礼》也是在促进社会主义核心价值观建设具体化、大众化。"

在王学典看来，礼的精神内核在于对现代文明秩序的尊崇与认同，人是构成社会的基本要素和社会活动的基本单位。承自民族文化传统、代表今天文明程度的诸种礼仪，包括衣食住行、待人接物、迎来送往等。重建中华礼仪之邦，必须先从个人入手，让每个人养成崇礼、遵礼的良好观念与习惯，进而在中国打造一个具有东亚特色、以德行为核心的主流生活方式。

王学典同时认为，弘扬中华优秀传统文化，关乎国家文化软实力提升，核心是推动其创造性转化、创新性发展。礼仪文化是中华优秀传统文化的核心内容之一。编定一部承继传统并适应时代发展需要的《国民通礼》，是推进"文化双创"的重要路径，有利于对外重建中华"礼仪之邦"美好声誉，助推中华文化"走出去"。

资料来源：https://m.thepaper.cn/baijiahao_17000794，2022-03-07。

第一节　礼仪的概念与特征

礼,在汉语中本意为敬神,后引申为敬人。仪,《说文解字》中"仪,度也。"本意为法度、准则、典范,后引申为礼节、仪式和仪表。

中国素有"文明古国、礼仪之邦"的美称,自古至今,历来尚礼。古代流传下来的有《周礼》《礼记》等专门记载礼仪的著作,历史典籍中也不乏关于礼仪方面的记载。孔子曰:"不学礼,无以立。""礼用之,和为贵。"荀子曰:"人无礼则不生,事无礼则不成,国无礼则不宁。"

几千年来,中国形成了一整套完善的礼仪,为人类的文明做出了卓越的贡献。随着人类历史的发展,社会的进步,礼仪礼节延续到现代,已被更新和注入了许多新的形式和内容,成为现代人际交往中的重要桥梁。如今我国已进入市场经济,社会经济各个领域正逐步与世界接轨,了解和掌握新时代下礼仪礼节的基本常识,具备商务礼仪活动的基本素养,对现代商务人具有更重要的意义和作用。

一、礼仪的基本概念

1. 礼仪的含义

礼仪是指人们在一定的社会交往场合,为表示相互尊重、友好而约定俗成的、共同遵循的行为规范和交往程序。礼仪包括"礼"和"仪"两部分,"礼"指"事神致福"的形式,即敬神;现引申为尊敬。"仪"指"法度标准";现引申为表率、标准。

礼仪是有形的,它存在于社会的一切交往活动中。其基本形式受物质水平、历史传统、文化心态、民族习俗等众多因素的影响。语言(包括书面的、口头的)、行为表情、服饰器物是构成礼仪最基本的三大要素。一般说来,任何重大典礼活动都需要同时具备这三种要素才能完成。

2. 礼仪的具体表现

礼仪属于道德范畴,是人类社会活动的行为规范,是人们在社交活动中应该遵守的行为准则。礼仪具体表现为礼貌、礼节、仪表、仪式等。

礼貌,是指人们在交往时,通过言语、动作向交往对象表示谦虚、恭敬和友好的行为规范。礼貌是指一个人待人接物的外在表现,侧重于表现人的品质与素养。

礼节,是礼貌的具体表现,通常是指人们在交际场合,相互表示尊重、友好的惯用形式。如我国古代的作揖、跪拜等。礼节与礼貌之间的相互关系是:没有礼节,就无所谓礼貌;有了礼貌,就必然伴有具体的礼节。

仪表是指人的外表,包括容貌、姿态、风度、服饰及个人卫生等,是礼仪的重要组成部分。穿着得体,不仅能赢得他人的信赖,给人留下良好的印象,而且还能够提高与人交往的能力。相反,穿着不当,举止不雅,往往会降低了身份,损害形象。

仪式是指特定场合举行的专门化、规范化的活动。

总之,礼貌、礼节、仪表、仪式等都是礼仪的具体表现形式,它们是互相联系的。从交际的角度来看,礼仪可以说是人际交往中适用的一种艺术,一种交际方式或交际方法;是人际交往中约定俗成的示人以尊重、友好的习惯做法;是社交活动中,自始至终以一定程序、方式来表现的完整行为,更具文化内涵。

3. 社交礼仪的含义

在现代公共关系中,十分重视社交礼仪,那么什么是社交礼仪?社交礼仪作为一种文化,是人们在社会生活中处理人际关系,用来对他人表达友谊和好感的符号。社交礼仪是在社会交往中使用频率较高的日常礼节。一个人生活在社会上,要想让别人尊重自己,首先要学会尊重别人。掌握规范的社交礼仪,能为交往创造出和谐融洽的气氛,建立、保持、改善人际关系。

4. 商务礼仪的含义

商务礼仪是公司或企业的商务人员在商务活动中,为了塑造良好的个人和组织形象而应当遵循的对交往对象表示尊敬与友好的规范或程序。它是一般礼仪在商务活动中的运用和体现,并且比一般的人际交往礼仪的内容更丰富,它不仅以对交往对象的尊重为基础,而且以提供符合消费者需求的商品和优质的服务来体现这种尊重。同一般礼仪相比较,商务礼仪有很强的规范性和可操作性,并且与商务组织的经济效益密切联系。

二、礼仪的特征

1. 规范性

规范就是标准化的要求。没有规矩不成方圆,商务礼仪的规范性是一个舆论约束,实际上就是强调商务交往是商务人员待人接物的标准做法、标准化要求。当然商务礼仪规范跟其他的规范还是有所不同的,商务礼仪的规范要是不遵守,不会受到制裁。这一点和法律规范不同,违法乱纪必然会受到制裁,而商务礼仪是舆论约束,是自我约束,不是强制约束。但是如果不遵守商务礼仪,会让他人见笑。

礼仪是约定俗成的一种自尊、敬人的惯用形式,任何人要想在交际场合表现得合乎礼仪,彬彬有礼,都必须对礼仪无条件地加以遵守。另起炉灶,自搞一套,或是只遵守个人适应的部分,而不遵守自己不适应的部分,都难以为交往对象所接受、所理解。

2. 限定性

礼仪主要适用于交际场合,适用于普通情况之下的、一般的人际交往与应酬。在这个特定范围之内,礼仪肯定行之有效。离开了这个特定的范围,礼仪则未必适用。这就是礼仪的限定性特点。理解了这一特点,就不会把礼仪当成放之四海而皆准的东西,也就不会在非交际场合拿礼仪去以不变应万变。

必须明确,当所处场合不同,所具有的身份不同时,所要应用的礼仪往往会因此而各有不同,有时甚至还会差异很大。这一点,是不容忽略的。一般来说,适合应用礼仪的,主要是初次交往、因公交往、对外交往等三种交际场合。

3. 技巧性

在商务活动中要讲究技巧性,这样才能事半功倍,更好地达到商务活动的目的。比如,在商务会议上,高管人员在台上的座位位置标准,应按照前排的人职务高于后排、中央的人职务高于两侧、左侧的人职务高于右侧的原则来进行排位,这是官方活动和政务礼仪所约定俗成的,不能随意更改。

在同等辈分的亲戚、关系密切的朋友和同学间宴请时位次左右的确定,则是根据与当事人之间的相对位置来定,和当事人的喜好密切相关,随意性很大。但在涉外商务交往中则要严格按照国际惯例来进行,国际惯例恰好相反,应遵循右高左低的原则。

案例

修养是第一课

有一批应届毕业生22个人,实习时被导师带到北京的某实验室参观。全体学生坐在会议室里等待主任的到来,这时有秘书给大家倒水,同学们表情木然地看着她忙活,其中一个还问了句:"有绿茶吗?天太热了。"秘书回答说:"抱歉,刚刚用完了。"林然看着有点别扭,心里嘀咕:"人家给你水还挑三拣四。"轮到他时,他轻声说:"谢谢,大热天的,辛苦了。"秘书抬头看了他一眼,满含着惊奇,虽然这是很普通的客气话,却是她今天唯一听到的一句。

门开了,主任走进来和大家打招呼,不知怎么回事,静悄悄地,没有一个人回应。林然左右看了看,犹犹豫豫地鼓了几下掌,同学们这才稀稀落落地跟着拍手,由于不齐,越发显得零乱起来。主任挥了挥手:"欢迎同学们到这里来参观。平时这些事一般都是由办公室负责接待,因为我和你们的导师是老同学,非常要好,所以这次我亲自来给大家讲一些有关情况。我看同学们好像都没有带笔记本,这样吧,王秘书,请你去拿一些我们印的纪念手册,送给同学们作纪念。"接下来,更尴尬的事情发生了,大家都坐在那里,很随意地用一只手接过主任双手递过来的手册。主任脸色越来越难看,来到林然面前时,已经快要没有耐心了。就在这时,林然礼貌地站起来,身体微倾,双手握住手册,恭敬地说了一声:"谢谢您!"主任闻听此言,不觉眼前一亮,伸手拍了拍林然的肩膀:"你叫什么名字?"林然照实作答,主任微笑点头,回到自己的座位上。早已汗颜的导师看到此景,才微微松了一口气。

两个月后,同学们各奔东西,林然的去向栏里赫然写着北京某实验室。有几位颇感不满的同学找到导师:"林然的学习成绩最多算是中等,凭什么推荐他而没有推荐我们?"导师看了看这几张尚属稚嫩的脸,笑道:"是人家点名来要的。其实你们的机会是完全一样的,你们的成绩甚至比林然还要好,但是除了学习之外,你们需要学的东西太多了,修养是第一课。"

资料来源:https://www.shangxueba.com/ask/17233088.html,2021-09-23.

4. 传承性

任何国家的礼仪都具有自己鲜明的民族特色,任何国家的当代礼仪都是在本国古代礼仪的基础上继承、发展起来的。离开了对本国、本民族既往礼仪成果的传承、扬弃,就不可能形成当代礼仪,这就是礼仪传承性的特定含义。作为人类文明的一种积累,礼仪将人们在交际应酬之中的习惯做法固定下来、流传下去,并逐渐形成自己的民族特色;这不是一种短暂的社会现象,而且不会因为社会制度的更替而消失。

5. 发展性

时代在发展,商务礼仪文化也在随着社会的进步而不断发展。20世纪七八十年代,人们一般通过电报、信件等传递各种商务信息,而今,人们则常用电子邮件、网络、传真等现代信息手段进行商务信息的传递。在全球经济一体化的发展势头下,我国传统的商务礼仪必然要引进世界各国较先进的商务元素,与国际社会的商务礼仪接轨,发展形成一套既有中国传统特色,又符合国际惯例的商务礼仪规范。

第二节 礼仪的原则与作用

一、礼仪的分类

在古代中国,礼深入到社会的每一个层面,因而礼的名目极为繁冗,《中庸》有"礼仪三百,威仪三千"之说。为了使用与研究方便,需要提纲挈领,对纷繁的礼仪进行归类。《尚书·尧典》说"尧东巡守,到达岱宗"时,曾经"修五礼",《尚书·皋陶谟》也有"天秩有礼,自我五礼有庸哉"的话,但都没有说是哪五礼。《周礼·春官·大宗伯》将五礼坐实为吉礼、凶礼、军礼、宾礼、嘉礼。由于《周礼》在汉代已经取得权威地位,所以其五礼分类法为社会普遍接受。

在现代社会普遍使用的礼仪按应用范围一般分为政务礼仪、商务礼仪、服务礼仪、社交礼仪、涉外礼仪等五大类。

1. 政务礼仪

政务礼仪是国家公务员在行使国家权力和管理职能时所必须遵循的礼仪规范。

2. 商务礼仪

商务礼仪是在商务活动中体现相互尊重的行为准则。其核心是一种行为的准则,用来约束我们日常商务活动的方方面面。商务礼仪的核心作用是为了体现人与人之间的相互尊重。学习商务礼仪就显得更为重要。

用一种简单的方式来概括商务礼仪,即它是商务活动中对人的仪容仪表和言谈举止的普遍要求。商务礼仪知识是人际交往的艺术,从细节中体现教养和素质。

3. 服务礼仪

服务礼仪是指服务行业的从业人员应具备的基本素质和应遵守的行为规范。主要适用于服务行业的从业人员、经营管理人员、商界人士、职场人士、企业白领等从事服务工作的人士。

4. 社交礼仪

社交礼仪是指人们在人际交往过程中所具备的基本素质、交际能力等。社交在当今社会人际交往中发挥的作用愈显重要。

5. 涉外礼仪

涉外礼仪是指在长期的国际往来中,逐步形成了外事礼仪规范,也就是人们参与国际交往所要遵守的惯例,是约定俗成的做法。它强调交往中的规范性、对象性、技巧性。

在商务场合中,如何才能有效地运用商务礼仪的规范,如何运用商务礼仪,发挥礼仪的沟通协调功能,建立良好的商务合作关系:应该遵循商务礼仪的五项原则。

二、礼仪的基本原则

孔子说:"礼仪三百,威仪三千。"虽未免言过其实,但说明礼仪名目之多。今天的礼仪细则也很纷繁,加上世界各国的礼仪习俗,更是五彩缤纷。因而,除了人类共同遵守交往的基本礼仪准则以外,还应注意以下几个方面的原则。

1. 平等原则

在商务交往中,礼仪行为总是表现出双方性或多方性,你给对方施礼,对方也自然会还你礼。这种礼仪施行必须讲究平等原则。平等是人与人通过交往建立情感的基础,是保持良好人际关系的诀窍。遵循平等原则,应做到不狂妄自大、我行我素、厚此薄彼,更不目中无人、以貌取人,而应处处平等、谦虚待人。

萧伯纳和小女孩

萧伯纳是爱尔兰著名的戏剧家、诺贝尔文学奖获得者。一次,他去苏联访问,来到了莫斯科。当他在街头散步时,见到一个非常可爱的小女孩。萧伯纳和这个小女孩玩了很久,在分手时,他对小女孩说:"回去告诉你的妈妈,你今天和伟大的萧伯纳一起玩了。"

在萧伯纳的眼里,自己无疑是伟大的,肯定可以让小女孩的妈妈感到荣幸。然而,小女孩也学着大人的口气说:"回去告诉你的妈妈,你今天和苏联女孩安尼娜一起玩了。"

小女孩的回应让萧伯纳很吃惊。作为一个作家,他立刻意识到自己的傲慢,并向小女孩道歉。

后来,萧伯纳每次回想起这件事,都感慨万千。他说:"一个人无论有多大的成就,对任何人都应该平等相待,应该永远谦虚。"

资料来源:https://wenku.baidu.com/view/f89e7529edfdc8d376eeaeaad1f34693daef1086.html,2022-02-23。

2. 尊敬原则

尊敬是礼仪的情感基础。在我们的社会中,人与人是平等的,尊重长辈,关心客户,这不但不是自我卑下的行为,反而是一种至高无上的礼仪,说明一个人具有良好的个人内在素质。"敬人者恒敬之,爱人者恒爱之","礼"的良性循环就是借助这样的机制而得以世代延续。当然,礼貌待人也是一种自重,不应以伪善取悦于人。另外,尊敬人还要做到入乡随俗,尊重他人的喜好与禁忌。总之,对人尊敬和友善,是处理人际关系的一项重要原则。

迟来的尊敬

小刘公司的场地构造有点特殊,进门的玄关旁边有一个座位。因为小刘是财务,不用和他们项目组的同事坐在一起,所以玄关旁边的位子就是小刘的座位。小刘公司前几个月新来了一个大学毕业生,每次进门首先看见小刘,招呼不打一声,头也不点一下不说,还直瞪瞪看小刘一眼就走进去了。小刘怀疑她可能以为小刘只是一个前台的阿姨,所以如此不屑一顾。后来过了几天,大概她终于搞清楚小刘并非什么接接电话、收收快递的阿姨,而是掌管她每个月工资的"财政大臣",猛地就开始殷勤了起来,一进门"刘老师"叫得山响。可是,小刘心里的感受却不一样了,即使她现在对小刘再怎么尊敬,毕竟是有原因的,小刘对她也生不出什么好感来。

小刘很纳闷,怎么一个堂堂大学生,刚进社会就学会了势利?如果小刘真的是前台阿姨,是不是她这辈子都不打算跟小刘打招呼?新人刚进职场,礼貌很关键,人际关系一定要妥善处理,不能以貌取人或者想当然,要记得地位低下的员工同样也是前辈或者长辈。哪怕是打扫卫生的阿姨,如果正好清理到自己的纸篓什么的,不忘记说一声"谢谢",就会平添自己很多的亲和力和人缘。刚刚毕业的大学生真的是要好好树立自己在公司的第一印象,这可不是闹着玩的。

礼仪是礼节、礼貌和仪式的统称。礼貌是指人们在相互交往过程中表示敬重和友好的行为规范。礼节是人们在日常生活中,特别是在交际场合中相互表示尊敬、祝颂、问候、致意、哀悼、慰问及给予必要协助和照料的惯用形式,如握手、鞠躬、拥抱、接吻、致意、微笑等都属于礼节。不同民族、国家有不同礼节,礼节也随时代发展而发展。仪式是一种正式的礼节形式,是指为表示礼貌和尊重在一定场合举行的,具有专门程序、规范化的活动。

礼仪是一个人乃至一个民族、一个国家文化修养和道德修养的外在表现形式,是做人的基本要求。中华民族自古以来就非常崇尚礼仪,孔夫子曾说过:"不学礼,无以立。"就是说一个人要有所成就,就必须从学礼开始。在现代社会,虽然一个国家、一个民族的综合国力所包含的内容十分广泛,但在评价一个国家、一个民族时,通常是从这个国家、这个民族人们的言行举止、文明习惯所体现的公民素质与精神面貌入手的。因为,从国家和民族的角度讲,礼仪是一个国家、一个民族社会风貌、道德水准、文明程度、公民素质的重要标志。从个体的角度说,礼仪是一个人思想觉悟、道德修养、精神面貌和文化教养的综合反映。通过一个人在社会生活中对礼仪运用的程度,可以察知其教养的高低、文明的程度和道德的水准。可见,礼仪学习对培养文明有礼、道德高尚的高素质人才有着十分重要的意义。

礼仪行为就是人们在一定的礼仪意识的支配下,在人与人之间的交往过程中表现出来的行为,被看作是人类行为的一个独立层次。人与社会密不可分,社会是由个人组成的,文明的社会需要文明的成员一起共建,文明的成员则必须要用文明的思想来武装,要靠文明的观念来教化。礼仪修养的加强,可以使每位社会成员进一步强化文明意识,端正自身行为,从而促进整个国家和全民族总体文明程度的提高,加快社会的发展。加强个人礼仪修养,处处注重礼仪,恰能使你在社会交往中左右逢源,无往不利;使你在尊敬他人的同时也赢得他人对你的尊敬,从而使人与人之间的关系更趋融洽,使人们的生存环境更为宽松,交往气氛更加愉快。

资料来源:https://wenku.baidu.com/view,2021-07-18.

3. 适度原则

适度原则是指商务交往中应把握礼仪分寸,人际交往中要注意各种不同情况下的社交距离,也就是要善于把握住沟通时的感情尺度。在人际交往中,沟通和理解是建立良好人际关系的重要条件,但如果不善于把握沟通时的感情尺度,即人际交往缺乏适度的距离,结果会适得其反。

例如,在一般交往中,既要彬彬有礼,又不能低三下四;既要热情大方,又不能轻浮阿谀;既要自尊自爱,又不能自大自负;既要老练沉稳,又不能圆滑世故。所谓适度,就是要注意感情适度、谈吐适度、举止适度。只有这样才能真正赢得对方的尊重,达到沟通的目的。

一 米 线

一米线又称伸缩隔离带、栏杆座、警戒线、移动护栏杆,主要用于大型排队秩序控制及定向人流输导所必须的队列设施和科学的摆放规划,被广泛应用于人流集中场所。银行等涉及金额的行业会在距营业柜台或窗口一米处画线,并在一旁挂牌,以提醒顾客在线后排队等候。

心理学也有这样一个有趣的原则,说是除了家人、恋人和挚友亲朋之外,人与人之间的心理安全距离恰好是一米,超过这个安全距离,人们的心理就会觉得相对紧张,感觉到个人安全和隐私受到了侵犯,这也是国际上所通用的"一米线"规定的由来。

资料来源:https://baike.baidu.com.

4. 真诚原则

在商务活动中,以诚待人才易于为他人所接受。商务人员的礼仪主要是为了树立良好的个人和组织形象,所以真诚是获得成功的重要保证。同时商务活动的从事并非短期行为,从事商务活动,讲究礼仪,越来越注重其长远利益。只有恪守真诚原则,着眼于将来,通过长期潜移默化的影响,才能获得最终的利益。也就是说商务人员与企业要爱惜其形象与声誉,就不应仅追求礼仪外在形式的完美,更应将其渗透到商务人员情感的真诚流露与表现中。

松下幸之助的半块牛排

素有"经营之神"之称的日本松下电器总裁松下幸之助有一次在一家餐厅招待客人,一行六个人都点了牛排。等六个人都吃完主餐,松下让助理去请烹调牛排的主厨过来,他还特别强调:"不要找经理,找主厨。"助理注意到,松下的牛排只吃了一半,心想一会儿的场面可能会很尴尬。

主厨来时很紧张,因为他知道请自己的客人来头很大。"是不是牛排有什么问题?"主厨紧张地问。"烹调牛排,对你已不成问题,"松下说,"但是我只能吃一半。原因不在于厨艺,牛排真的很好吃,你是位非常出色的厨师,但我已80岁了,胃口大不如前。"

主厨与其他的五位用餐者困惑地面面相觑,大家过了好一会才明白怎么一回事。"我想当面和你谈,是因为我担心,当你看到只吃了一半的牛排被送回厨房时,心里会难过。"

如果你是那位主厨,听到松下先生的如此说明,会有什么感受?是不是觉得备受尊重?客人在旁听见松下如此说,更佩服松下的人格并更喜欢与他做生意了。

时刻真情关怀部属感受的领导,将完全捕获部属的心,并让部属心甘情愿为他赴汤蹈火。对别人表示关心和善意,比任何礼物都能产生更多的效果。

案例解析：

现在之所以有许多人对所供职的公司不满,就是因为他们感觉不到来自领导的关怀,人与人之间的关系是微妙的,如果员工感觉不到来自公司的关怀与温暖,那么他工作起来也就没有激情。要知道,人是感情动物,不是机器,用管理机器的办法去管理人,那肯定是行不通的。

这就是为什么我不看好我的领导的原因,因为他的脑子就是纯学机械的思维,什么事都想要制定一个标准,做一个模板或是"模具",以便今后处理事情的时候可以按部就班地偷懒,而实际上,这仅仅是天方夜谭,他的思维方式注定了他不会有大的成功。

资料来源：http://www.010zaixian.com/meiwen/gushi/707018.htm,2021-08-31。

5. 宽容原则

宽容,就是与人为善、心胸坦荡、豁达大度,能设身处地为他人着想,谅解他人的过失,不计较个人的得失,有很强的容纳意识和自控能力。中国传统文化历来把宽以待人视为一种为人处世的基本美德。从事商务活动,在人际纷争问题上应保持豁达大度的品格或态度。

在商务活动中,出于各自的立场和利益,难免出现冲突和误解。遵循宽容的原则,眼光看远一点,善解人意、体谅别人,才能正确对待和处理好各种关系与纷争,争取到更长远的利益。

案例

托尔斯泰的故事

托尔斯泰虽然很有名,又出身贵族,却喜欢和平民百姓在一起,与他们交朋友,从不摆大作家的架子。

一次,他长途旅行时,路过一个小火车站。他想到车站上走走,便来到月台上。这时,一列客车正要开动,汽笛已经拉响了。托尔斯泰正在月台上慢慢走着,忽然,一位女士从列车车窗冲他直喊："老头儿！老头儿！快替我到候车室把我的手提包取来,我忘记提过来了。"

原来,这位女士见托尔斯泰衣着简朴,还沾了不少尘土,把他当作车站的搬运工了。托尔斯泰急忙跑进候车室拿来提包,递给了这位女士。女士感激地说："谢谢啦！"随手递给托尔斯泰一枚硬币,"这是赏给你的。"

托尔斯泰接过硬币,瞧了瞧,装进了口袋。正巧,女士身边有个旅客认出了这个风尘仆仆的"搬运工",就大声对女士叫道："太太,您知道您赏钱给谁了吗？他就是列夫·托尔斯泰呀！"

"啊！老天爷呀！"女士惊呼起来，"我这是在干什么事呀！"她对托尔斯泰急切地解释说："托尔斯泰先生！托尔斯泰先生！看在上帝的面儿上，请别计较！请把硬币还给我吧，我怎么会给您小费，多不好意思！我这是干出什么事来啦。"

"太太，您干吗这么激动?"托尔斯泰平静地说，"您又没做什么坏事！这个硬币是我挣来的，我得收下。"

汽笛再次长鸣，列车缓缓开动，带走了那位惶惑不安的女士。托尔斯泰微笑着，目送列车远去，又继续他的旅行了。

资料来源：https://wenku.baidu.com/view/ee369f851511cc7931b765ce050876323012744d.html，2021-08-30。

6. 自信原则

自信原则也是人际交往中的一个重要原则，商务人员不但要有从事商务活动的专业素质，而且一定要有良好的心理素质，自信就是商务活动中一种很可贵的心理素质。一个人只有自信才能在人际交往中不慌不乱，不卑不亢，沉着应对，进而取得商务合作的成功。

7. 信用原则

信用即讲究信誉的原则，守信是我们中华民族的传统美德，信守约定也是国际商务交往活动中必须严格遵守的一项原则，要遵守信用，做到守时、守约，说话要算数，许诺要兑现。"言必信，行必果"。在商务活动中，只有讲究诚信，才能赢得别人的尊敬。

案例

南宁的哥拾金不昧4万元现金物归原主

3月4日晚，南宁的冯先生酒后搭乘出租车，将装有重要证件和4万元现金的手提包遗忘在车上。的哥李春鳌拾金不昧，及时上报公司并配合寻找失主。7日上午，冯先生顺利领回自己的财物。

3月4日晚11时许，李春鳌从坡西接到一名男乘客，目的地在邕武立交附近。"他一上车，我就闻到一股酒味。"李师傅说，该乘客下车后，他又继续接了几单。

5日凌晨，他发现后座多了一个黑色手提包，"不确定是哪个乘客落下的东西，里边有证件和4万元现金，我就向公司报备。"

南宁市红木棉运输有限责任公司营运二科副科长周丽明介绍，接到李春鳌的报备后，公司让他妥善保管好物品，并及时联系失主，"还挺顺利，失主发现丢东西后也打来电话，经核实后，约好7日办认领手续。"

7日上午，失主冯先生见到李春鳌后，握着他的手连声表示感谢。冯先生说，4日晚他有饭局，因喝了酒有点头晕，打车回家下车时忘记拿包，"包里的东西一样没少，非常感谢李师傅，也感谢出租车公司的热情服务。"

周丽明表示,李春鳌拾金不昧,公司会对他进行表彰奖励。同时她也提醒,乘客下车时不要遗漏随身物品,并记得拿乘车发票,发现物品遗失可通过发票上的信息快速联系或者拨打95128热线寻求帮助。

资料来源:https://credit.hd.gov.cn/xydxal/202203/t20220309_192348.html,2022-03-09.

三、礼仪的作用

人类自从诞生以来,就从未间断过相互之间的交往,礼仪也随之产生发展,它是人类文明的重要标志。讲究礼仪、尊重他人,是一个人精神状态、文化教养和道德水平的反映。古人云:"国尚礼则国昌,家尚礼则家大,身尚礼则身正,心有礼则心泰。"可见,礼仪在社会生活中的地位和作用何等重要。

礼仪作为社会文明的重要标志,代表着人们的社会价值观和健康的生活方式,在社会生活中起着巨大的作用,已经成为社会交往及国际交往中必不可少的手段。在现代生活中,礼仪的重要作用主要体现在以下几个方面。

1. 礼仪有利于塑造个人形象,提高自身修养

没有谁能够与世隔绝,于是就有了交际。人在社会化过程中,需要学习的东西很多,而社交礼仪是一个人在社会化过程中必须学习的重要内容。因为,礼仪是整个人生旅途中的必修课。任何一个生活在某一礼仪习俗和规范环境中的人,都自觉或不自觉地受到该礼仪的约束。

礼仪与个人形象塑造密切相关,以礼仪规范自己的言行、仪表是展示良好形象的一条有效途径。在商务交往中,礼仪不仅反映了一个人的交际技巧与应变能力,而且反映了一个人的气质风度、阅历见识和精神风貌。而且个人代表整体,个人形象代表企业形象,所以正确规范地运用商务礼仪能够帮助我们树立良好的个人形象,提高自身修养,建立良好的商务关系。由此可见,学习并运用礼仪,有助于塑造个人形象、提高自身修养,真正提高个人的文明程度。

求职礼仪故事

26岁的安娜去年研究生毕业,开始了自己的求职生涯。安娜出生在太原一个知识分子家庭,人漂亮,性格开朗,学历又高,按照常理,找到一份不错的工作,应该不是难事。可是,一年过去了,面试的几家公司都没有录用她,安娜的父母、朋友觉得有些想不通。

安娜最近一次求职,是去省城一家高档购物中心面试楼层主管,当时主考官问她对时尚的认识,安娜回答:"你们难道没有看到吗?在眼前的我就是时尚。作为一个'80后'的代表,我从头到脚的着装就代表着一种时尚。像你们每天在这座大厦里的人,看到我的气

质就应该一下子拍板,认定我就是最适合在这里工作的时尚达人,怎么还会问我对时尚的认识呢?"

据安娜说,当时其他面试者有许多问题,还有许多现场演示,但她自己都不明白,自己为什么只回答了一个问题以后,就被请出去了。

事后,经过了解,曾经面试安娜的主考官说出了事情的原委:"姑娘漂亮、洋气,学历又高,说实话,当时看她简历的时候,我们人事部几个人都相当看好。可见了人以后,才发现说话实在太冲,过于自信有时候就是自负。首先,她对面试的前辈们没有礼貌,一些该有的礼节问候都没有。再有,也不应该锋芒毕露,低调谦虚才是一个职场新人让大家喜欢且容易接受的品质。"

案例解析:

安娜终于明白了自己失败的原因是什么,自身条件是不错,可就是太高调,太傲慢,也不太懂得去和比自己资历深的前辈们融洽相处。回忆起当时应聘的场景,她说:"可能从小优越惯了,觉得眼里的一切都应该是自己能驾驭的,但却忽略了自己是一个新人,自己是来求职的。以后,再有面试的机会,一定不能错过了。"现在很多企业招人不仅是看个人才华了,素质也是很重要的。所以,求职者要注意提升自己的素质,切勿忘记求职中的礼仪。

资料来源:https://wenku.baidu.com/view/d5047cd788d63186bceb19e8b8f67c1cfad6ee85.html,2022-01-03.

2. 礼仪是改善人际关系的重要保证

古人认为:"世事洞明皆学问,人情练达即文章。"这句话体现了交际的重要性。现代礼仪的基础是平等待人,礼仪本身表现了对他人的尊敬。在商务交往中,由于人们立场、观点的不同,对同一问题会产生不同的理解和看法,恰当地运用礼仪,可以消除差异,增进理解,达到情感的沟通。运用礼仪,能更好地向交往对象表达自己的尊重与友好,增进彼此的了解与信任,进而建立和谐完美的人际关系。

在日常生活和工作中,礼仪能够调节人际关系,从一定意义上说,礼仪是人际关系和谐发展的调节器,人们在交往时按礼仪规范去做,有助于加强人们之间的互相尊重,建立友好合作的关系,避免和缓和不必要的矛盾和冲突。

案例

小张的问题出在哪里?

小张是一家物流公司的业务员,口头表达能力不错,对公司的业务流程很熟悉,对公司的产品及服务的介绍也很得体,给人感觉朴实又勤快,在业务人员中学历是最高的,可是他的业绩总是上不去。小张自己非常着急,却不知道问题出在哪里。

小张从小有着大大咧咧的性格,不修边幅,头发经常是乱蓬蓬的,双手指甲长长的也不修剪,身上的白衬衣常常皱巴巴的并且已经变色,他喜欢吃大饼卷大葱,吃完后却不知道去除异味。小张的大大咧咧能被生活中的朋友所包容,但在工作中常常过不了与客户接洽的第一关。其实小张的这种形象在与客户接触的第一时间已经给人留下不好的印象,让人觉得他是一个对工作不认真、没有责任感的人,通常很难有机会和客户作进一步的交往,更不用说成功地承接业务了。

案例解析:

小张在日常工作中的表现是不符合礼仪规范的,在交往中仪容仪表很重要。头发的修饰是基本的仪容修饰,应该定期修剪和清洗。长指甲容易给人不卫生的印象,衬衣则应整洁无褶皱。嘴巴有异味也是很不礼貌的,在应酬前应忌食蒜、葱、韭菜等刺激味食物。小张的形象给人不负责任之感,面临的肯定是失败的社交活动。

资料来源: https://wenku.baidu.com/view/8c4f1611876a561252d380eb6294dd88d1d23d30.html,2021-08-13。

3. 礼仪是企业形象、员工修养素质的综合体现

从某种意义上说,现代的市场竞争是一种形象竞争,企业树立良好的形象,因素很多,其中高素质的员工、高质量的服务、每一位员工的礼仪修养无疑会起到十分重要的作用。只有做好应有的礼仪才能使企业在形象塑造、文化表达上提升到一个满意的地位,塑造企业形象,提高顾客满意度和美誉度,并最终达到提升企业的经济效益和社会效益的目的。

"每位员工都是企业形象的代言人",企业形象决定企业未来的发展。良好的职业形象是营销代表及客服代表维护企业形象的关键,只有通过严格、系统的专业礼仪训练,才能使员工在仪容、仪表、姿态、语言、表情等方面发生变化,真正体现出员工的个人素养,从而提升企业形象,令顾客达到120%的满意度。

你是公司的一张名片

树立企业形象不仅靠企业各项硬件设施的建设和软件条件的开发,更要靠每一位员工从自身做起,塑造良好的自身形象。因为,员工的一言一行直接影响企业的外在形象,员工的综合素质就是企业形象的一种表现形式,员工的形象代表着企业的形象,员工应该随时随地维护企业形象。

东京一家贸易公司有一位小姐专门负责为客商购买车票。她常给德国一家大公司的商务经理购买来往于东京、大阪之间的火车票。不久,这位经理发现一件趣事,每次去大阪时,座位总在右窗口,返回东京时又总在左窗边。经理询问小姐其中的缘故。小姐笑答道:"车去大阪时,富士山在您右边;返回东京时,富士山已到了您的左边。我想外国人都喜欢富士山的壮丽景色,所以我替您买了不同的车票座位。"

就是这种不起眼的细节,使这位德国经理十分感动,促使他把对这家日本公司的贸

额由400万欧元提高到1200万欧元。他认为,在这样一个微不足道的小事上,这家公司的职员都能够想得这么周到,那么,跟他们做生意还有什么不放心的呢?

员工的一举一动,无不在外人的眼中影响着企业的形象,员工的形象也就是企业的形象。特别是在客户的眼里,员工给客户的感觉犹如企业给客户公司的感觉,员工的谈吐影响着企业的信誉。一个员工如果没有维护企业形象的意识,他肯定是一名不合格的员工。

美国新奥尔良市的考克斯有线电视公司中有一位年轻的工程师,名叫布莱恩·克莱门斯,他的工作地点是在郊区。有一天早上,克莱门斯到一家器材行去购买木料。正当他等待切割木料的时候,无意中听到有人抱怨考克斯公司的服务差劲极了。那个人越说越起劲,结果有八九个店员都围过来听他讲。

布莱恩当时有好几种选择。其实他正在休假,他自己还有事情要做,老婆又在等他回家。他完全可以置若罔闻,只管自己的事。可是布莱恩却走上前去说道:"先生,很抱歉,我听到了你对这些人说的话。我在考克斯公司工作。你愿不愿意给我一个机会改善这个状况?我向你保证,我们公司一定可以解决你的问题。"那些人脸上的表情都非常惊讶。布莱恩当时并没有穿公司的制服,他走到公用电话旁,打了个电话回公司,公司立即派出修理人员到那位顾客家中去等他,帮他把问题解决,直到他心满意足。

后来布莱恩还多做了一步,他回去上班后,还打了个电话给那位顾客,确定他对一切都心满意足。布莱恩事后受到了公司负责人的高度赞扬,并号召公司全体员工向布莱恩学习。

作为企业的一名员工,不管走到哪里,始终都要记得自己是什么企业的员工,记得维护公司的形象,这是作为公司员工的基本职业道德!如果四处诽谤企业,挖空心思讽刺企业的管理人员,这不仅显得该员工素质低下,更证明了该员工眼光太差。只有企业发展了,员工的工资待遇才能更上一层楼;只有企业的社会声誉提高了,员工走在街上时才会有一种荣誉感。身为企业员工要时时关心企业的发展,处处维护企业的形象。

资料来源:https://view.inews.qq.com/a/20210220A0834200,2021-02-21.

4. 礼仪是国家富强、社会文明的重要标志

一个民族、一个国家的礼仪,往往反映着这个民族、这个国家的文明水平、整体素质。正如哲学家约翰·洛克所言:"没有良好的礼仪,其余的一切成就都会被看成骄傲、自负、无用和愚蠢。"

在孔子时代,"礼仪"被看作是治国之本,当时人们所演习的"六艺"之中,"礼"一直被当作重要的必修课,是孔子治国的理想。荀子在《修身》篇中提出:"故人无礼则不生,事无礼则不成,国无礼则不宁。"《管子》中说:"礼义廉耻,国之四维。"将礼列为立国四精神要素之首,其突出的社会作用不言而喻。

现实社会中,人们都在以各种不同的方式追求着自身的完美,寻求通向完美的道路。加强礼仪修养则是实现完美的最佳方法,它可以丰富人的内涵,从而提高自身素质与内在实力,使人们面对纷繁的社会,有勇气、有信心充分地实现自我,展示自我。

第三节　中西方礼仪

由于各国的历史与文化底蕴不同,各国人民在进行交往时习惯也有不少差异。特别是中西方之间,礼仪上的差别很大,因为不了解这些差异而引起的误会和笑话并不少见。了解中西方在礼仪交往之间存在的习惯差异是很有必要的。往大处来说,一个国家无论是在政治上,还是在经济贸易中,了解对方国家的礼仪习惯,将有利于各国之间的交往。从小处来讲,一个人了解对方的礼仪民间习惯,是对对方的尊重,容易给对方留下好印象,以便交往的顺利进行。

随着东西方文化的不断发展,东西方的礼仪正在相互融合,西方人逐渐地接受了东方文化中重情感等合理因素,东方人也逐渐地接受了西方文化中先进文明的礼仪和交往方式。但在现实生活中,由于东西方文化的差异而对礼仪产生的影响还有很多,本书就以下几方面具体探讨东西方文化差异对礼仪所产生的影响。

一、造成中西方礼仪差异的影响因素

(一)社会交往方式的差异对礼仪的影响

东西方文化都非常重视人际交往,但在交往的观念、交往的方式上都有着明显的差别。如中国人热情好客,在人际交往中饱含热情,问寒问暖,似乎没有什么可保留的,对于了解有关年龄、职业、收入、婚姻状况、子女等问题,觉得都理所当然。而在西方国家中,特别重视对方的隐私权。

个人隐私主要包括:个人状况(年龄、工作、收入、婚姻、子女等)、政治观念(支持或反对何种党派)、宗教信仰(信仰什么宗教)、个人行为动向(去何种地方,与谁交往、通信)等。凡是涉及个人隐私的都不能直接过问。西方人一般不愿意干涉别人的私生活和个人隐私,也不愿意被别人干涉。

案例

入乡随俗:美国留学必备社交礼仪

中西方文化在很多方面有着很大的差异,去美国留学,了解美国的文化礼仪也是必不可少的,下面就让三点水留学给大家介绍美国的一些基本礼仪。

见面问候

寒暄问候是最基本的社交礼仪,美国地缘广阔,每个州和地区的文化略有不同,但总体来讲美国人是比较热情大方的。

在普通场合,美国人见了面无论认识不认识,都会问候一声,也很容易说声谢谢,这是一种礼貌和常识,也是一种基本的礼仪素养。

中国学生在美国校园主动打招呼的人并不多,这也是中国学生需要不断改进的一个方面。

如果去别人家做客,可以带点小点心、买一束花或者买点什么小东西给东道主,并记得赞美主人的饭菜味道很好。

保护隐私

美国社会是一个极度重视隐私的国家,即使是家人和亲人,也会有自己的个人隐私不愿意让别人知道。

最常见的个人隐私包括个人收入、是否结婚、有几个孩子、信仰何种宗教等。

这些对于中国人而言很普通的问题对美国人则是非常个人和隐私的,中国学生千万不要好奇而问,以免别人觉得尴尬和难堪,除非对方主动提出来。

此外,即使知道别人的隐私,也不要对他人说,这也是对别人的一种保护和尊重。

扶门习惯

在美国的大学校园或者公共场所,有一种扶门的习惯。

就是在公共场合进门时如果后面有人来则尽量帮别人把门扶住,或者在关门的时候看看后面是否有人跟上,走在前面的人,推开门后都要回头看看后面有没有人进门。

扶着门让后面的人进去,而后面的人进去后,也总要向扶门的人说声"谢谢",并接着扶,这是一种在美国大学校园比较常见的情况。

餐桌礼仪

餐桌礼仪是很多中国学生们遇到的一个常见的问题。

在美国社会或者大学校园,常常会有参加餐会或者宴会的机会。

在比较正式的餐会或者宴会上,需要注意如何使用刀叉及用完餐后如何放置刀叉,餐巾纸主要用于拭嘴。

有的人在进餐时常常会从嘴里发出声音,尤其是吃面条和喝汤的时候在国外吃饭需要讲究一定的礼仪,不能发出声音,而且也不能嘴里一边包着一口饭菜一边张嘴和别人交谈说话。

吃饭的时候坐姿也要比较端正一些,不要将手撑在桌上,或者把头低着挨着盘子吃。

贺卡寄真情

美国人没有什么送礼的习惯,大多数是在母亲节、感恩节或者圣诞节的时候亲朋好友之间相互交换或者送一些简单的礼品,不会送贵重的礼物,除非关系非同一般和特殊需要。

资料来源:https://www.163.com/dy/article/H0ALNABE0552ZHJR.html,2022-02-16.

（二）个人人生观的差异对礼仪的影响

1. 个人荣誉感与谦虚谨慎

西方人崇拜个人奋斗，尤其为个人取得的成就而自豪，从来不掩饰自己的自信心、荣誉感及在获得成就后的狂喜。而相反，中国文化却不主张炫耀个人荣誉，则提倡谦虚谨慎。一般来说，中国人大多反对或蔑视王婆卖瓜式的自吹自擂，然而中国式的自我谦虚或自我否定却常常使西方人大为不满。

案例

国际交往中切忌盲目谦虚

"谦虚谨慎"是我们的古训。说到谦虚，首先得说说赞美。赞美能使人的自尊心、荣誉感得到满足，让人感到愉悦、受到鼓舞，从而会对赞美者产生亲切感。

国际交往中不要盲目谦虚。

我们和外国人（指非东南亚受中华文化影响之外的）在对待赞美的态度上大不相同。我们中国人认为对待赞美，必须表现出谦虚，这样才是美德。习惯于委婉表达自己的情感，在得到赞美时又要表现出谦虚，即使内心接受也不能正面承认。

而外国人似乎不这么认为。他们一般不喜欢谦虚，而是习惯于大方、直接地表达自己的情感，无论是赞美他人还是被他人赞美。被赞美时习惯欣然接受并表示感谢，认为这样是在表明自己认为对方的赞扬是有诚意的，所赞扬的事是值得被肯定的，理应接受。这既是认可自己的能力，也是认可对方的眼光。对于我们中国人的谦虚，他们反而认为难以理解、无法接受，认为谦虚不是没能力就是不诚实。

外国人还常把赞美作为双方交谈的引子。赞美的内容主要有个人的外表、新买的东西、个人在某方面的出色表现等。通常称赞他人的外表时只称赞对方努力打扮的结果，而不是他人的天生丽质。

在对待赞美时的用词，中外也是有差异的。中国文化一向把谦虚视为美德，当一个人受到赞美或夸奖时，我们往往会否定对方的赞美之词，然后贬低自己一番以示自谦。往往说："不，我还差得远呢！"或说："不敢当！""我不行"之类的话。如"您的法语讲得很棒。"我们中国人此时的回答一般是："过奖了，马马虎虎吧。""菜做得真好吃""随便做的，做得不好，凑合着吃吧。"而外国人总是会高兴地回答"谢谢"以表接受。如"您日语讲得很好。"外国人的回答往往是："谢谢！""菜做得真好吃"外国人的回答往往是："很高兴你能喜欢！"很多外国人甚至把过谦视为自卑、无能。

总之，在国际交往中，我们中国式谦虚需要慎重，乱用不仅得不到良好交往效果，甚至会引起不必要的误会。所以，对于赞美或肯定，不妨欣然接受，并说声"谢谢"。

资料来源：http://blog.sina.com.cn/s/blog_d1a8e7680102z42h.html，2020-10-15。

2. 自我中心与无私奉献

西方人自我中心意识和独立意识很强,主要表现在自己为自己负责。在弱肉强食的社会,每个人生存方式及生存质量都取决于自己的能力,因此,每个人都必须自我奋斗,把个人利益放在第一位。西方人也不习惯关心他人、帮助他人,不过问他人的事情。正由于以上两点,主动帮助别人或接受别人帮助在西方往往就成为令人难堪的事。因为接受帮助只能证明自己无能,而主动帮助别人会被认为是干涉别人私事。

而中国人的行为准则是"我对他人、对社会是否有用",个人的价值是在奉献中体现出来的。中国文化推崇一种高尚的情操——无私奉献。在中国,主动关心别人,给人以无微不至的体贴是一种美德,因此,中国人不论别人的大事小事,家事私事都愿主动关心,而这在西方则会被视为"多管闲事"。

3. 个性自由与团结协作

西方人十分珍视个人自由,喜欢随心所欲,独往独行,不愿受限制。中国文化则更多地强调集体主义,主张个人利益服从集体利益,主张同甘共苦,团结合作,步调一致。

(三) 法制观念的不同对礼仪的影响

东方文化以儒家思想为代表,而儒家思想重义轻利。为了兄弟朋友的情义,可以网开一面,甚至不惜一切代价,其结果往往是行为过头,丧失了更多的应得利益。比如,中国人重人情,人情味浓厚。老话说,"血浓于水""亲不亲,故乡人,美不美,家乡水"。这些话所包含的意思是人情影响判断,人情重于道义。

而西方人则是倒过来的。西方人重法,不重人情。法在理前,理在情前。我们时常看到西方父子之间、夫妻之间、朋友之间上法庭打官司。有些事明明不合情不合理,但只要合法,吃亏者也只有自认倒霉,旁观者也只能容忍。但若有的事不合法,即使合情合理,西人也会争论不休,直到闹上法庭。

在情理法的中国,人情味浓厚,什么事都可以想想办法,托托人情,走走关系。这是一种自然保险系统,人们容易在艰苦的环境下渡过难关。因此在中国,人事关系极为重要,生活之中充满天伦之乐,但也容易产生不公正。在法理情的西方国家,人情似纸,相互之间可说是"鸡犬之声相闻,老死不相往来"。有什么矛盾,先讲理,后上法庭,简单明了。

(四) 社会习俗的不同对礼仪的影响

在东方文化中,男士往往备受尊重,这主要受封建礼制男尊女卑观念的影响。在现代社会,东方文化也主张男女平等,但在许多时候,男士的地位仍然较女士有优越性,女士仍有受歧视的现象。在欧美等西方国家,尊重妇女是其传统风俗,女士优先是西方国家交际中的原则之一。

在处理长幼关系时,以中国为代表的东方国家对待长者特别尊敬、孝敬。比如,在许多中国人看来,如果老人有子女,年老时子女把老人送到养老院或敬老院去生活,这就是不孝,过年过节儿女一般要和老人一起过。在中国农村一些地方,过年时,晚辈都要给长辈行跪拜礼。而在西方国家,由于崇尚自立,儿女成年后和父母间的来往则越来越少,致使许多老人时常感到孤独,晚年生活有一种凄凉感。

国别习俗

国内某家专门接待外国游客的旅行社,有一次准备在接待来华的意大利游客时送每人一件小礼品。于是,该旅行社订购制作了一批纯丝手帕,是杭州制作的,还是名厂名产,每个手帕上绣着花草图案,十分美观大方。手帕装在特制的纸盒内,盒上又有旅行社社徽,显得是很像样的小礼品。中国丝织品闻名于世,料想会受到客人的喜欢。

旅游接待人员带着盒装的纯丝手帕,到机场迎接来自意大利的游客。欢迎词热情、得体。在车上他代表旅行社赠送给每位游客两盒包装甚好的手帕,作为礼品。没想到车上一片哗然,议论纷纷,游客显出很不高兴的样子。特别是一位夫人,大声叫喊,表现极为气愤,还有些伤感。旅游接待人员心慌了,好心好意送人家礼物,不但得不到感谢,还出现这般景象。中国人总以为送礼人不怪,这些外国人为什么"怪"起来了?

案例解析:

在意大利和西方一些国家有这样的习俗,亲朋好友相聚一段时间告别时才送手帕,取意为"擦掉惜别的眼泪"。在本案例中,意大利游客兴冲冲地刚刚踏上盼望已久的中国大地,准备开始愉快的旅行,你就让人家"擦掉离别的眼泪",人家当然不高兴,就要议论纷纷。那位大声叫喊而又气愤的夫人,是因为她所得到的手帕上面还绣着菊花图案。菊花在中国是高雅的花卉,但在意大利则是祭奠亡灵的,人家怎不愤怒呢!本案例告诉我们,旅游接待与交际场合,要了解并尊重外国人的风俗习惯,这样做既对他们表示尊重,也不失礼节。

资料来源:https://wenku.baidu.com/view/c4c2b824d7bbfd0a79563c1ec5da50e2524dd1ba.html,2021-06-03.

(五)等级观念的差异对礼仪的影响

东方文化等级观念强烈。无论是在组织里,还是在家庭里,忽略等级、地位就是非礼。尽管传统礼制中的等级制度已被消除,但等级观念至今仍对东方文化产生影响。传统的君臣、父子等级观念在中国人的头脑中仍根深蒂固。

父亲在儿子的眼中、教师在学生的眼中有着绝对的权威,家庭背景在人的成长中仍起着相当重要的作用。另外,中国式的家庭结构比较复杂,传统的幸福家庭是四代同堂。在这样的家庭中,老人帮助照看小孩,儿孙们长大后赡养老人,家庭成员之间互相依赖,互相帮助,密切了亲情关系。

二、主要西方礼仪

(一)称谓礼仪

西方人的姓名前面是名后面是姓氏。在国际交往中,一般对男士称"Mr.",对女士则应视其结婚与否进行称呼,未婚的称"Miss",已婚的则应称"Mrs."。对那些在社会上较有地位的人如法官(judge)、教授(professor)、医生(doctor),高级政府官员如参议员(senator),军官如将军(general)、上尉(capital)和高级宗教人士如主教(bishop)等,可将其职业连同姓名一起称呼,如"Doctor Jack""Professor White",也可只称呼其职业名称,如"Mr. Judge""Mr. Lawyer"。

相比之下,美国人在人与人之间的交往上就比较随便。通常只招呼一声"Hello",哪怕是第一次见面,也不一定握手,还可直呼对方的名字以示亲热。但在正式场合下,人们就要讲究礼节了。握手是最普通的见面礼。值得注意的是,美国人从来不用行政职务如局长、经理、校长等头衔称呼别人。

外交称呼

对成年人可称先生、小姐、夫人、女士。在商务交往中,一般应称先生、小姐、女士不称呼交往对象的行政职务,不称夫人。在政务交往中,除一般称呼外,还可称其职务或对地位较高者称"阁下"。可以是职务+先生,职务+先生+阁下。对军界人士,可以其军衔相称。对宗教界人士,一般可称呼其神职。

对君主制国家的王公贵族,称呼上应尊重对方习惯。对国王、王后称"陛下",对王子、公主、亲王称"殿下",以封号、爵位相称"爵士、勋爵、公爵"。教授、法官、律师、医生、博士,可直接称呼。

国别差异:

(1) 英美等国的习惯,英语国家的姓名:名+姓。女子婚后称呼本名+夫姓。姓名前冠以"小"字表示沿用父名或父辈之名。一般交往应称其姓氏+先生(小姐、夫人、女士)。关系密切的,可直呼其名,不称其姓,而且不论辈分。

(2) 俄罗斯,称呼本名+父名+姓氏(已婚妇女用夫姓)。一般称呼用本名或姓氏,特意表示尊重用本名与父名,亲人、家人用爱称。

(3) 日本:书写时,将姓与名隔开一格,如"竹下 登"。

(二)介绍礼仪

在国际交往场合,如想结识朋友,一般应有第三者介绍。如当时不具备这种条件而你又确实想认识某人,你可走到他面前做自我介绍,但介绍完后不可先伸手,也不可问对方的名字。对方若不做自我介绍,你可道声谢离开,这在西方并不算失礼。

当介绍两人认识时,要先把男士介绍给女士,先把年轻的介绍给年长的,先把职位低的介绍给职位高的。同性之间,介绍完毕后应先伸手相握,可以说"很高兴认识你(Nice to meet you)"。不要说"久仰"或"希望以后常联系"之类的话。有些国家会将"联系"理解为要有求于他。

(三)交谈礼仪

与人交谈,莫问私事。在西方,人们的一切行为以个人为中心,个人利益是神圣不可侵犯的。人们日常交谈,不喜欢涉及个人私事。有些问题甚至是他们忌谈的,如询问年龄,婚姻状况,收入多少,宗教信仰,竞选中投谁的票等都是非常冒昧和失礼的。看到别人买来的东西,从不去问价钱。见到别人外出或回来,也不问"你从哪里来?"或"去哪儿啊"。

在我国,老年人受到尊敬,但在美国,却是"人老珠黄不值钱"。因此在美国,老年人绝不喜欢别人恭维他们的年龄。美国人还十分讲究"个人空间"。两人谈话时,不可太近,一般50厘米以外为宜。不得已与别人同坐一桌或紧挨别人坐时,最好打个招呼,问一声:"我可以坐在这儿吗?"得到别人允许后再坐下。

交谈礼仪

小刘是某旅游胜地的一家四星级酒店的前台接待员,对待工作热情负责,很受领导的赏识和一些宾客的好评。有一次,在接待两位回头客,——对意大利夫妇的服务工作中,如同对待老朋友那样,小刘随口问道:"你们去哪里玩了?"见对方有些迟疑,又问道:"你们逛了哪家商店?"看到对方有点不耐烦,还以为对方累了,于是又说:"你们明天想去哪里?我可以给你们提些建议……"话还未说完,那对意大利夫妇已转身离去了,小刘一脸茫然,不知自己错在哪里。

资料来源:https://wenku.baidu.com/view,2021-08-31.

(四)拜访礼仪

应邀去他人家中做客,务必要准时。不守时是失礼的。美国人办事讲求效率,重视有计划地安排自己每天的时间,绝不希望有人突然来访。因此要拜访他们,事前约会是必不可少的。

一般性拜访,可送小礼物,若赴家宴,可再丰厚些。礼物应交给女主人,并说"我希望你能喜欢"等客套话,不要说"小意思,不成敬意""东西不好,请笑纳"等中国人送礼时常爱讲的话。这类话会让外国人觉得你看不起他们。

一般说,美国人不随便送礼,但遇到节日、生日、婚礼或探视病人时,送礼还是免不了的。美国人最盛行在圣诞节互赠礼品。此外,美国人认为单数是吉利的,有时送3个梨也不感到菲薄,不同于中国人讲究成双成对。美国人收到礼物,一定会马上打开,当着送礼人的面欣赏或品尝礼物,并立即向送礼者道谢并表示喜欢。在外国人家中,不要对他们的摆设大加评论,也不要随意极力赞赏某件物品,那样会导致主人一定要将你极为赞赏的物品送给你。

(五)女士优先礼仪

尊重妇女,是欧美国家的传统习俗。在社交场合,男子要处处谦让女士。步行时,男士应该走在靠马路的一边。入座时,应先请女士坐下。上下电梯,应让女士走在前面。进门时,男士应把门打开,请女士先进。但是下车,下楼时,男士却应走在前边,以便照顾女士。进餐厅、影剧院时,男士应走在前边,为女士找好座位。进餐时,要请女士先点菜。同女士打招呼时,男士应起立,而女士则不必。男女握手时,男士应摘下手套,而女士则不必。女士东西掉了,男士不论是否认识她,都应帮她拾起来。

(六)小费礼仪

美国付小费的风气很盛行。一般说,当你得到别人的服务时就应付给小费。但是,并非在任何场合、对任何服务人员都要付小费。坐船或火车时应付小费,但长途汽车和飞机则不必。对搬运工应付小费,但存取行李时不必付服务员小费。在旅馆对帮你提行李或打扫房间的服务员应付小费,但对柜台上的服务员不必。

在餐馆时,对上菜上饭的服务员应付小费,但对领班服务员不必。乘车时,对出租车司机应付小费,但对公共汽车司机则不必。对理发师、美容师应付小费,但对售货员、自助洗衣店的服务员则不必。对警察、海关检查员、大使馆职员、政府机关职员等公务人员绝不可付小费。小费占总费用的15%左右,表示对服务满意。

(七)西方礼仪禁忌

与外国人初次交谈,不要谈疾病、死亡等不愉快的事,不要问女士的年龄,男士的收入,对方衣饰的价格。在正规场合不要穿休闲装、运动装,吃饭或娱乐,不要抢着买单,他们喜欢AA制,不要过于"自谦"。

复习思考

1. 简述商务礼仪的原则。
2. 以自己的亲身经历谈谈礼仪在生活中的作用。
3. 简述中西方礼仪的差异。

实践课堂

1. 请学生到各行业去实地观察其工作人员的言行举止,反馈信息并相互进行交流,对照各行业的礼仪标准,加深对各行业礼仪规范要求的了解。

2. 设置各行业的各种场合,如银行柜台、宾馆前台、商场柜台等,从表情、服饰、姿态、礼貌用语、热情接待服务等多面考察和训练,并分组互相点评、教师点评,纠正其不足之处并演示正确做法,以区别错误和不规范的做法,进一步感受行业气氛,熟悉其礼仪规范。

3. 中西方礼仪分组实训

(1) 准备阶段:将学生分成三组,即交际语言组、餐饮礼仪组、服饰礼仪组,并填写《小组成员及分工情况表》。

(2) 实施阶段:在教师指导、协助下,各小组根据活动计划,分组进行调查采访、对比分析、研究讨论、收集整理信息,然后写出研究心得或总结,制作手抄报。

(3) 展示阶段:交流分享,各组展示成果。

交际语言组:用小品表演的形式,展示中西方交际语言的差异。

餐饮礼仪组:用导游解说的形式,介绍中西方餐饮礼仪文化的差异。

服饰礼仪组:用T型秀的形式,展示中西方服饰文化的差异。

(4) 总结阶段:让学生进行自评和互评,最后老师进行总结评价。

扩展阅读 8-1　外国民俗的主要禁忌

第九章

形象举止礼仪

学习目标

1. 了解形象和服饰的重要性,知晓人员形象的基本原则;
2. 理解对仪容仪表的基本要求,掌握职业装的基本礼仪和配色要求;
3. 了解身体语言的作用,掌握标准站姿、坐姿、走姿及握手礼仪的要求。

技能要求

掌握服饰礼仪规范和原则,能按照人员形象中对仪容仪表、发型、配饰的要求提高个人良好的职业形象,学会运用举止礼仪的知识,练习标准站姿、坐姿、行姿和正确握手,保障社交和商务活动的顺利进行。

> **引导案例**

维护好个人形象

郑伟是一家大型企业的总经理。有一次,他获悉有一家著名的德国企业的董事长正在本市进行访问,并有寻求合作伙伴的意向。于是他想尽办法,请有关部门为双方牵线搭桥。

让郑总经理意想不到的是,对方也有兴趣同他的企业进行合作,而且希望尽快与他见面。到了双方会面的那一天,郑总经理对自己的形象刻意地进行一番修饰。他根据自己对时尚的理解,上穿夹克衫,下穿牛仔裤,头戴棒球帽,足蹬旅游鞋。无疑,他希望自己能给对方留下精明强干、时尚新潮的印象。然而事与愿违,郑总经理自我感觉良好的这一身时髦的"行头",却偏偏坏了他的大事。

案例解析:

根据惯例,在涉外交往中,每个人都必须时时刻刻注意维护自己的形象,特别是要注意自己正式场合留给初次见面的外国友人的第一形象。郑总经理与德方同行的第一次见面属国际交往中的正式场合,应穿西服或传统中山服,以示对德方的尊重。但他没有这样做,正如他的德方同行所认为的:此人着装随意,个人形象不合常规,给人的感觉是过于前卫,尚欠沉稳,与之合作之事再作他议。

资料来源:https://www.shangxueba.cn/6196989.html,2021-7-24。

第一节 仪容仪表礼仪

在个人形象中最直观和重要的就是个人的仪表和仪容,有一种现象叫"晕轮效应",即给别人的第一印象能直接影响对方的整体感受,个人形象中,前三秒的印象非常重要,主要印象的来源就是个人的仪容仪表。

一、仪表和仪容

1. 仪表

仪表是指人的外表,包括人的容貌、服饰、姿态和个人卫生等方面,它是一个人精神面貌的外在表现。仪表在人际交往的最初阶段是最能引起对方注意的,人们常说的"第一印象"大多来自一个人的仪表,仪表端庄穿戴整齐显得有教养,也更显得尊重别人。

行为学家迈克尔·阿盖尔曾做过这样的实验,一次他穿着西装以绅士模样出现在街上,与他相遇的陌生人,大多彬彬有礼,这些人看上去属上流社会,颇有教养。另一次,迈克尔装扮成无业游民,接近他的人以流浪汉居多,或是来借火或是来借钱。这个实践证明,仪表虽是人的外表,却是一种无声的语言,在人们初次交往时能给人以鲜明的印象。

注重仪表是讲究礼节、礼貌的表现,是对他人的一种尊重,同时又是一个人自尊自爱的表现。如果一个人衣冠不整、不修边幅,会被认为是作风拖沓、生活懒散、社会责任感不强,难以得到人们的信任。

2. 仪容

仪容,通常是指人的外观、外貌。其中的重点,则是指人的容貌。在人际交往中,每个人的仪容都会引起交往对象的特别关注,并将影响到对方对自己的整体评价。在个人的仪表问题之中,仪容是重点之中的重点。

仪容美的基本要素是貌美、发美、肌肤美,主要要求整洁干净。美好的仪容一定能让人感觉到其五官构成彼此和谐并富于表情;发质健康使其英俊潇洒、容光焕发,肌肤健美使其充满生命的活力,给人以健康自然、鲜明和谐、富有个性的深刻印象。每个人的仪容是天生的,长相如何不是至关重要的,关键是心灵的美丑。从心理学上讲每一个人都应该接纳自己,接纳别人。

案例

浓妆淡抹总相宜

王芳,某高校文秘专业高才生,毕业后就职于一家公司做文员。为适应工作需要,上班时,她毅然放弃了"清纯少女妆",化起了整洁、漂亮、端庄的"白领丽人妆":不脱色粉底液,修饰自然、稍带棱角的眉毛,与服装色系搭配的灰度高偏浅色的眼影,紧贴上睫毛根部描画的灰棕色眼线,黑色自然型睫毛,再加上自然的唇型和略显浓艳的唇色,虽化了妆,却好似没有化妆,整个妆容清爽自然,尽显自信、成熟、干练的气质。

但在公休日,她又给自己来了一个大变脸,化起了久违的"青春少女妆":粉蓝或粉绿、粉红、粉黄、粉白等颜色的眼影,彩色系列的睫毛膏和眼线,粉红或粉橘的腮红,自然系的唇彩或唇油,看上去娇嫩欲滴,鲜亮淡雅,整个身心都倍感轻松。

心情好,自然工作效率就高。一年来,王芳以自己得体的外在形象、勤奋的工作态度和骄人的业绩,赢得了公司同仁的好评。

俗话说:"穿衣打扮,各有所爱。"意思是自己喜欢穿什么样的衣服那是个人的事情,与别人没有关系。但是作为职场中的人来说,你的衣着却不仅仅是个人的事。因为,你的衣着要和你的职业身份相符合,身上所穿的衣服,不仅代表了自己的品位,还代表着单位的形象,代表着对别人的尊重。在社交场合,从某种意义上说,你的衣着就是一封无言的介绍信,向你的交往对象传递着各种信息,别人可以从你的衣着上看出你的品位、看出你的个性,甚至可以看出你的职业状况。著名影星索菲亚·罗兰就深有感触地说过:"你的服装往往表明你是哪一类人物,它们代表着你的个性。一个和你会面的人往往自觉不自觉地根据你的衣着来判断你的为人。"莎士比亚也说过:"服装往往可以表现人格。"因此,从这个意义上来说,服装就不仅仅具有蔽体、遮羞、挡风、防雨、抗暑、御寒的作用,它可以美化人体,扬长避短,展示个性,体现生活情趣,还具有反映社会分工,体现地位和身份差异的社会功用。

爱美是人的天性,尤其是女性。但衣着是极其讲究个性的,并不是漂亮的衣服就适合所有人。女性的穿着打扮应该灵活有弹性,学会选择适当的时候穿适合的衣服;搭配衣服、鞋子、发型、首饰、化妆,使之完美和谐,这才是美丽的关键。

整洁平整。服装并非一定要高档华贵,但须保持清洁,并熨烫平整,穿起来就能大方得体,显得精神焕发。整洁并不完全是为了自己,更是尊重他人的需要,是良好仪态的第一要领。

不同色彩会给人不同的感受,如深色或冷色调的服装让人产生视觉上的收缩感,显得庄重严肃;而浅色或暖色调的服装会有扩张感,使人显得轻松活泼。因此,可以根据不同需要进行选择和搭配。

配套齐全。除了主体衣服之外,鞋袜手套等的搭配也要多加考究。如袜子以透明近似肤色或与服装颜色协调为好,带有大花纹的袜子不登大雅之堂。正式、庄重的场合不宜穿凉鞋或靴子,黑色皮鞋是适用最广的,可以和任何服装相配。

饰物点缀。巧妙地佩戴饰品能够起到画龙点睛的作用,给女士们增添色彩。但是佩戴的饰品不宜过多,否则会分散对方的注意力。佩戴饰品时,应尽量选择同一色系。佩戴首饰最关键的,就是要与你的整体服饰搭配统一起来。

不同的工作性质,不同的单位,有着不同风格的衣着打扮,因此你要顺应主流,融合在其文化背景中,最好根据你的工作性质和特点选择装束。

资料来源:https://wenku.baidu.com/view/84694ac74028915f804dc25c.html,2021-09-18。

二、头部——仪容的重心

每个人的头发都是一种有生命的纤维质,在显微镜下观察,可以看到它的表面排列着无数的鳞片,科学家将其称为鳞状表层。鳞状表层可以吸收营养,但也很容易受伤。一般来说,健康的头发从外观和感觉上看,头发有很好的弹性、韧性和光泽,头发柔顺,易于梳理,不分叉,不打结,用手轻抚时有润滑的感觉,梳理时无静电,不容易折断。头发的保养要注意以下几点。

1. 洗发

洗发精一般略带微酸性者较佳,泡沫太多反而不好。洗发时,不应摩擦或抓揉头发,最好的方法是用边按摩头皮边清洗的方式进行洗发。清洗时双手要适度地移动,注意不要使洗发精残留在头发上。使用护发素后,应将多余的护发素用温水冲洗干净。洗完头发后,要用毛巾将头发上的水分轻柔地擦干净。最好是用温水,37℃～38℃是洗发最适当的水温。

2. 护发

当前,最好的护发方法是焗油,这是一种通过头发鳞状表层易于吸收的营养素来保养头发的某些物质,它们所含有的成分与头发中的角蛋白相似,可以在很短时间内渗入到毛发皮层,对头发起到营养和修复作用,其中的有效成分在头发表面迅速形成薄而透明的保护膜,增加头发的弹性、柔软性和保湿性,使头发看起来光亮照人,如丝缎一般,并易于梳理。若想拥有一头秀发,注意饮食起居是十分必要的。

一般来说,含有叶酸、泛酸、维生素 A、B1、B2、B6、B12、E 等成分的物质,能促进头发的生长。为此,平时要尽可能多吃一些含蛋白质、铁、钙、锌和镁的食物。鱼类、贝类、橄榄油和坚果类干果,也有改善头发组织、增强头发弹性和光泽的效能。

3. 发式

头发处在人的仪表最显著的部位,头发整洁、发式大方会给人留下神清气爽的印象,而头发脏乱、发式不整会给人以萎靡不振的感觉。因此,除了保持头发整洁以外,发式的选择十分重要。一个好的发式,能弥补头型、脸型的某些缺陷,使人显得神采奕奕,体现出内在的艺术修养和良好的精神状态。发式本身无所谓美丑,只要选择与自己的脸型、肤色、体型相匹配,与自己的气质、职业、身份、年龄相吻合的发式,就可以扬长避短,显现出真正的美。

三、面部——皮肤的保养

保养皮肤是保持青春、延缓皮肤衰老的重要手段,良好的保养可以改善皮肤质地,且是面部化妆的基础。每个人皮肤的属性不同,因此护理的要点有所区别。

1. 干性皮肤

干性皮肤,其生理特点是皮脂分泌少,缺乏自身保护功能。这种皮肤一般肤色较浅、干净、不冒油、毛孔细腻,但由于缺乏自然油脂的滋润,肤面显得干燥,缺少光泽,面部容易过早地出现皱纹。保养方法是加强对皮肤的防护,尽量减少刺激,避免曝晒、冷冻和热风的吹袭。洗脸不可过多,以早晚两次为宜。洁面用含脂肪多的香皂或洗面奶,护面用油脂较多的冷霜或香脂。

2. 油性皮肤

多见于年轻人,且男性较女性为多。这种皮肤一般肤色较深,毛孔粗大,内中藏有黑色污秽，外观粗糙，甚至有的人皮肤呈橘皮样病变。生理特点是皮脂腺发达，皮脂分泌旺盛，面部及头发油光发亮，自觉油腻不爽，常出现痤疮和面疱，很容易受到空气中不洁物质的污染。

护理关键是认真彻底地洗脸，每天用温水洗脸3～4次，洁面用中性或偏碱性的香皂，以利于清除过剩的皮脂和污垢。整理肌肤用收敛性化妆水，它可以控制皮脂腺的分泌，并可收缩扩大了的毛孔，使皮肤变得细腻。护肤用清爽的、含水量高的化妆品，避免用含油多的膏霜，以防堵塞毛孔。

3. 中性皮肤

也称正常皮肤，这种皮肤具有良好的生理功能，皮脂和汗液分泌通畅、适中，皮肤丰满而富有光泽，外观亮丽光艳，对环境的刺激具有一定的耐受性，是比较理想的皮肤。在护理中，主要是保护生理性皮脂膜，使它更好地发挥功能。

4. 混合性皮肤

即干性、油性同时存在于面部的一种皮肤，女性皮肤有80%属于此种类型，且多见于25～35岁的年轻人。油性区多分布于额部、鼻及鼻子周围和下巴，而在其他区域则表现为中性或干性皮肤。

四、面容——修饰化妆

面容是仪容中最重要的部分，也是仪容的重点，为了维护自我形象，有必要修饰面容。

（一）男士面容的基本要求

仪容整洁是对男性的总体要求，尽可能地使自己看起来整整齐齐，清爽干净。男士应养成每天修面剃须的良好习惯，要每天刮胡子，修剪鼻毛，清洁口腔，切忌胡子拉碴就去参加各种社交活动，尤其是外事活动，因为这是对他人不敬的行为。

（二）女士面容的基本要求

女士面容的美化主要是化妆，美容化妆是生活中的一门艺术，恰到好处的妆容，可以充分展示女性容貌上的优点。不同行业、不同层面的人，有不同的化妆风格，但从礼仪角度讲，社交妆宜淡不宜浓，宜雅不宜俗。

1. 眉毛

椭圆脸以标准眉型为首选，眉峰不宜过高，眉头可稍加强调，但不宜过浓，这样可使脸庞显得略宽而不失秀丽。长脸应选择水平眉，画法是静止的横向，以造成截断长脸的效果，从而达到增加脸的宽度的效果。

圆脸适合上升眉，眉腰至眉峰逐渐上挑，接近眉尾处慢慢细窄，并略向下弯，眉尾应稍高于眉头的水平线。这种眉型有拉长脸颊的效果，使人看起来比较瘦削。瓜子脸眉型应为自然的弧线形，眉峰宜略偏向内侧，特别注意粗细适中。三角脸眉型可选有角度的弧形，两眉头间适当拉开，眉峰的位置向外移，眉尾向鬓角延长。枣核脸眉型宜画成有特点的平圆形,宜加重眉头的分量,画眉头时在颜色和宽度上都应做适当的强调,将人们的视线吸引过来,而眉体应舒展柔和,这样有助于改善颧骨过于突出的印象。

2. 眼睛

眼睛是心灵的窗户。因此,眼睛在面试和商务场合时的作用是举足轻重的。为了使眼睛能动人而传神,应稍加修饰,但不能浓妆艳抹。眼睛小的,可以在眼睛四周轻轻地描上眼线,但不能描得太黑太深,不要露出修饰的痕迹。单眼皮者也未必一定要去拉双眼皮,有的单眼皮传达出的眼神更坦率、更亲切。如果有近视、斜视和眨眼之类的毛病,就有必要戴上一副眼镜。

3. 鼻子

如果灯光太亮,会使鼻子出油发亮,如果天气太热,鼻梁上也容易出汗,可以在鼻梁上略施淡粉。有粉刺鼻、酒糟鼻和鼻炎者,最好到医院诊治。平常鼻毛长的人,出门前要格外注意修剪,另外,鼻端上或眼角里不要留有污秽积物。

4. 嘴唇

嘴唇是脸部最富色彩,最生动,也是最吸引人的部分,所以无论如何要使嘴唇显得有润泽感。年轻女士宜用紫色口红,避免用大红或橙红,过于刺目的嘴唇会给人以血盆大口的印象,使人唯恐避之不及。唇线不可画得太深,那样会使嘴唇显得突出和虚假。

化妆美容能弥补个人容貌的一些缺陷。但想要长久地保持青春的光彩,充满朝气与活力则需要:适当参加户外体育锻炼,促进表皮细胞的繁殖;保持良好的心态与充足的睡眠,这样有助于面部皮肤的新陈代谢;注意合理饮食,从内部给予皮肤营养;坚持科学的面部护理,促进血液循环,以使面容红润。

第二节　服饰礼仪

服饰是一种文化,它反映着一个民族的文化水平和物质文明发展的程度。服饰具有极强的表现功能,在社交活动中,人们可以通过服饰来判断一个人的身份、地位、涵养;通过服饰可展示个体内心对美的追求、体现自我的审美感受;通过服饰可以增进一个人的仪表美、气质美,所以,服饰是人类的一种内在美和外在美的统一。

衣服的作用

地位:在许多社会中,拥有高地位的人会将某些特别的衣物或饰品保留给自己来使用。只有罗马皇帝可以穿戴染成紫红色（tyrian purple）的服装，只有高地位的夏威夷酋长可以穿戴羽毛大衣与鲸齿雕刻。在许多情况下，有些抑制浪费的法律体系会精细地管理谁可以穿什么衣物。在其他的一些社会中，没有法律会去禁止低地位者去穿戴高地位者的服装，然而那些服装的高价位很自然就限制了低地位者的购买与使用。在当代西方社会里，只有富人能够负担得起高级定制服装（haute couture）。

职业：军人、警察、消防队员通常会穿着制服，而许多企业中的员工也可能如此。中小学生经常会穿着学校制服，而大学生则穿着学院服装。宗教成员可能会穿着修道士服或道袍。有时候单是一件衣物或配件就能够传达出一个人的职业或阶级，如主厨头上所戴的高顶厨师帽。

道德、政治与宗教：在世界上许多地区中，民族服装与衣服风格代表了某个人隶属于某个村庄、地位、宗教等。一个苏格兰人会用格子花纹（tartan）来宣告他的家世；一个正统犹太人会用侧边发辫（sidelock）来宣告他的信仰；而一个法国乡村妇女会用她的帽子（cap or coif）来宣告她的村庄。

衣物也可以用来表现一个人对其文化规范与主流价值观的异议，以及个人的独立性。在19世纪的欧洲，艺术家与作家会过着波希米亚式的生活，并且刻意穿着某些衣物来震惊他人：乔治·桑（George Sand）穿着男性的服装、女性解放运动者穿着短灯笼裤（bloomers）、男性艺术家穿着丝绒马甲（waistcoat）戴着俗丽的领巾。波希米亚族、披头族（beatnik）、嬉皮士、哥德族、庞克族继续在20世纪的西方进行着反文化传统。近年来连高级定制服装都抄袭了街头时尚，这或许让街头时尚丧失了某些震惊他人的力量，然而它仍旧激励无数人试图把自己打扮得酷炫有型。

婚姻状态：印度女人一旦结了婚，会在发际间点上朱砂痣（sindoor），一旦守寡，她们就要抛弃朱砂痣与珠宝并且穿着朴素的白衣。西方世界的男女可能会戴上结婚戒指来表示他们的婚姻状态。

一、服饰穿戴原则

每个人在服饰打扮上的喜好不同，打扮方式不同，产生的效果也不同，因此也成就了五彩斑斓的服饰世界，但根据人们的审美观及审美心理，服饰穿戴是有一些基本的原则可循的。

（一）和谐得体原则

所谓和谐得体，是指人们的服饰必须与自己的年龄、形体、肤色、脸型相协调。只有充分地认识与考虑自身的具体条件，一切从实际出发来进行穿着打扮，才能真正达到扬长避短、美化自己的目的。

1. 年龄

年龄是人们成熟程度的标尺，也是选择服饰的重要"参照物"。不同年龄层次的人，只有穿着与其年龄相适应的服饰,才算得体。比如,十多岁的少女穿上合身的短裙或超短裙,可以充分展现自己的形体美和青春活力;但若中年以上的妇女也穿上短裙或超短裙,则就显得弄巧成拙,不伦不类了。

2. 形体

树无同形,人各有异。人们的体形千差万别,而且往往难以尽善尽美。但如掌握一些有关服装造型的知识,根据自己的身材选择服装,就能达到扬长避短、显美隐丑的效果。比如:身材富态的妇女就不能穿横条纹的服装,以避免产生体型增宽的视错觉;身材高而瘦的妇女如穿上竖条纹的服装,就越发显得"纤细"了。又如:身材短小的妇女,穿上颜色相同的服装,再配上相同颜色的帽子、围巾和鞋袜,可以产生整体加长的效果;反之,如果穿着对比过强的两种颜色的上衣和下装,会造成整体被分割的感受,使本来不高的身材显得更为矮小。

3. 肤色

人的肌肤颜色是与生俱来而难以改变的。人们选择服饰时,就应使服饰的颜色与自己的肤色相般配,以产生良好的着装效果。列夫·托尔斯泰在《安娜·卡列尼娜》这部名著中写到安娜有一次参加舞会时,穿一件黑色天鹅绒长袍,把她那洁白如玉的肌肤衬托得更为洁白。小说发表后,彼得堡的贵妇们竞相仿效,引发了一场时装新潮。

一般认为,面色偏黄的人适宜穿蓝色或浅蓝色上装,使偏黄的肤色衬托得洁白娇美,而不适合穿品蓝、群青、莲紫色上衣,否则会使皮肤显得更黄。肤色偏黑的人适宜穿浅色调、明亮些的衣服,如浅黄、浅粉、月白等色彩的衣服,这样可衬托出肤色的明亮感,而不宜穿深色服装,最好不要穿黑色服装。皮肤白皙者选择的颜色范围较广,但不宜穿近似于皮肤色彩的服装,而适宜穿颜色较深的服装。

4. 脸型

一般看一个人,总是习惯于自上而下去打量,所以面孔就成了人们视线最集中的部位。服饰审美的选择,首先考虑的就是如何有效地烘托和陪衬人的中心点——面孔,而最接近面孔的衣领造型就显得特别重要。领型适当,可以衬托面孔的匀称,给人以美感;反之,如果领型与面孔失调,则会有损于人的视觉形象。

比如:面孔小的人,就不宜穿着领口开得太大的无领衫,否则会使面孔显得更小。而面孔大的人,通常脖子也比较粗,所以领口不能开得太小,否则会给人以勒紧的感觉。这种人如果穿深V字型领的服装,使面部和脖子有一体感,效果会好得多。

自尊心被自己重重地伤了一回

说起穿衣礼仪,有一段至今让小芳无法忘记的尴尬经历,从某种程度上来讲甚至是一种屈辱。小芳刚进杂志社不久，领导安排小芳去采访一位民营企业的老总，女性。听说这是一个既能干又极有魅力的女性，对工作一丝不苟，对生活却是极其享受，最关键的是，即使再忙，她也不会忽视身边美好的东西，尤其对时尚非常敏感，对自己的衣着及其礼仪要求极高。这样的女性，会让很多人产生兴趣，还未见到她，仅仅是介绍，小芳已经开始崇拜她了，所以小芳非常高兴能由她来做这个专访。事先小芳做了大量的准备工作，采访纲要修改了多次，内心被莫名的激动驱使着。那几天，小芳始终处于兴奋状态。到了采访当天，穿什么衣服却让小芳犯愁。要面对这样一位重量级的人物，尤其是位时尚女性，当然不能太落伍了。

说实在的，小芳从来就不是个会打扮的女孩，因为工作和性格关系，平时穿衣都是怎么舒服、方便就怎么穿。时尚杂志倒也看，但也只是凑热闹而已。现在，还真不知道应该穿什么衣服才能让自己在这样一位女性面前显得更时尚些。后来，小芳在杂志上看到女孩穿吊带装，那清纯可人的形象打动了她，于是她迫不及待地开始模仿起来。那天采访，小芳穿了一件紧身小可爱，热裤（虽然小芳的腿看起来有点粗壮），打了个在家乡极其流行的发髻，兴冲冲地直奔采访目的地。当小芳站在该公司前台说明自己的身份和来意时，小芳明显看到了前台小姐那不屑的眼神。小芳再三说明身份，并拿出工作证来，她才勉强地带小芳进了老总的办公室。

眼前的这位女性，高挑的身材，优雅的举止，得体的穿着，让小芳怎么看怎么舒服。虽然小芳不是很精通衣着，但在这样的场合，面对这样的对象，小芳突然感觉自己的穿着就像个小丑，来时的兴奋和自信全没了。还好，因为采访纲要准备还算充分，整个采访过程还比较顺利。结束前，小芳问她，日常生活中，她是如何理解和诠释时尚、品位和魅力的。她告诉小芳，女人的品位和魅力是来自内心，没有内涵的女人，是散发不出个人魅力，也无法凸显品位的。而时尚不等同于名牌、昂贵和时髦，那是一种适合与得体。说完这话，她微笑地看着小芳。此时小芳的眼睛看到的只有眼前自己那两条粗壮的双腿，心里纳闷：这腿为什么会长得如此结实，做热裤的老板一定很赚钱，因为太省布料了……小芳感觉自己无法正视她，采访一结束，小芳逃似地奔离了她的办公室。

资料来源：https://wenku.baidu.com/view/84694ac74028915f804dc25c.html，2012-03-28.

（二）"TPO"原则

"TPO"是时间(time)、地点(place)与场合(occasion)这三个词的英文单词第一个字母的组合。"TPO"原则要求人们着装时要充分考虑以下因素：穿着服装的时间、节令(T)；到什么地方去，即地点(P)；是什么场合，干什么事(O)等。人们要综合考虑这三个因素，力求使自己的服饰适时适地，整体协调，美观大方。

1. 时间

时间的含义有三层：一是指每日的早上、日间和晚上三段时间，相应的服装也分为晨装、日装和晚装;二是要考虑春、夏、秋、冬四个季节的变化对着装的影响。比如,夏天的服饰就应以简洁、凉爽、大方为前提,而冬季的服饰就应以保暖、轻快、简洁为原则;三是要注意时代间的差异,即服饰要顺应时代的潮流,既不能泥古不化,也不要刻意猎奇,过于超前。

2. 地点

这里的"地点"是指露面的具体场所,如工作地点、购物中心、旅游景点、自己家中等。不同的地点需要与之相协调的不同服饰。比如,上班应穿西服或职业装,外出旅游可着休闲服,居家则着便装。如果女教师穿着无领无袖的服装上台讲课未免有失庄重;饭店宾馆的服务小姐打扮得花枝招展去上班,就会喧宾夺主,给顾客造成不必要的心理压力。

3. 场合

着装还要考虑到场合,即在什么场合,人们意欲通过自己的穿着打扮给别人留下何种印象。比如,应试、应聘时,最好穿西服或套装,着装颜色要素雅一些,如深蓝色、深灰色等都可以,表现出庄重、整洁的样子,使人看上去产生成熟、干练、稳重、利落的印象。若选择过于花哨甚至性感的服装,会使他人对这个人的敬业精神和生活态度产生怀疑,可能会令其因着装的不适而痛失"良机"。

案例

失败的面试着装

某公司招聘文秘人员,由于待遇优厚,应聘者很多。中文系毕业的小张同学前往面试,她的背景材料可能是最棒的:大学四年,在各类刊物上发表了3万字的作品,内容有小说、诗歌、散文、评论、政论等,还为六家公司策划过周年庆典,一口英语表达也极为流利,书法也堪称佳作。

小张五官端正,身材高挑、匀称。面试时,招聘者拿着她的材料等她进来。小张穿着迷你裙,露出藕段似的大腿,上身是露脐装,涂着鲜红的唇膏,轻盈地走到一位考官面前,不请自坐,随后跷起了二郎腿,笑眯眯地等着问话,孰料,三位招聘者互相交换了一下眼色,主考官说:"张小姐,请回去等通知吧。"她喜形于色,说:"好!"挎起小包飞跑出门。最终,小张同学也没有等到通知。

案例解析:

小张的着装、仪容仪表、举止、谈吐等不符合面试应遵守的礼仪。例如,穿着迷你裙,露出藕段似的大腿,上身是露脐装,涂着鲜红的唇膏,不请自坐,随后跷起了二郎腿。参加面试时,务必要精心准备,认真对待,要有整洁的仪容,庄重的仪表,正规的着装。

资料来源:http://www.docin.com/p-1415481737.html.

(三)个性原则

个性原则是指社交场合树立个人形象的要求。不同的人由于年龄、性格、职业、文化素养等各方面的不同,自然就会形成各自不同的气质。因此我们在选择服装进行服饰打扮时,不仅要符合个人的气质,还要凸显出自己美好气质的一面。为此,必须深入了解自我,正确认识自我,选择自己合适的服饰,让服饰尽显自己的风采。

要使打扮富有个性,还要注意:首先不要盲目追赶时髦,因为最时髦的东西往往是最没有生命力的。其次要穿出自己的个性,不要盲目模仿别人,如看人家穿水桶裤好看,就马上跟风,而不考虑自己的综合因素。

二、女士服饰礼仪

(一)女士职业装的穿着艺术

所谓的职业女装,是指公司、企业的女性从业人员,即办公室工作人员,也就是所谓的白领,在其工作场合所穿着的正式的服装,是一种职业女性的最正规的商务着装或工作装。作为商界女性,在职业装的穿着方面有很多的讲究。穿职业装要区分场合,不同场合有不同的穿着要求。

1. 工作场合

工作场合着装要求庄重保守,最好穿套装或套裙。如果天气比较热,可选择长裙、长袖,至少是有袖的服装,以体现自己比较端庄稳重的一面,牛仔裤、旅游鞋、健美裤之类的不要在工作场合穿。

2. 社交场合

社交场合是指宴会、舞会、音乐会,在这种场合,如果穿着很正式的制服,会破坏整体气氛。在社交场合,穿着应追求时尚个性,与众不同,标新立异,这是强调着装个性的时候,而工作时则强调着装的共性。

3. 休闲场合

休闲场合是指像逛街、锻炼身体、游玩等与工作无关的时间所属的场合。这时候,着装强调舒适自然,只要不违背伦理道德,不影响个人安全即可以随便穿。

总之,商界女性的着装,在工作场合一定要注意保守庄重,避免过分前卫、与众不同的穿法。

(二)女士如何选择套裙

套裙分为两种基本类型。一是随意型,用女士西装上衣和任何一条裙子进行的自由搭配组合而成;二是成套型,由女士西装上衣和裙子成套设计制作而成。选择套裙时需要注意以下几个问题。

1. 面料

套裙所选面料最好是纯天然质地且质量上乘的面料,上衣、裙子及背心等应选用同一种面料。套裙的面料在外观上要匀称、平整、滑润、光洁、丰厚、柔软、悬垂、挺括,不仅弹性、手感要好,而且应当不起皱、不起毛、不起球。

2. 款式

从总体来讲,套裙的款式大致上可以分为 H 型、X 型、A 型和 Y 型四种。

H 型造型套裙上衣较为宽松,裙子多为筒式。这种套裙的上衣与下裙给人浑然一体的感觉,既可以让着装者显得优雅、含蓄、帅气,也可以为身材肥胖者扬长避短。

X 型造型套裙上衣多为紧身式,裙子则大多是喇叭式。这种套裙多用上宽下松的设计突出着装者的纤细腰部,它的轮廓清晰生动,能让着装者看上去婀娜多姿、楚楚动人。

A 型造型套裙上衣为紧身式,裙子则为宽松式。此种上紧下松的造型,既能体现着装者上半身的身材优势,又能适当地遮掩其下半身的劣势,它在总体造型上显得松紧有致、富于变化和动感。

Y 型造型套裙上衣为松身式,裙子多为紧身式,并且以筒式为主。这种套裙的基本造型是上松下紧,它能遮掩着装者上半身的短处,也能展示其下半身的长处。此种造型往往会令着装者看上去亭亭玉立、端庄大方。

3. 色彩

在色彩上,套裙应当以冷色调为主,借以体现着装者的典雅、端庄与稳重。标准的套裙色彩不仅要考虑着装者的肤色、形体、年龄与性格,还要与着装者从事活动的具体环境协调一致。深色,蓝、灰、棕、黑、炭黑、烟灰、雪青等冷色,是商务女士套装色彩的最佳选择。

套裙的色彩有时可以不受单一色彩的限制,上衣和裙子可以是一色,也可以采用上浅下深或上深下浅的两种不相同的色彩。有时,即使上衣裙子是同一色的,也可以采用不同颜色的衬衫、领花、丝巾等来加以点缀,以避免套裙的呆板。需要注意的是,一套套裙的颜色最多不要超过两种,否则会给人一种杂乱无章的感觉。

中西文化中的颜色差异

不同文化的人对颜色的认识尽管有相似之处,但他们对各种颜色的感觉有可能不同,甚至截然相反,其原因在于不同国家所处的地理位置、历史文化背景和风俗习惯不同。例如,蓝色在英语国家有忧郁的含义,美国有"蓝色星期一"(blue Monday),指心情不好的星期一。blue sky 在英语中意思是"没有价值",所以,把"蓝天"牌台灯翻译成 blue sky lamp,意思便是"没有用的台灯",这样的台灯怎能销得出去呢? 另外,埃及人和比利时人视蓝色为倒霉的颜色。

蓝色在中国人心中一般不会引起"忧郁"或"倒霉"的联想。尽管如此,世界知名品牌"蓝鸟"汽车并不是"伤心的鸟"的汽车,否则怎么会用 Blue Bird 作为汽车商标呢? blue bird 是产于北美的蓝色鸣鸟,其文化含义是"幸福",所以,英语国家的人驾驶 Blue Bird 牌的汽车,心中的文化取向是"幸福"。但是,驾驶 Blue Bird 牌汽车的中国人恐怕不知道身在"福"中,而只感到驾驶世界名牌汽车是一种身价的体现和财富的象征。英语国家视"红色"为残暴、不吉利,红色意味着流血。

在中国红色预示着喜庆,中国人结婚习惯穿红色衣服。经商时,商人希望"开门红"。经营赚钱了,大家都来分"红利"。某员工工作出色,老板发给他"红包"。美国人一般不喜欢紫色;法国人不喜欢墨绿色却偏爱蓝色。在马来西亚,绿色被认为与疾病有关。巴西人忌讳棕黄色。西方人视白色为纯洁、美好的象征,在中国白色有不吉祥的文化含义。在西方文化中,人们可能将绿色和"缺少经验"联系起来,而在中国绿色代表春天,象征春天和希望。

4. 图案

商务女士在选择套裙时,讲究的应是朴素与简洁。商务女士在正式场合穿着的套裙,应不带有任何图案。如果出于个人喜好,则可选择以各种或大或小的圆点、或明或暗的条纹、或宽或窄的格子为主要图案的套裙,不应选择以符号、文字、花卉、宠物、人物为主体图案的套裙。

5. 尺寸

一般来说,套裙的上衣与裙子的长短并没有具体界定。传统的观点是裙短则不雅,裙长则无神。最为理想裙子的下摆正好抵达着装者小腿肚子上最为丰满之处。商务女士在选择时,主要考虑的是个人偏好、身材特点及流行时尚,但选择时尽量上衣不宜过长,下裙不宜过短。套裙中的超短裙,裙长应不高于膝盖15厘米。

(三)女士如何佩戴饰物

饰物的选择要以服装为依据,要与服装整体风格保持一致,饰物应简单大方,更容易达到一种完整性、和谐性。饰物的佩戴应点到为止,恰到好处;应扬长避短,显优藏拙;应突出个性,不盲目模仿。

1. 戒指

戒指又称指环,是手指的装饰品。国际上较为通行的佩戴规范是把戒指戴在左手上,拇指不戴戒指。作为特定信念的传递物,戒指的不同戴法,表达其不同的约定含义。戴在食指上,表示无偶求爱;戴在中指上,表示已经恋爱;戴在无名指上,表示订婚或结婚;戴在小指上则表示独身。

首饰佩戴不当引起的误会

李丽中专毕业被分配到某公司做文秘工作不久,一次在接待客户时,领导让她照顾一位华侨女士。临分别时,华侨对小李的热情和周到的服务非常满意,留下名片,并认真地说:"谢谢！欢迎你到我公司来做客,请代我向你的先生问好。"小李愣住了,因为她根本没有男朋友。可是,那位华侨也没有错,她之所以这么说,是因为看见小李的左手无名指上戴有一枚戒指。

案例解析:

首饰佩戴得体可以提升女士的魅力,但如果戴得过多,并且不注意与服装的合理搭配,及与自身气质的协调,就难起到提升着装效果的作用。而一些表示婚姻状况的首饰,如果戴错,或多戴,不但会引起误会,还会让人感到炫耀、庸俗,没有品位。

资料来源:https://www.docin.com/p-2930489421.html,2021-12-31.

2. 项链

佩戴项链时,要注意与自己的年龄、头型、脖颈相协调。脸长脖细的女性,可选择一条短小而圆浑的项链,从而使脸型变宽,增加美观效果；圆脸型、脖子粗短的女性,宜佩戴略长一点而颗粒小的项链,从而产生拉长脸部的视错觉,以弥补颈项之不足。

3. 耳环

佩戴耳环应讲究其对称性,即每只耳朵上佩戴一只耳环,而不宜在一只耳朵上佩戴多只耳环。佩戴耳环还应兼顾脸型,脸型和耳环的形状要成反比,即"反其道而行之"。圆润脸庞不宜戴又圆又大的耳环,适宜选用链式耳环或耳坠；方脸型宜选用小耳环或耳坠,不宜戴过于宽大的耳环；长脸型的人宜选用宽宽大大的耳环,不宜戴长而下垂的耳环；而瘦小脸型的人,则适宜戴大而圆的耳环,或珠式耳环。

4. 手镯和手链

一般情况下,手镯可以戴一只,也可同时戴上两只。戴一只时通常戴在左手上,戴两只时可一只手戴一只,也可同时戴在左手上。男士一般不戴手镯,手链男女均可佩戴,但仅限戴一条且戴于左手。一只手上同时戴两条手链,双手同时戴手链,手镯手链同时佩戴,都是不适宜的。另外,手表与手镯、手链也不能同时戴在一只手上。

5. 胸针

胸针指人们佩戴在胸前的装饰品,多为女士所用,主要用于宴会、招待会、开业典礼等场合。胸针应该戴在第一、第二两粒扣中间平行的位置上,一般戴在左侧。如果是无领的服装,或是向左偏的发型,胸针也可戴在右侧。另外,钻石胸针属于女性晚间的装饰首饰,不能白天佩戴。

三、男士服饰礼仪

西装是一种国际性服装,是世界公认的男士正统服装,在商务场合穿着广泛。西服七分在做,三分在穿。穿着西服有一整套严格的礼节。

(一)男士西装的穿着要领

1. 穿西装的要领

(1) 熨烫平整

线条笔直、熨烫平整挺括的西装穿在身上显得美观而大方,而脏兮兮、皱巴巴、美感尽失的西装穿在身上定会"惨不忍睹"。所以要使西装穿在身上美观,除了定期对西装进行干洗外,还要在每次正式穿着之前,对其进行认真的熨烫,使其平整。要使西装平整还要做到细心呵护。

(2) 拆掉商标

在西装上衣左边袖子的袖口处,通常会缝有一块商标,有人误认为袖子上有此一横是名牌的标志。其实,西装穿了很久商标依旧没有拆掉,定会见笑于人,有特意以此招摇过市之嫌。所以,在正式穿西装之前,一定要将商标先行拆掉。

(3) 系好纽扣

穿西装时,上衣纽扣的系法尤为讲究。西装有单排扣和双排扣之别,其系法也有不同的要求。双排扣西装是不能敞开怀的,无论站起来还是坐下,其纽扣都应系上。而穿单排扣西装的要求是站起来时系好,以示郑重;坐下来之后则要解开,以防西装扭曲走样。单排扣西装又有一粒扣、两粒扣、三粒扣,甚至四粒扣的区别。

(4) 少装东西

通常,西装上的口袋都有着各不相同的作用。上衣左侧的外胸袋除可以插入一块用以装饰的真丝毛帕外,不应再放其他任何东西。而钢笔、钱夹或名片夹等可以放在内侧的胸袋,但不要放过大过厚的东西或无用之物。外侧下方的两只口袋,原则上以不放任何东西为佳。总而言之,西装的口袋应该尽量少装东西,这样可以保证西装在外观上平整、不走样。

2. 穿西装的"三个三"

西装穿着要讲究"三个三",即三色原则、三一定律、三大禁忌。

(1) 三色原则是指男士在正式场合穿着西装时,全身颜色不能多于三色。

(2) 三一定律是指男士穿着西装外出时,身上有三个部位的颜色必须协调统一,即鞋子、腰带、公文包的色彩必须统一起来。鞋子、腰带、公文包皆为黑色是最理想的选择。

(3) 三大禁忌是指在正式场合穿着西装时,袖口上的商标未拆,穿着夹克打领带,袜子出现了问题。

(二)衬衫与西装的搭配艺术

衬衫应该是所有男士衣橱里最不可缺少的基础单品,衬衫看起来很简单,但是事实上却能在无形中体现男人的品质。

在正式场合,衬衫要配西装外套。穿长袖衬衫可以打领带,而穿短袖衬衫则一般最好不要打领带。值得注意的是,一出门,不管外面是刮风下雨还是酷热,一定要穿外套,因为长袖衬衫只限于室内活动。男士在穿衬衫时,不要将衬衫下摆露在外面,也不可随便塞在裤腰里,要把下摆均匀地掖到裤腰里。穿衬衫时,袖子不可以挽起来。一般情况下,衬衫袖子要长于西装袖子,最好在西装袖子外面露出1~3厘米。

一般而言,衬衫领应高出西装领1厘米左右。衬衫的纽扣系法有讲究。在打领带的情况下,所有纽扣都应扣好,只有在不打领带时,才能解开衬衫的领口纽扣。西服衬衫一定要大小合身,不能短小紧身,也不能过分宽松肥大。衬衫的衣领和胸围要松紧适度,下摆不能过短。

(三) 男士佩戴领带的艺术

1. 领带的选择

在条件允许范围内,应尽量选择真丝或者羊毛制成的领带。其次是工艺较好的棉、麻制成的领带。而以皮、革、绒、塑料等物制成的领带,在商务活动中均不宜佩戴。

2. 质量

一条好的领带,必须具有良好的质量。质量好的领带主要特征为:外形平整、美观,无疵点、无跳丝、无线头,衬里为毛料,不变形,悬垂挺括,质地厚重。

3. 颜色

在商务活动中,灰色、蓝色、黑色、棕色、紫红色等单色领带都是十分理想的选择。紫红色显得比较喜庆,而灰色、蓝色显得比较庄重。商界男士在正式的场合,应尽量少打艳色或浅颜色的领带。另外,领带的选配应与个人的年龄、爱好及西装的颜色和谐一致。

4. 图案

在商务活动中,应尽量选择单色无图案的领带,或者是以圆点、方格、条纹等规则的几何图形为主要图案的领带。若选择条纹领带,应尽量选择斜纹、纵纹、横纹等,其中斜花纹使用者较多。

5. 款式

领带的款式有箭头和平头之别。箭头领带就是领带的顶端有一个三角形的箭头,属于正装领带;平头领带就是领带的下端是平的,适应于非正式场合。另外,领带还有宽窄之分。进行选择时,应注意使领带的宽度与自己身体的宽度成正比,不宜反差过大。

6. 佩饰

领带佩饰的基本作用是固定领带,其次是装饰。常见的领带佩饰有领带夹、领带针和领带棒,但一次只能选用一种,切不可同时登场。选择领带佩饰时,应多考虑金属质地的制品,并以素色为佳,形状和图案要求简洁大方。

(四) 鞋袜和西装的搭配艺术

在配西装时,鞋子和袜子也要注意。对商界男士来说,鞋袜在正式场合也被视作"足部的正装",所以,鞋袜的穿着要和西装相协调,要遵守相关的礼仪规范。

1. 鞋子的选择

(1) 面料

选择与西装相配的鞋子,只能是皮鞋,不能穿凉鞋,更不能穿拖鞋。与西装相配的皮鞋,应当是真皮制品而非仿皮制品。一般而言,牛皮鞋和西装最为般配,羊皮鞋和猪皮鞋则不甚合适。

(2) 颜色

商界男士在正式场合所穿的皮鞋,应当没有任何图案、装饰,按照惯例应为深色、单色。正装皮鞋的颜色一般要选黑色,黑色鞋被认为是万能鞋,它能配任何一种深颜色的西装。休闲场合可以选择跟裤子同样颜色的皮鞋。

(3) 款式

皮鞋通常有时装皮鞋、休闲皮鞋和正装皮鞋的分法。一般正装皮鞋都是光面的,三接头的,系带式的皮鞋。商界男士的皮鞋款式,理当庄重而正统。根据这一要求,系带皮鞋是最佳的选择,船形皮鞋、盖式皮鞋、拉锁皮鞋等各类无带的皮鞋,都不符合这一要求。再者,厚底皮鞋、高跟皮鞋或坡跟皮鞋,若穿在正式场合中只会显得不伦不类。

2. 袜子的选择

要首选黑色的纯棉袜子。袜子与西装的搭配不能忽视。通常,深色的袜子可以搭配深色的西装,也可以配浅色的西装。浅色的袜子能配浅色的西装,但不宜配深色西装。切勿用白色袜子配西装。无论什么场合,一定要穿成双的袜子。千万不要把原非一双的袜子随意穿在一起,尤其是色彩和图案有差异时,更是贻笑大方。袜子务必要一天一换、洗涤干净,以防止产生异味而令自己难堪,令他人难忍。穿袜之前,一定要检查有无破洞,有无跳丝。如果有,定要及时更换。

(五) 男士如何佩戴饰物

在商务活动中,男士的饰物应少而精致。男士的饰品都有什么呢?首先,是手表;其次,男士的公文包也很有讲究。除此之外,如钱夹、领带夹、装饰性袖扣、名片夹等,都是比较讲究的饰品。

1. 男士的手表

商务男士在社交场合佩戴手表,通常意味着时间观念强,作风严谨;而不戴手表,动辄向他人询问时间的人,则总会令人嗤之以鼻。在正式场合,商务男士所戴的手表往往体现其地位、身份和财富状况。

在重要的场合穿西装时,要佩戴正装手表。正装手表一般是机械表,在款式上比较庄重,而不是电子表。要避免戴时装表、大碗表之类的手表。在颜色上,一般宜选择单色手表或双色手表,不应该选择三色或三种颜色以上的手表。不论是单色手表还是双色手表,其色彩都要高贵典雅、清晰。金色表、银色表、黑色表,即表壳、表带带有金色、银色、黑色的手表,是最理想的选择。另外,表的品牌要尽量与自己的社交地位、收入及身份相吻合。

2. 公文包

公文包被称为商务男士的"移动式办公桌",是其外出之际不可离身之物。商务男士所选择的公文包,有很多特定的讲究。手提式的公文包是最标准的公文包。一般要使用真皮的公文包,以牛皮、羊皮制品为最佳。色彩以深色、单色为好,一般情况下,黑色、棕色的公文包,是最正统的选择。除商标之外,商务男士所用的公文包在外表上不宜带任何图案、文字,否则有失自己的身份。

3. 皮夹和名片夹

对于商务男士来说,皮夹是重要的随身物品。皮夹一般有皮制的和人造革的两种。如果经济实力允许的话,可以购买好的皮料、好的品牌。颜色上,深咖啡色和黑色含有华贵之感,是最理想的选择。名片夹是用来装自己的名片或他人给予的名片的,以皮制的最好,金属的次之。

4. 装饰性袖扣

所谓的装饰性袖扣,是在法式衬衫袖口用的。装饰性袖扣一般都是贵金属材质,纯金、白银甚至白金之类的,价格不菲。一般在正式的场合才戴。如果有可能,建议你用装饰性袖扣;如果你是董事长、总经理的话,你最好用装饰性袖扣。

5. 领带夹

在正式场合中,领带夹是可用可不用的饰物。专业的说法,用领带夹的人往往是有特殊身份的人,一种是穿制服的人,一种是大人物。一般人是可以不用的。用领带夹也是有讲究的,夹领带夹的标准位置是领带打好之后的黄金分割点,也就是领带的三分之二处。

第三节 仪态举止礼仪

公共关系人员在交际中要充分利用体态语言,举止落落大方,姿态合乎规范,充分展示一个人的精神力量和仪表风度美,使交际对象有一种美的感受,创造和谐的气氛,达到思想和审美共鸣的境界。

一、标准站姿

优美的站姿是培养身体语言的起点,是培养动态美的基础,站立时保持端正的姿势,优雅的神态和怡然的表情,会给人一种挺拔健美、精力充沛和积极向上的印象。

站姿的感觉

充满信心、乐观豁达、积极向上的人，站立时总是背脊挺得笔直。

缺乏自信，消极悲观，甘居下游的人站立时往往弯腰曲背。

自觉的并肩站立是一种关系友好，有共同语言的表现。

双腿分开，一手叉腰，一手摸下巴或拿着什么是一种无所畏惧、不急于求成的姿态。

双腿分开，一手叉腰，一手摸着下巴低头看对方脚则表现了一种深思、为难的姿态。

（一）男士标准站姿

1. 男士标准站姿要求

根据标准站姿的要求，男性站立时，身体要立直，挺胸抬头、下颌微收、双目平视、两膝并严、脚跟靠紧，脚掌分开呈V字形。挺髋立腰、吸腹收臀、双手置于身体两侧自然下垂，从头到脚成一条线；或者两脚微分，但不能超过肩宽。这样站使男士如挺拔的青松，显得刚毅端庄，精神饱满。具体如下。

(1) 头正，双目平视，嘴角微闭，下颌微收，面部平和自然。

(2) 双肩放松，稍向下沉，身体有向上的感觉，呼吸自然。

(3) 躯干挺直，收腹，挺胸，立腰。

(4) 双臂放松，自然下垂于体侧，手指自然弯曲。

(5) 双腿并拢立直，两脚跟靠紧，脚尖分开成45～60度，双脚可分开但不能超过肩宽。

2. 男士站姿礼仪

在站着进行交谈时，如果空着手，则可双手在体前交叉，右手放在左手上。若手上拎着皮包，则可利用皮包摆出优美的姿势。同时还要注意，不要双臂交叉，更不能两手叉腰，或将手插在裤袋里或下意识地做小动作，如摆弄打火机、香烟盒等。当与外宾交谈时，要面向对方站立，且保持一定的距离，太远或过近都是不礼貌的。站立的姿势要正，可以稍弯腰，但切忌身体歪斜，两腿分开的距离过大，或倚墙靠柱、手扶椅背等不雅与失礼的姿态。

在向长辈、朋友、同事问候或做介绍时，不论握手或鞠躬，双足应当并立，相距10厘米左右，且膝盖要挺直。在穿礼服时，最好不要双脚并列，要让两脚之间前后距离5厘米，以其中一只脚为重心。

在等车或等人时，两脚的位置可一前一后，保持45度，这时的肌肉要放松且自然，但仍要保持身体的挺直。

（二）女士标准站姿

女性的标准站姿是全身直立，双腿并拢，双脚微分，双手贴放在腹前，抬头、挺胸、收腹、目视前方。这种站姿会使女士在站立时优雅动人。

1. 女士标准站姿要求

（1）双脚

双脚的脚跟应靠拢在一起，两脚的脚尖应距离10厘米左右，其张角为45度，呈"V"型。两只脚还可以一前一后，前一只脚的脚跟轻轻靠近后一只脚的脚弓，将重心集中于后一只脚上，呈"丁"字步，切勿两脚分开，甚至平行状，也不要将重心分配在两只脚上。

（2）双膝

在正式场合双膝应挺直，而在非正式场合则伸在前面的那一条腿的膝部可以略微弯曲，以作"稍息"。但是不论处于哪一种场合，双膝都应有意识地靠拢。这样才能确保双腿自上而下的全方位并拢，并使髋骨自然上提，避免双腿"分裂"、臀部撅起等极不雅观的姿势。

（3）双手

双手站立时若非拎包、持物，则最好是将右手搭在左手上，然后贴在腹部，同时应当注意放松双肩，使双肩自然下垂，不要耸肩、斜肩或是弯臂、端肩。在非正式场合双手自然下垂贴放在身体两则未必不可，但在正式场合这样就毫无美感而言了。不要把手插在口袋或袖子里，也不要双手相握，背在身后。前一种做法显得自由散漫，后一种做法则看起来老态龙钟。

（4）胸部

胸部在站立时应略向前方挺出，同时注意收紧腹肌，并挺直后背，使整个身体的重心集中于双腿中间，不偏不斜。这样不仅看起来精神振奋，线条优美，而且也不会出现凹胸、挺腹、弓背等难看的姿势。

（5）下颌

下颌要微内收，脖颈要挺直，双目要平视前方，以便使自己显得自然放松。不要羞于抬头正视于人，好像做了"亏心事"一样；也不要下颌高扬，用鼻孔"看人"，给人以目空一切之感。此外，还要避免探脖的恶习。

2. 女士站姿礼仪

正式场合的站立，一般采用立正的姿势或丁字步，这时丁字步的重心不一定要放在前面的左脚上，可以同时放在左右腿上，右手握住左手手背，垂放于腹部并稍微上提。向人问候或做介绍时，无论握手或鞠躬，双脚应当并立，相距10厘米，膝盖要挺直；等车或等人时，两脚的位置可一前一后，保持45度，身体要挺直。

穿礼服或旗袍时，双脚之间前后相距约5厘米，以一只脚为重心，不可双脚并立。工作期间，带文件时，应把文件放在身侧，双手轻抚；如双手拿文件时应将文件放在身体一边，用双手轻抚；没有文件时，右手轻轻叠放在左手手背上，双手轻靠在腰下，眼光平和地注视对象或正前方，略含微笑，给人优美亲切的感觉。

3. 女士站姿禁忌

女士在站立时，切忌双脚叉开，交叠或呈内外八字；脚不可在地上不停地画弧线；姿势不要常常变更，也不要东倒西歪地将身体倚在其他物体上；不要弓腰驼背或挺腹后仰，也不要与别人勾肩搭背地站着；两手不要插在裤袋里或叉在腰间，也不要抱臂于胸前。

要拥有优美的站姿，就必须养成良好的习惯，长期坚持。站姿优美，身体才会得到舒展，且有助于健康；若看起来有精神、有气质，那么别人能感觉到你的自重和对别人的尊重；并容易引起别人的注意力和好感，有利于社交时给人留下美好的第一印象。

二、标准坐姿

正确规范的礼仪坐姿要求端庄而优美，给人以优雅、稳重、自然大方的美感，传递着热情、自信和友好的信息。男士的坐姿要"坐如钟"，即坐相要像钟一样端庄稳重；女士的坐姿要"坐如芍药"，优雅大方。

坐姿传递的信息

挺着腰笔直的坐姿，表示对对方或对谈话有兴趣，同时也表示对人的尊敬。

弯腰曲背的坐姿，是对谈话不感兴趣或感到厌烦的表示。

斜着身体坐，表示心情愉快或自感优越。

双手放在跷起的腿上，是一种等待、试探的表示。

一边坐着一边摆弄手中的东西则表示一种漫不经心的心理状态。

总的要求：脊背挺直，肩放松，两膝并拢，双手自然放在膝上或椅子扶手上；上体直挺，勿弯腰驼背，也不可前贴桌边；后靠椅背，上身与桌边、椅背应相距一拳左右；头平稳，目平视，双膝并拢，双脚自然着地。

（一）男士坐姿

男士入座后，人体重心要垂直向下，腰部挺起，上身垂直，不要给人以"瘫倒在椅子上"的感觉。坐时，大腿与小腿基本上成直角，两膝应并拢，或微微分开一拳左右的距离，两脚平放地面，两脚间距与肩同宽，手自然放在双膝上或椅子扶手上，头平稳，目平视。需要侧坐时，应让上体与腿同时转向一侧，头部向着前方。

如有需要，可交叠双腿，但一般是右腿架在左腿上。注意，一般社交场合最好避免使用这一姿势，因为那会给人以显示自己地位和优势的不平衡感。

（二）女士坐姿

男女坐姿大体相同，只是细节上略微有些差别。女士就座时，要根据座椅的高低调整坐姿,双脚可正放或侧放,并拢或交叠,须切记女士的双膝应并拢,任何时候都不能分开。穿裙装入座前要用手拢一下裙子再坐。女士入座,通常有以下几种坐姿。

1. 正位坐姿

具体姿势是,双腿垂直于地面,双脚的脚踝、膝盖直至大腿都需要并拢在一起,双手自然放在双腿上。这是正式场合的最基本坐姿,可给人以诚恳、认真的印象。须注意这种坐姿脊背一定要伸直,头部摆正,目视前方。注意双膝不能张开,否则会给人很散漫的印象。

2. 侧位坐姿

坐在较低的椅子上时,如果双脚垂直放置的话,膝盖可能会高过腰部,很不雅观。这时就可采用双腿斜放式,即双腿并拢后,双脚同时向右侧或左侧斜放,并且与地面成45度左右的角。这样的话,就座者的身体就会呈现优美的"S"形。当坐沙发时,这种姿势最适宜。注意两膝不宜分开,小腿间也不要有距离。

3. 重叠式坐姿

这种坐姿要求上下交叠的膝盖之间不可分开,两腿交叠呈一直线,给人一种纤细的感觉。双脚置放的方法可视座椅的高矮而定,既可以垂直,也可以与地面成45度角斜放。脚尖不能跷起,更不应直指他人。采用这种坐姿时,切勿双手抱膝,更不能两膝分开。穿短裙时应慎用这种坐姿。

(三)坐姿禁忌

(1)上身不要后靠椅背。

(2)双脚不要张开、交叉或抖动。

(3)双手不要随意摆放。

(4)要避免一些不合礼仪的举止体态。例如:随意脱下上衣,摘掉领带,卷起衣袖;说话时比比画画,或挪动座椅;头枕椅背打哈欠,伸懒腰,揉眼睛,搔头发等。

三、标准行姿

行姿亦称走姿,指人在行走的过程中所形成的姿势,规范的走姿具有动态美,是流动的造型,最能体现一个人的精神面貌。古人说"行如风",即走起路来要像风一样轻盈、矫健,走路应步伐轻快、不慌不忙,以显得稳重大方。

常见的行走姿态评价

步伐矫健、轻松、灵活、富有弹性,使人联想到健康、活力,令人振奋的精神。

步伐稳健、端正、自然、大方,给人以沉重、庄重、斯文的感觉。

步伐轻盈、灵敏、行如风,给人以轻巧、欢悦、柔和之感。

摇头晃脑、歪歪斜斜、左右摇摆、随随便便,给人以庸俗、无知和轻薄的印象。

弯腰弓背、低头无神、步履蹒跚,给人以压抑、疲倦、老态龙钟的感觉。

摇着八字脚、晃着"鸭子"步,给人一种不安、不愉快的扭曲感。

(一) 标准行姿

正确的行姿应该是:步履自然、轻盈、稳健,腰身挺拔,头要平稳,肩要放松,两眼平视,面带微笑。基本要领:以胸领动肩轴摆,提髋提膝小步迈,跟落掌接趾推送,双眼平视背放松。具体应该注意以下几点。

(1) 头正颈直,双目平视,面带微笑收下颌,表情自然平和。

(2) 双肩平稳,两臂自然下垂,手指自然弯曲,手臂摆动时要以肩关节为轴,上臂带动前臂向前,手臂要摆直线,肘关节略屈,小臂不要向上晃动,向后摆动时,手臂外开不超过30度,前后摆动幅度为30~40厘米。

(3) 上身挺直,挺胸收腹,重心稍向前倾。身体在行走时,要保持平稳,不要左右摆动,要使自己的腰部至脚部始终保持挺拔的形态。

(4) 步位直。步位是指行走时,脚落在地上的位置。在行走时,向前伸出的脚应保持脚尖向前,不要向内或向外,双脚行走的轨迹大体保持在一条直线上。女士行走时,最好的步位是两只脚踩在一条直线上;男士则是两脚的轨迹是两条平行线。

(5) 步幅适度,步韵平稳。步幅是指行走时两脚间的距离,具体指一脚踩出落地时,脚跟离后脚尖的距离。一般来说,步幅等于自己的脚长,身高超过1.75米以上的人,步幅约为一脚半长。在商务活动中,商务人员要展示自身沉稳大方的气质,行走时必须保持匀速前进,同时显得有节奏感。男士要挺拔干练,显出阳刚之美,步幅通常较大;女士要优雅大方,显出阴柔之美,步幅通常较小。

(二) 行姿禁忌

(1) 方向不定,忽左忽右。

(2) 抢道先行,横冲直撞。

(3) 速度多变,勾肩搭背。

(4) 声响过大,制造噪声。

(5) 身体僵硬或过分摇摆。

(6) 双手插兜或背在身后。

(7) 膝盖僵直,双脚擦地。

(8) 内八字或外八字。

四、握手礼仪

握手礼是大多数国家相互见面和离别时的礼节,是在商务活动中使用最多的,也是最灵活方便的行为语言,有极强的表现力。既大方又优雅地与人握手,是一种交际艺术。一个令人愉快的握手,感觉上会坚定、有力,代表能够承担风险,更重要的是能够负责任。诚挚、热情的握手,可以表达出认识别人是多么高兴。

(一)标准握姿

在人们互致问候之后或问候之时,双方各自伸出自己的右手,彼此之间保持一步左右的距离,上身要略微前倾,注视对方,伸出的右手应四指并拢,拇指自然向上张开,紧握对方的手,伸出手时稍带角度,双方虎口(大拇指与手掌连接的关节处)应互相接触。一旦接触,应轻轻放下拇指,用其余四指包住对方的手掌。

握手要坚定有力,上下轻摇,晃动两至三下即可,然后松开。握手时间,一般三至五秒为宜,如果初次见面,时间不宜过长,以不超过三秒为宜。男士与女士握手时间不宜过长,握住女士的手不放,是很不礼貌的。

(二)令人反感的握手

死死握住别人的手不放;用力过大,捏疼对方的手;左右摇晃;手心有汗,湿乎乎的;手过于冰冷;犹豫、不爽快,好像在告诉别人我不是做决定的人,让人觉得你软弱、狡猾、缺乏生气;戴着手套与人握手。

(三)握手礼仪

1. 握手的顺序

在正式场合,握手时伸手的先后顺序颇为讲究,一般讲究"尊者决定",即由身份尊贵的人决定双方有无握手的必要。

正确的顺序是:尊者居前。尊者居前即上级在先、主人在先、长者在先、女性在先(进门主人先伸手,离别客人先伸手)。然而,在朋友、平辈人之间,一般是谁伸手快,谁更有礼。此外,遇到祝贺对方,宽慰对方或谅解对方,应主动伸手。但是,无论什么人如果忽略了握手礼的先后次序而已经伸出了手,对方都应该毫不迟疑地回握。

2. 握手的时机

一般来说,握手的时机包括:当被介绍给某人及与别人道别时;当客户、顾客、卖主或其他人进入你的办公室时(当然与你共进午餐、多次出入你的办公室的人不必握手);碰见一个很久未见的人,如其他部门的一位同事时;走进某个会场被介绍给与会者时;会议结束后互相道别及重申已达成协议时等。

3．握手的禁忌

（1）与人见面时，不可戴手套与人握手。

（2）不要左手相握。

（3）握手时间不要太久或太短。

（4）应该是站着握手，不然两个人都坐着。

（5）不要心不在焉地握手。

（6）握手后切忌用手帕擦手。

复习思考

1．男士和女士面容分别有哪些要求？

2．服饰穿戴有哪些基本原则？

3．男士西装有哪些穿着要领？

4．男士与女士的标准站姿、标准坐姿有何异同点？

5．如何正确握手，握手禁忌有哪些？

实践课堂

一、仪容仪表礼仪训练

1．实践内容

举行一次小型聚会，分为两组，一组模拟不正确职业着装穿戴和修饰，另一组指出存在问题，并进行示范。

2．实践目的

通过组织小型聚会，提供化妆、服饰、仪态等自我表现，通过纠正不正确的穿戴和修饰，掌握正确的商务形象。

3．技能要求

熟知公关人员应该有的仪表风度和化妆服饰基本常识，树立良好的职业形象。

二、举止礼仪训练

1．实践内容

将学生按性别和人数（5～6人）分成两两不同的小组，练习站姿、坐姿、行姿、握手，互相指出存在问题，并进行示范。

2．实践目的

通过组织各种举止姿势练习，掌握站姿、坐姿、行姿、握手等的礼仪规范，通过纠正不正

确的举止,掌握正确的举止礼仪。

3. 技能要求

熟知商务人员应该具有的标准站姿、标准坐姿、标准行姿、标准握姿等基本的举止礼仪常识,树立良好形象。

扩展阅读 9-1　一颦一笑展现大国礼仪

第十章

接访礼仪

学习目标

1. 了解各种公关活动中必须具备的标准礼仪规范;
2. 理解公关人员在各种接待、拜访活动及馈赠中的礼仪标准;
3. 掌握具体商务接访和会议活动的常规礼仪;
4. 掌握设宴的过程及在设宴过程中的礼仪。

技能要求

按照商务活动中对礼仪的要求,熟练掌握接待和拜访礼仪,掌握宴请程序及相关礼节,提高接待、拜访、馈赠、宴请等的礼仪素质。

第十章 接访礼仪

引导案例

海昏"礼仪简"首次揭秘西汉诸侯王礼仪行事

五千年的历史长河，成就了中国"文明古国，礼仪之邦"的美誉。

海昏简牍研究团队依据数十枚竹简上的"王会饮义（仪）"等内容，推断其为礼仪类文献。更值得一提的是，这是首次发现的专门记录诸侯王礼仪行事的文献资料。

刘贺是汉武帝之孙，一生坎坷，历经帝、王、侯、民四种身份。研究团队成员、北京大学考古文博学院副教授田天说，刘贺墓中出土的这些竹简从内容、措辞来看，与儒家十三经之一的《仪礼》十分相似，被暂命名为"礼仪简"。由于"礼仪简"中记录的主体多为"王"，推测其为刘贺在山东为昌邑王时使用的礼仪文本。

"除《仪礼》外，记录汉代实用礼仪的早期文献十分罕见，而记录诸侯王礼仪行事的文献更是首次发现。"田天说，从这些竹简可知，到刘贺为昌邑王时，诸侯王的礼仪行事已有成文的"仪"类文献可以依从。由此可推断，刘贺为昌邑王时的武帝中后期，是汉代"仪"类文献发展的关键时期。大规模制作"仪"类文献，是武帝"革除秦制、建立汉制"政治思路的一大体现。

据田天介绍，研究团队已经从"礼仪简"中辨识出昌邑国的两大类礼仪：宴饮仪和祭祀仪，这些发现有助于人们了解昌邑王国的礼仪行事细节。

一类为宴饮仪，其上记录了仪式参与者站立的位置、进退仪节及主持者的号令等内容，如"右方王会饮义（仪）""宾者、吏大夫皆反走复立（位）""礼乐进，曰：'请令相行乐器'"等。从竹简记载的内容可以看出，在宴饮仪的不同阶段，昌邑王站立的位置也有不同讲究，或西向，或南向。宴饮上还有演奏乐歌的环节，这种形式一直影响到今天，如人们喜欢在宴会上播放音乐。

另一类推测与由诸侯王主持的祭祀仪式相关，竹简上文字经初步辨识有"史、祝赞曰：嗣王某……尽如义（仪）"等内容。专家依据已有文献资料推测，这里的"嗣王某"为昌邑王的自称，"如义（仪）"为"符合'仪'类文献规定"的意思。这类文本的篇末发现了字数统计"凡八百六十五字"，推测其为昌邑国祝史书写并使用的一种完整、固定的文本，用于指导实际行礼的过程。

专家还表示，从先秦到西汉中期之前，以"进退容止"为核心的容礼，一直是儒家礼学中十分重要的组成部分；但因为早期文献缺失，对于具体礼仪行事如何实施，一直缺乏讨论的基础。海昏"礼仪简"的发现填补了这一缺失。

资料来源：http://sc.people.com.cn/n2/2022/0214/c345167-35132365.html，2022-02-14。

第一节 接待礼仪

在商务活动中,虽然不同企业之间有激烈竞争,但也存在着密切的合作,业务交往包括参观学习等十分频繁。公务接待有两种情况:一种是常规接待,是不需在人物、物力上做特殊准备的接待工作,这种接待随时都有;另一种是隆重接待,需要物质上做准备、人员上做调配,如要有交通工具迎送、有专门的接待人员等。但不论哪种接待,都是希望来访者能乘兴而来,满意而归。

一、接待原则

在商务活动中,为了以礼接待商界同仁,必须按照商务礼仪的惯例和规范接待,在接待工作中,要坚持身份对等和讲究礼宾秩序的原则。

(一)注意身份对等

身份对等,是商务礼仪的基本原则之一。根据身份对等的原则,我方出面迎送来宾的主要人员应与来宾的身份大体相当。若我方与来宾身份对等的人员身体不适,或忙于他事难以脱身或不在本地,因而不能亲自出面迎送来宾时,应委派其副手或与其身份相近的人员出面接待,并在适当的时刻向来宾做出令人信服的说明和解释,以表示我方的诚意。

同样,我方人员在与来宾进行礼节性会晤或举行正式谈判时也必须使我方到场的人数与来宾的人数基本上相等。另外,我方在为来宾安排宴请活动或为其准备食宿时,亦应尽量使之在档次、规格各方面与来宾的身份相称,并符合客人们的生活习惯,体现东道主对客人的关心与照顾。在接待外商时,更应注意这一点。

(二)讲究礼宾秩序

礼宾秩序所要解决的是多边商务活动中的位次和顺序的排列问题。在正式的商务活动中,礼宾秩序可参考下列四种排列方法。

(1)按照来宾身份与职务的高低顺序排列。如接待几个来自不同方面的代表团时,确定礼宾秩序的主要依据是各个代表团团长职务的高低。

(2)按照来宾的姓氏笔画排列。在国内的商务活动中,如果双方或多方关系是对等的,可以按参与者的姓名或所在单位名称的汉字笔画多少排列。

(3)按照有关国家或企业名称的英文字母的先后顺序排列。在涉外活动中,则一般应将参加的组织或个人按英文或其他语言的字母顺序进行排列。

(4)按照有关各方正式通知东道主自己决定参加此项活动的先后顺序,或正式抵达活动地点的时间的先后顺序排列。

二、准备工作

接待的准备工作,主要针对隆重的接待而言。具体需要做三方面的准备。

1. 布置场所

整齐干净的环境会给来访者带来舒适、规范、郑重其事的感觉,如果要张贴欢迎海报,一定要事先在显眼的地方,一般的标语、广告也要贴牢,室内的图像、字画注意摆正。要准备一些文具用品和可能用得上的相关资料,如宣传简介、商品说明等,还可以适当准备一些水果、饮料、茶具。

案例

不妥的接待室

某小型广告设计有限公司的办公场所较小而员工较多,没有专门的接待室,办公室中各类设备噪声很大,客户来访时,秘书小丛就让来宾直接坐在她的对面洽谈业务。

案例解析:

秘书小丛不应该让来宾直接坐在她的对面洽谈业务。如果没有专门的会客室,应在办公室中安排一个相对安静的角落,让来宾方便就座,可以从容地谈话。

资料来源:http://www.pinyuan.cc/article/77081.html,2020-06-05。

2. 了解来访者的情况

要了解来访者的人数、性别、身份、所搭乘的交通工具、到达的具体时间,甚至还应该包括饮食习惯、民族及宗教信仰,这样易于安排接待、住宿、商务用餐,可以一定程度上规避忌讳、冲突的发生等。了解来访者的具体身份,也便于安排接待规格。

3. 确定迎送规格

确定迎送规格,按照身份对等的原则,安排接待人员。对较重要的客人,应安排身份相当、专业对口的人士出面迎送,亦可根据特殊需要或关系程度,安排比客人身份高的人士破格接待。对于一般客人,可由公关部门派懂礼仪、有礼貌、言谈流利的人员接待。

4. 安排接待人员

负责接待的人员,要品貌端正、举止大方、口齿清楚,具有一定的文化素养,受过专门的礼仪训练。接待人员的服装仪容,往往关系到个人的修养及公司的形象,要注意保持头发整洁,手部干净,女性接待员要略施淡妆。

案例

接待礼仪的错误

小孙是某企业销售部经理的秘书,她负责接待来访的客人。销售部每天来访的客人较多,因此小孙每天的工作都非常繁忙。

一天,有一位与销售部经理预约好的客人提前半小时到达公司。小孙立刻通知了销售部经理,而经理正在接待一位重要的客人,所以让小孙请对方稍等。小孙向客人转告说:"经理正在接待一位重要客人,请您稍等一下。"说完小孙匆匆用手指了一下客厅的椅子,说了声:"请坐!"就去做其他事情了。

案例分析:

秘书人员要认识到所有客人都会认为自己是重要的,所以在接待时要时刻注意自己的言行。小孙对客人说经理正在接待一位重要的客人,这暗示了这位客人"是不重要的"。另外,小孙要对不能及时接待的客人表示歉意,并应恭敬地请其坐下等待,不应只是匆匆地请坐。从上述案例可知,秘书人员在实施接待工作时,必须给来宾留下细致周到的良好印象。

资料来源:https://www.renrendoc.com/paper/91855897.html,2020-08-10.

5. 自我情况的了解

要考虑到此次商务接待将要讨论的问题,对于客人谈什么,怎么谈,承诺什么,怎么承诺,询问什么,怎么询问等问题,要做到心中有数。这样的话,当谈到这些问题的时候,才能迅速、规范地做出反应,以免被动。

三、迎客礼仪

对远道而来的客人,要做好接站工作。要掌握客人到达的时间,保证提前在迎接地点等候,迟到是非常不礼貌的。接站时最好准备一块迎客牌,上书"欢迎某某",同时高举迎客牌,这样既便于让客人看到,又能给客人以良好的最初印象。

接到客人后,应致以问候和欢迎,同时作自我介绍。问候语要得体适当。对中国人可以说:"路上辛苦了!"等,对外国人应当说:"见到你很高兴""欢迎你到某市"等。问候寒暄之后,要主动帮客人提取装卸行李。拿行李的时候,不要拿客人的公文包或手提包,因为里边一般是放贵重物品或隐私物件的。

在去机场、车站接客人的回程途中,要主动询问客人在此逗留期间有无私人活动需要代为安排。把客人送到住宿地点后,留下接待人员的联系方式及下次见面时间就可以离开了。

说说谈话礼仪

这些年关于礼仪的宣传力度并不算小,但是不少人仍然停留在"您好""谢谢"等礼貌用词的初级层面。而对于如何规范个人的言谈举止,提高个人修养等方面的认识和行动则尚

案例

坐朋友的车要注意这几件事！一定要懂得坐车礼仪！

虽然说现在的汽车对于每个家庭来说，都算是必需品了吧。但是有些情况下，也会搭乘一下别人的顺风车之类的。大部分人在坐别人的私家车的时候，就显得比较自我了，会把朋友的车当成自己的车，在车里随心所欲，想干吗就干吗。其实这种行为也是很不礼貌的。即使两人的关系再好，在坐别人车或者用别人车的时候也是非常需要注意的。今天小编就带大家来一起看一看，坐别人车应该注意的几件事情。

1. 先来说说，上下车。不管是谁的车，一般车主都比较爱惜自己的车，毕竟是自己用血汗钱买来的，当然土豪可以无视。在上下车的时候，有些朋友在开关车门的时候会非常用力。千万不要忽视这些细节。第一，这是对车主的不尊重。第二，就是较大的震动感可能会导致车内部的零件松动。久而久之汽车会出现说大不大说小不小的毛病。

2. 在我们上车的时候，尤其是在副驾驶座坐着的时候，必须要佩戴安全带。这不仅是对自己负责，而且还是对司机负责。很多人没有上车带安全带的习惯。在这里要提醒大家的是，如果不系安全带，对自身也是一种伤害。另外在不带安全带的情况下，汽车就会一直有提示的声音，而这种声音也会影响司机驾驶的情绪，影响行车安全。而且现在国家也对这方面作出了明确的规定，如果不系安全带的话，将被视为违章，交警是会对此进行罚款的。所以说不管是自己开车还是坐朋友的车，一定要注意这方面的问题。

3. 在冬夏两季开车的时候，车主们一般会在车内把空调打开，车窗一般基本上都是关闭的，空气不太流通。所以说尽量不要在车内吃一些味道比较大的食物，如榴梿。那样会让车内有明显的异味，而且有可能会在车内留下食物残渣，后期车辆清洗起来比较麻烦。

4. 车主们一般反感的就是自己在开车的时候，旁边的人指挥自己开车。这样做其实是很不礼貌的，如果说些比较重要的事情，还可以理解。但是在旁边指手画脚，就比较烦人了，也会影响司机的情绪。如果司机因此而受了什么刺激的话，车辆容易失控，非常容易导致事故的发生。

5. 如果是在坐别人车的情况下，在车内尽量不要抽烟。虽然说车内有外循环系统，但是如果车主不抽烟的话，你在车里抽烟，就显得对车主不太尊重。最主要的坏处就是，空气质量会大大降低，影响坐乘舒适度。另外，尽量少抽烟对你自己的身体健康也是很有好处的。

资料来源：https://www.yoojia.com/article/7940782286657226835.html，2021-12-07.

1. 小轿车
专业的讲法，轿车的上座有以下三种。

第一个上座称为"社交场合的上座"：即主人开车的情况，上座为副驾驶座。这个位置能和主人方便地交谈。如果这时你坐在后排，就有把主人当成你司机的嫌疑。

第二个上座称作"公务接待"：开车的人是专职司机，上座是后排右座。这跟我国道路行驶规则有关。后排比前排舒服，右边比左边上下车方便；训练有素的司机开车到酒店一停车，后排右座一定正对着门，这个位置的人伸腿下车，抬腿上车都非常方便。副驾驶的座位是"随员座"。

第三个上座称为"VIP上座"：即司机后面的座位。高级将领、高级领导，包括港澳的一些专家人士，不管方向盘在哪里，他都喜欢在司机后面，因为那个位置最安全。

（1）小轿车的座位，如有司机驾驶时，以后排右侧为首位，左侧次之，中间座位再次之，前坐右侧殿后；如图10-1所示。

（2）如果由上司亲自驾驶，以驾驶座右侧为首位，后排右侧次之，左侧再次之，而后排中间座为末席；如图10-2所示。

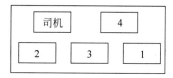 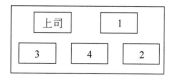

图 10-1　司机开车的座位顺序　　　　图 10-2　上司开车的座位顺序

2. 旅行车

我们在接待团体客人时，多采用旅行车接送客人。旅行车以司机座后第一排即前排为尊，后排依次为小。其座位的尊卑，依每排右侧往左侧递减。

3. 女士上下车礼仪

女士上车时，得体的方法是：先背对车座，轻轻坐在座位上，合并双脚并一同收入车内；下车时，也要双脚同时着地，不可跨上跨下，有失大雅。

五、待客之道

任何人去拜访的时候，最不愿意见到的就是冷遇，有道是"出门看天气，进门看脸色"，所以，对任何客人都应该显示出热情和友好。

1. 基本举止规范

接待过程中，陪客人走路，一般要请客人走在自己右边。主陪人员要和客人并排走，不能落在后面，其他陪同人员走在客人和主陪人员身后。在走廊里，应走在客人左前方几步。转弯、上楼梯的时候，要回头以手示意，有礼貌地说声"这边请"。乘电梯的时候，如果有司机掌控电梯，要请客人先进；没有司机，则自己先进，然后让客人进。

到达接待室或领导办公室，要对客人说"这里就是"或"这里是×××办公室"。要先敲门,得到允许再进。门如果是向外开的,应该请客人先进去;向里开的,自己先进去,按住门,再请客人进。当客人和领导见面时要进行介绍,一般先把年纪较轻、身份较低的人介绍给年纪较大、身份较高的,把男士介绍给女士,内容包括被介绍人的姓名、所在单位和职务。

2. 敬茶

敬茶是中国传统的待客礼节,不论什么季节、什么时间客人来访,都要先敬上一杯热茶。敬茶必须注意茶壶、茶杯要干净,不能用剩茶或旧茶待客,用什么茶叶可以事先征求客人意见。敬茶要先客后主,客人比较多的话,按级别或长幼依次敬上。招待茶点的时候,最好把茶点装在托盘里,再送到客人面前或旁边的茶几上或桌子上。茶水饮料最好放在客人的右前方,如果有点心、糖果之类,则最好放在客人左前方。

3. 谈话

谈话是接待工作中的一项重要内容,直接关系到接待工作的成功与否。通过谈话,双方可以增进感情交流和相互了解。

商谈问题,首先要紧扣主题,围绕会谈的目的进行,不要只谈自己的事情或自己关心的事情,而不顾对方是否愿听或冷落对方。其次要注意自己的态度和语气,要尊重他人。再次,认真倾听别人讲话,倾听别人讲话是一种礼貌,不能显出很不耐烦的表情或东张西望。此外,会谈中还要适时地以点头或微笑做出反应,不要随便插话。别人谈完后再发表自己的看法。只听不谈,也是不礼貌的。

六、相见时的礼仪

(一) 介绍

介绍是交流与沟通中普遍的礼节,是见面相识和发生联系的最初方式。介绍就基本方式而言,可分为为他人作介绍,被人介绍和自我介绍三种。

1. 介绍他人

当你要将某人介绍给别人时,按礼宾顺序应该是向年长者引见年轻者,不论男女都是按这样的顺序作介绍,向女士引见男士,向职位高的引见职位低的人,同时连同双方的单位、职称一起简单作介绍。在人数众多的场合,如果其中没有职位或身份特殊的人在场,又是年龄相仿的人聚会,则可按照一定的次序一一介绍。

为他人作介绍时,应简洁清楚,不能含糊其辞。介绍时,还可简要地提供一些情况,如双方的职业、籍贯等,便于不相识的两人相互交谈。如果你是单独介绍两人相识,应该事先了解一下他们彼此是否都有想认识对方的愿望,免得造成不必要的尴尬。在向他人介绍某人时,不可以用手指去直指某人,而应有礼貌地以手掌示意。

2. 被人介绍

当你自己被介绍给他人时,你应该面对着对方,显示出想结识对方的诚意。等介绍完毕后,可以握一握手并说"你好!""幸会""久仰!"等客气话表示友好。如果你是一位男士,被介绍给一位女士,你应该主动点头并稍稍欠身,然后等候对方的反应。

按一般规矩,男的不用先伸手,如果对方不伸手也就罢了。如果对方伸出手来,男的便应立即伸手轻轻一握。如果你是一位女士,被介绍给一位男士时,一般来说,女的微笑点头也就是合乎礼貌了,如愿意和对方握手,则可以先伸出手来。

3. 自我介绍

当你想同某人结识,却又一时没有找到合适的介绍人时,那么不妨作自我介绍。作自我介绍时,可主动打招呼说声"你好!"来引起对方的注意,然后说出自己的姓名、身份,同时双手递上事先准备好的名片。也可一边伸手跟对方握手,一边作自我介绍。

在作介绍的过程中,介绍者与被介绍者的态度要热情得体、举止大方,整个介绍过程应面带微笑。一般情况下,作介绍时,双方应当保持站立姿势,相互热情应答。

(二) 使用名片

在与人交往前,应先把名片放在易取之处,男士可以把名片放在公文包或西装上衣的口袋里,女士可放于手提包内。交换名片的一般顺序是:地位低者、晚辈或客人先向地位高者、长辈或主人递上名片,然后再由后者回赠。

向他人递送自己的名片时,应说"请多多指教",同时身体微微前倾,低头示意,最好是用双手呈上名片,将名片放置手掌中,用拇指夹住名片,其余四指托住名片的反面。请注意名片的字迹应面向对方,便于对方阅读。接受他人的名片时,也应恭敬。当对方说"请多多指教"时,可礼貌地应答一句"不敢当"或"随时请教"。接过名片,一定要看一遍,绝对不可不看一眼就收藏起来,这样会使人感到你欠诚意。看过名片后,应将名片放好,不要随意乱置,以免使人感到不快。

(三) 称谓

社交中的称谓会遇到多种情况。以下举例来说。

1. 职务职称型

当知道对方的具体身份时,可称呼职务或职称,如"你好!赵董事长""你好,李教授"。对方的身份往往在名片中会显示出来,应特别注意。

2. 姓名型

当对方无特殊身份时,可称呼姓名,如"你好,张华"。或采用以性别相称的方式,如"周先生""王小姐"等。

3. 长幼型

对年长者称呼要恭敬,不可直呼其名,可称"老张""老王"。如果是有身份的人,可以将"老"字与其姓相倒置,这种称呼是一种尊称,如"张老""王老"。对年轻人则可在其姓前加"小"相称,如"小张""小李",抑或直呼其姓名。称呼时要注意谦和、慈爱,表达出对年轻人的喜爱和关心的态度。

（四）交谈

1. 交谈时的态度

交谈时尊重对方、谦虚礼让。要善于理解对方，然后因势利导地谈论话题。对别人的谈话，我们应当认真倾听，并鼓励引导对方阐明自己的思想。对对方正确的意见，应表示赞同；对其不同的看法，若无原则性问题，不妨姑且听之，不必细究；若是事关原则，可以婉转相告，表述自己的看法，但不要得理不让人，使别人难堪。要避免一切直接触犯他人感情的话，避免一切独断自是的言论。

2. 交谈时的形体动作

两人交谈时，最好目光交流持同一水平，这是相互尊重。说话时不要东张西望，也不要目不转睛地盯着对方或目光冷漠地看着对方，这些都会引起对方的不快。谈话时也可以适当运用一些手势来加强语气、强调内容，但手势不能太多或幅度过大，否则会使人感到不舒服，更切忌用手指点对方，这被视作是不礼貌的行为。

（五）聆听

聆听时要专心致志，保持目光接触，仔细听清对方所说的话。不要三心二意，东张西望，这些都会影响听讲的效果。应当排除一切干扰：外界的嘈杂声音，内心不良的心境等，集中注意力认真倾听对方说话。聆听时，要积极鼓励对方畅所欲言、尽情表达自己的思想。聆听的同时，还要注意观察，俗话讲"察言观色"，是有一定道理的。人们在表述自己的想法时，主要用的是有声语言，即说话，但同时也会有意无意地透过无声语言，表达出更为隐秘的心理活动。若将说话者的言与行结合在一起作分析，有助于理解说话人的真实想法。

七、送客礼仪

送客礼仪是接待工作的最后一个环节，处理不好会影响到整个接待工作，使接待工作前功尽弃、功亏一篑。除非是有重要的事宜需要马上处理，并且主要事宜都已经落实的情况下，可以主动暗示结束接待工作，否则尽量不要主动结束，以免有赶人的嫌疑。

客人起身告辞的时候，要尽快想想还有没有要紧事告诉来访者。确信没有了，还要婉言挽留，不要来访者一说要走，马上站起相送，或者起身相留，这都有逐客的嫌疑。

如果来访者执意要走，也要等他们起身后，再起身相送。如果是重要的来访者或贵宾、远客，还可以请相关人员热情相送。如果远客的话，还要安排交通工具送到车站、码头或机场。分手的时候再说一些诸如"慢走""走好""再见""欢迎下次再来""合作愉快""祝一路平安，万事如意"等道别的话。

把来访者送到门口的时候，应该站在门口目送一段时间，等来访者的身影消失后再返回来。不要当客人走了两步想回头再次致意的时候，发现主人已经不在，心里会很不是滋味。同时,送来访者返回房间后,如果关门的话一定要轻轻关上,那种在人刚出门就反身"砰"地关上门的做法,让人听起来是非常不礼貌的,很有可能因此葬送掉拜访期间精心培植起来的所有情感。

周恩来总理送客礼仪故事

1962年,周总理到西郊机场为西哈努克和夫人送行。亲王的飞机刚一起飞,我国参加欢送的人群便自行散开,准备返回,而周总理这时却依然笔直地站在原地未动,并要工作人员立即把那些离去的同志请回来。这次总理发了脾气,他严厉起来了,狠狠地批评了相关同志。当天下午,周总理就把外交部礼宾司和国务院机关事务管理局的负责同志找去,要他们立即在《礼宾工作条例》上加上一条,即今后到机场为贵宾送行,须等到飞机起飞,绕场一周,双翼摆动三次表示谢意后,送行者方可离开。

案例解析:

总理发火是因为:客人还没有离开视线之前,所有的参加送行的人员开始往回走。示例中的工作人员违反了送客礼仪中的机场、车站、码头等地的送行礼仪。正确的做法是:我们在送行的时候,要等到我们送行的客人离开我们的视线才能离开送行的地方,不然还没有等客人离开我们的视线就往回走,这是对客人的不尊重,貌似等不及要客人走。

资料来源:https://zhidao.baidu.com/question/1645238067018168500.html,2019-12-10.

第二节 拜 访 礼 仪

商务往来,首先就要"走出去"。在工作中,出于各种原因,可能要去拜访别人,这时就更需要讲究礼仪,才能尽量顺利地完成工作任务。

一、拜访的时机

拜访要选择恰当的时间,不预约而临时拜访在商务拜访中是不合适的。面对突然拜访,对方可能正在忙或有些不便,如果不接待则会让对方失礼,也会让你难堪;而进行接待可能又会给对方带来不便。拜访应该避开的时间主要有:星期一上午、星期五下午,这两个时间段往往都是最忙的时候,不是要安排一周的工作就是要开例会;每天刚上班的一小时和下班前的一小时也要避开,因为这时候前者是要安排一天的工作,后者因为已经忙碌了一天,比较疲倦。

另外,还要避开中午午餐时间、午休时间。不仅如此,拜访还要避开对方的禁忌之日,如对方所信仰宗教的重大节日、一些西方人忌讳的 13 日和星期五等。

拜访之前可以电话、信件的形式进行预约,并要把拜访的时间和大致目的告诉对方。这样既可以避免吃闭门羹,又可以让对方有所安排。为了避免对方没有时间,预约的时候可以多给出几个时间供对方选择,采取协商的方式确定拜访时间会让你显得更加有诚意。在对方给予否定答案的时候,也可以询问对方什么时间方便,以便下次拜访成功。

二、拜访的准备

拜访前需要做以下四方面的准备。

1. 准备名片

名片是自己商务身份的代表,交换名片也能进一步获得对方的好感和信任。所以,在拜访之前,务必要准备、检查一下自己的名片。既要看有没有准备好名片,还要看你所带的名片是不是适合这次拜访。当然,如果只有一种名片就没这个问题了。

2. 准备书面资料

去拜访总有明确的目的性,为使所要表达的内容准备全面,应该事先给自己列一个提纲。还有诸如建议书、洽谈书、协议备忘录、公司介绍、报价单等其他书面资料。准备充足的书面资料,足以说明你的诚意,也足以使你在拜访中有条有理、主旨分明,大得印象分。

3. 注意仪表服饰

拜访前要对自己的仪表服饰做些准备,衣服要端庄、整洁。男士穿西装,女士穿套装,而且穿着要规范,要以干净整齐、端庄文雅的外表,给对方留下良好的印象。不适宜的服装会让对方怀疑你的诚心,认为你不重视不尊重对方,会认为你是随便来拜访的。

4. 查询路线、交通

很多城市经常性的交通拥堵是不争的事实,所以要事先弄清楚所去地点的具体交通路线,并尽可能多准备几种交通方法。另外,还要能够提前出发,提前到达目的地熟悉环境总比迟到要强得多。

三、成功拜访进行时

来到拜访单位后,要跟接待人员或是秘书人员说清楚你是谁,是和谁预约好的,并请其转达、通报。接待或秘书把你引领到指定地点、见到被拜访者的时候,不要忘记对接待或秘书人员道谢。如果没有接待或秘书引领的话,来到被拜访者办公室外,在进门前要先轻声的敲门或按门铃。敲门应是有节奏的、速度适中的"当、当、当"三下,不能猛敲。即使门是开着的,也要站在门旁轻轻敲门,获得允许后再进。

如果戴着手套或是帽子,进屋后一定要脱掉,有时候还要脱下大衣和围巾。雨天携带雨伞的话,进屋后就应该用自己带来的雨伞套装好,或是询问接待人员、秘书或被拜访者雨具该放在什么地方。如果随身携带了公文包,应该放在自己的座位旁、脚下,不要随意摆放,不可以直接摆在桌子上,除非对方要求你这么做。

在进入被拜访者的办公室后,要主动和对方打招呼问好,有其他人在场要点头致意,如果被拜访者不主动介绍,不要主动询问别人和被拜访者的关系及来访的原因等。如果和被拜访者不太熟悉的话就要做自我介绍,介绍自己的姓名和单位,以及拜访的目的。同时,还要呈上自己的名片。被拜访者请你入座的时候,要道声"谢谢",并随指点的座位入座,而且应该后于被拜访者就座,不要见座位就座。

案例

出国被拒的原因

一个研究生想出国深造,在对各方面都考察论证后,他到大使馆去办理签证。使馆人员和他谈话时,发现他一边谈话一边乱翻人家办公桌上的东西,并且常常随便打断别人的谈话,一边谈话一边嚼泡泡糖,使馆工作人员感到很不舒服。最后,使馆人员的意见是拒绝出境,理由是这位研究生缺乏起码的学者风度和应有的礼貌。

案例解析:

一个人素质的高低,往往从他与人相处的言谈举止中可以看出来。文明的语言、仪表和行为,就如同一封介绍信,能把自己的身份介绍给别人。

资料来源:https://wenku.baidu.com/view,2020-01-22.

四、告辞时机

商务拜访的时间不宜过长。当宾主双方都已经谈完该谈的事情,就要及时起身告辞。另外,如果遇到下面五种情况,也要及时"知趣"而退。

(1)双方话不投机,或当你说话的时候,被拜访者反应冷淡,甚至不愿搭理。

(2)被拜访者站起身来,或是把你们的谈话总结了一下,并说出以后可以再继续交流的话。

(3)被拜访者虽然显得很"认真",但反复看手表或时钟。

(4)被拜访者把双肘抬起,双手支在椅子的扶手上。

(5)快到了休息或就餐时间。

提出告辞的时候,被拜访者往往会说上几句"再坐坐"之类的客套话,那往往也只是纯粹的礼节性客套。所以如果没有非说不可的话,就要毫不犹豫地起身告辞。

告别前,应该对被拜访者的友好、热情等给予适当的肯定,并说一些"打扰了""添麻烦了""谢谢了"之类的客套话。如果必要,还可以说些诸如"这两个小时过得真快""和您说话真是一种享受""请您以后多指教""希望我们以后能多多合作"之类的话。起身告退的时候，如果还有其他客人，即使和这些客人不熟悉，也要遵守"前客让后客"的原则，礼貌地向他们打招呼。

如果被拜访者送的话，送上几步后，你可以说上一句"请留步"之类的客套话，这时候就可以主动向被拜访者伸出手相握，以示告别。

第三节 宴请礼仪

一、赴宴礼仪

宴请作为重要的社交活动，涉及主人、客人双方。不仅主人要注意宴请活动中的礼仪要求，作为客人也应注意赴宴的礼节、礼貌，以向主人和其他来宾展示自己良好的礼仪修养，塑造良好的形象。

案例

筷子在菜里反复扒拉该不该？餐桌礼仪你知道多少

近日，综艺节目《中餐厅4》里赵丽颖用筷子在碗里反复扒拉的片段引起网友热议，"筷子在菜里反复扒拉该不该？"成为了网友热议的话题，有网友认为这不符合餐桌礼仪，也不卫生。你吃饭时会用筷子反复扒拉吗？对此，记者就该话题采访了多位市民，看看他们怎么说。

观点1

分菜品，江湖菜不扒很无趣

肖先生（22岁大学生）：扒拉不扒拉得看菜品，像辣子鸡、尖椒兔这种江湖菜，不扒拉就只有吃辣椒和花椒，而且下面的肉不吃就全被浪费了。还有，火锅、水煮鱼、汤锅、干锅之类的，重庆很多菜都需要扒拉才吃得到。

王小姐（31岁文案策划）：辣子鸡、尖椒兔、毛血旺等江湖菜，必须扒开后找肉和菜吃啊，而且辣子鸡里的肉都很小颗，不挑着吃的话就只有辣椒了，而且越挑到最后，剩下的肉更入味儿，吃起来就越爽。

观点2

分对象，熟悉的人面前会扒

刘先生（27岁，办公室职员）：我觉得应该分就餐的对象，如果是在家里面的话，随便怎么挑拣都无所谓，但在外面吃饭就不一样了，就算是辣子鸡那种很不容易挑到肉的菜，也不要一直反反复复挑,在别人面前还是得注意一点。

莉莉(30岁,销售):在家里和在很熟的朋友面前吃饭,怎么舒服怎么来,偶尔也会挑拣两下,因为真的夹不到,也不想硬着头皮吃自己不喜欢吃的菜。但是和陌生人吃饭,一般就只夹自己面前的那一盘菜,反复挑拣菜就更不可能了。

观点3

爱扒拉,显得不礼貌不卫生

郭先生(22岁,学生):我在外面参加宴席时就偶尔会看到一些人用筷子在菜盘子里反复地挑来挑去,看过之后自己就没胃口了。所以我在吃饭时一般是看准了才拿筷子去夹,在菜盘子反复扒拉菜会显得自己没素质,而且自己的筷子别人也可能觉得脏。

陈娇娇(29岁,销售):我的婆婆就有在菜盘子里反复扒拉菜的习惯,特别是炖的汤,明明有公勺,她也会用自己的私人筷子去里面反复捞干货,弄得自己很没食欲。我一般都喜欢用公勺,夹菜也不喜欢挑来挑去,一般都是夹最容易夹到的菜。

专家建议

最好使用公筷和分餐

国家高级礼仪培训师严雪艺认为,在就餐时,反复用自己的私筷在同一盘菜里扒拉,确实不符合餐桌礼仪,也不卫生。但很多情况,有些菜不得不反复扒拉才能吃到,这种情况其实可以用公筷解决,轻轻扒拉一两下应该是可以被理解的。

如果觉得使用公筷不方便,可以实行分餐制,每人一份,自己用筷子在自己的这一份里扒拉。使用公筷和分餐制虽然有些麻烦,但这对所有人来说都是一种尊重,也是饮食文明进步的一种表现。

延伸阅读

餐桌上的这些礼仪你做到了吗?

严雪艺说,在用餐的过程中,其实每一个细小的动作,都反映出了一个人的礼仪。因此,在用餐时,以下礼仪需注意。

(1) 准备时。在吃饭之前,帮着摆放碗筷、端菜等,并记得饭前洗手。

(2) 入座时。准备好后,先邀请长辈用餐,在长辈还未动筷之前,晚辈不应自顾自地先吃起来,长辈把碗递给晚辈时,晚辈应双手把碗接过来,表示对长辈的尊敬。

(3) 就座时。餐桌上身体坐正,坐直。用餐时中式饭碗要端起,一手把碗一手拿餐具,不低头扒饭,手肘不要支放在桌面上,双腿放在桌子下面,双脚要平放,不可跷腿,不抖脚,脱鞋或叉开双腿都很不礼貌。与餐桌的距离以便于使用餐具为佳。

(4) 拿筷时。不要一直把筷子放在嘴里和一直舔筷,不要手握筷子在餐桌上乱寻;不要越过别人去夹菜,不要把筷子插在饭菜上,不要拿筷子或刀叉指别人或用来玩耍打架;不要到别人餐盘中拿取食物,不要把夹出来的食物再放回去。

(5) 夹菜时。夹菜的时候一次不宜夹得太多,把自己碗、碟里的吃完,再去取菜。不要为了挑自己喜欢吃的菜而用勺子或筷子在盘中翻来翻去,有的人甚至将自己喜欢的菜从盘中全部调走,而把不好吃的留给别人,这是一种很失礼的行为,并且显得比较自私。

(6) 用餐时。不抱怨别人辛苦为你准备的饭菜不合口味,要怀着一颗感恩的心来享受我们的每一顿饭;敲打碗筷和大声喧哗都是很没有礼貌的,还会引起同桌吃饭的人的反感和厌恶;用餐时,细嚼慢咽,餐食在口中时不说话;喝汤的时候不要用嘴吸,以防止发出声音;咳嗽、打喷嚏应单手掩嘴朝向无人的一边,剔牙和抠鼻要用餐巾纸或手挡住,以免影响在场的其他客人的食欲;向他人要什么东西(如够不着桌上的食物)需要用礼貌用语,当有人递菜给孩子时,微笑道谢。

(7) 吐残渣。不浪费食物,吃多少盛多少,学会把食物分成一小口一小口吃,不撕咬、不整块啃,吃相不野蛮,吐出的鱼刺、骨头、菜渣,用筷子或纸巾接出来,不能直接吐到桌面上。

(8) 结束后。向准备食物的人表示感谢,这不仅仅是礼貌,还是感恩;吃完饭后若要先离席,要跟桌上人打招呼,应起身对大家说,"我已经吃好了,大家请慢用",然后再离开餐桌,家宴饭后帮助清理餐桌、收拾碗筷或者帮助洗碗。

资料来源:http://health.people.com.cn/n1/2020/0820/c14739-31830021.html,2020-08-20.

(一) 赴宴前的准备

1. 应邀

接到宴会邀请,能否出席应尽早答复对方,以便主人做出安排。接受邀请后不要随意改动,万一遇到特殊情况不能出席时,尤其作为主宾,应尽早向主人郑重解释、道歉,甚至亲自登门致歉。应邀参加一项活动之前,要核实宴请的主人,活动举办的时间、地点,是否邀请配偶及主人对服饰等方面的要求。

2. 注意仪容、仪表

出席宴会前,一般应梳洗打扮,女士要适当化妆,男士要梳理头发并剃须,衣着要求整洁、大方、美观,使仪容、仪表打扮符合宴请场合的要求。国外宴请非常讲究服饰,往往根据宴会的正式程度,在请柬上注明着装要求。我国虽然没有具体要求,但作为应邀者也应该穿一套合体的整洁服装,容光焕发、精神饱满地赴宴,这将给宴会增添隆重、热烈的气氛。如果夫妇同去赴宴,还应注意服装的式样、颜色等的和谐统一。

案例

失败的聚餐

小王忽然接到同学小张的电话,问他什么时候来参加自己的生日聚会,这时小王才想起自己答应今晚参加他的生日聚会。于是匆匆忙忙赶到聚会地点,发现来的人很多,有一些相识的同学,但也有很多不认识的人。小王一整天在外奔波,衣服穿得很随便,加之连日来事情很多,脸上也满是疲惫之色。

当小王随随便便,拖着有些疲惫的步子走进聚会厅时,看到别人都衣着光鲜,神采飞扬,不觉心里有点不快,后悔自己勉强过来参加聚会,所以脸色更是难看,没有一点笑容。小张过来招呼小王,小王勉强表达了祝福,便坐在一旁喝了几杯啤酒,也不想与人寒暄,坐了一会便又借故离开了。

案例解析:

赴宴时,要注重赴宴礼仪。接受他人邀请后,如因故不能出席,应深致歉意,或登门致歉。作为宾客,应略早到达为好,且应在参加前做好仪容准备工作。席间应与主人和同桌亲切交谈。告辞时间不宜过早。而小王在劳累时不应该勉强出席。而后,他匆忙赶到聚会厅,且衣着随意,显示出他对宴会的不重视。在宴会中,面无笑容,且提前离开都显示出他的不礼貌。既影响自己的心情,让自己过于疲惫,又影响他人心情,是失败的社交事件。

资料来源:https://wenku.baidu.com/view,2021-03-24.

(二)赴宴中的礼仪

1. 按时抵达

出席宴请活动,抵达时间的迟早、逗留时间的长短,在一定程度上反映对主人的尊重程度。过早、过迟或逗留时间过短,不仅是对主人的失礼,也有损自己的形象,按时出席宴请活动是最基本的礼貌。一般来说,出席宴会要根据各地的习惯,正点或提前或晚于规定时间的两三分钟抵达,身份高者可稍晚些到达,一般客人宜略早些到达,如因特殊原因不能及时到达,应及时通知主人并致歉。

2. 问候

抵达宴会活动地点,如主人已在那里恭迎,则应趋前向主人握手、问好、致意,随主人或迎宾人员引导,步入休息厅或宴会厅。如单独到达,则先到衣帽间脱挂大衣和帽子等衣物,然后前往迎宾处,主动向主人问候,并对在场的其他人微笑点头致意。如果是庆祝活动,还应表示祝贺。

3. 礼貌入座

入座应听从主人安排,不可随意乱坐。若是正式宴会,进入宴会厅之前,应先掌握自己的桌次和座位,入座时注意桌上座位卡是否写有自己的名字,不可坐错座位。如邻座是年长者或女士,应主动协助他们先坐下。入座后坐姿要端正、自然,不要紧靠在椅背上,更不能把椅子往前倾或往后翘,不可用手托腮或将双肘平放在桌上,上身应与座椅位置适中。双脚踏在本人座位下,不可随意伸出影响他人,不可玩弄桌上的酒杯、盘碗、刀叉、筷子等餐具,入座后,可与同席的人随意交谈,等待用餐。

4. 文明进餐

致祝酒词完毕经主人招呼后,即可开始进餐。就餐时应有愉快的表情,即使菜不对口味,也应吃上一些,而不能皱眉拒绝,否则是对主人的不尊重。用餐时要讲文明,席间不要吸烟，除非男主人吸烟或向客人递了烟，一般在宴会没有结束前吸烟是失礼的，尤其是有女士在的场合。喝酒要有节制，不要失态。

案例

痛苦的客人

现代待人接物的礼节中，有一个重要的条件，那就是使对方感到轻松愉快。如果违背了这一前提，即便你的出发点是好的，也有可能让对方觉得勉强、拘束，甚至受罪。

某公司的业务员小陈有一次去北方的一个城市出差。事情谈完后，对方在城内一家有名的餐厅请小陈吃饭。小陈一进餐厅，主人便殷勤地将他带到"上座"坐。保守的主人认为将客人安排在"上座"是他义不容辞的最大礼貌与义务。然而时值炎热的夏季，此"上座"是离冷气最远的座位，小陈为了满足主人招待周到的愿望，不得不坐在"上座"忍受着热的煎熬，虽难受也不好说。

很快酒菜上来了，这里的人招呼客人有劝酒的习惯。像北方很多地方一样，只要主人敬酒，你就不能不接受，不管客人的酒量如何，凡是有敬就必须喝，才算是符合传统的礼节。酒量是因人而异的，过量人就受不了。小陈一再解释自己不会喝酒，却敌不过热情的主人，不得不一杯又一杯，忍受痛苦喝下去。足足半斤"五粮液"下肚，刚一出餐厅的门口，就趴在路边的栏杆上"喷涌而出"，回去后痔疮发作，休息了好几天才缓过劲来。之后再回想起这次作客，小陈只觉得是一场活受罪，丝毫谈不上什么愉快的享受。

作为主人，光有热情好客的心还不够，要能让客人在感受到你的情意的同时，觉得轻松舒服，不受拘束，才是真正尽到主人的责任和义务。

资料来源 http://ishare.iask.sina.com.cn/f/7GNW8TFMgpz.html，2021-05-22。

5. 告辞、致谢

参加宴请活动，告辞不宜过早也不宜过迟。如果是主宾，应当先于其他宾客向主人告辞，否则会给其他客人带来不便，但也不能太早，否则是对主人的不礼貌。如果是一般客人，则应在宴会结束主宾告辞后，及时向主人告辞，不可因贪杯而拖延不散，也不可因余兴未尽而迟迟不起，但也不能先于主宾告辞，否则对主人和主宾都很不礼貌。告辞时，应礼貌地向主人握手道谢。通常是男主宾先向男主人告别，女主宾先与女主人告别，然后交叉，再与其他人告别。主宾告辞后，一般宾客再用同样方法向主人和其他人握手告别。

二、中餐宴会礼仪

中国自古为礼仪之邦，讲究民以食为天，饮食礼仪源远流长，为饮食文化的一个重要部分。中餐菜肴以其色、香、味俱全盛行中外，品种繁多，风味各异，是全人类共有的财富。许多外宾也非常喜欢中餐,不论在国内或国际交往中,中餐宴会都是经常举办的商务宴会形式。

(一)中餐宴会的座次排列

举办中餐宴会一般使用圆桌,宴会的主人坐在主桌上,面门就座;同一张桌上位次的尊卑根据距离主人的远近而定,以近为上,以远为下;同一桌上距离主人相同的位次,排列顺序以右为尊,以左为卑。每张餐桌一般安排10人以内的就餐人数,并且应为双数。

每张餐桌的座次具体安排分以下两种情况。

1. 一个主位的座次排列

每张餐桌上只有一个主人,主宾和副宾分别在其右手和左手就座,形成一个谈话中心。

2. 两个主位的座次排列

如果夫妇二人同坐一桌,以男主人为第一主人,女主人为第二主人,主宾和主宾夫人分别坐在男女主人的右侧,桌上形成两个谈话中心。为了便于宾客及时准确地找到自己的位次,除安排服务人员引导外,还可以在桌子上事先摆放座位卡,在上面用中、外文两种文字书写清楚就餐者的姓名,如图10-3所示。

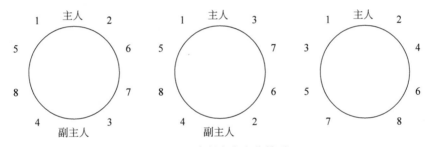

图10-3 中餐宴会座位排列

(二)中餐宴会的桌次排序

举办中餐宴会时餐桌的排列也是商务接待人员要注意的问题。

1. 两桌的小型宴会

两只餐桌横排时,桌次以右为尊,以左为卑。左与右方位的确定是以面对正门的位置为准;两桌竖排时,桌次以距离正门远的位置为上,以距离正门近的位置为下。

2. 多桌宴会

除了要注意遵守两桌排列的规则外,还应考虑距离主桌的距离,即距离主桌越近,桌次越高;距离主桌越远,桌次越低。

在安排桌次时,除主桌可以略大之外,其他餐桌的大小、形状大体相仿,不宜差别过大。

(三)上菜顺序与就餐方式

1. 中餐的上菜顺序

(1) 茶水。茶水待客是中国人常用的待客方式,餐前等待时,一般先上一杯清茶。

(2) 开胃菜。通常是四种冷盘组成的大拼盘,有时种类可多达十种。

(3) 热炒。有时冷盘上完之后,接着上四种热盘。有时热盘多半被省略。

(4) 主菜。紧接在开胃菜之后,又称为大件、大菜。如菜单上注明有"八大件"表示共有八道主菜。主菜的道数通常是四、六、八等偶数,因为中国人认为偶数吉利。在豪华的餐宴上,主菜有时多达十六道或三十二道,但一般是六道至十二道。

(5) 点心。指主菜结束后所供应的甜点,如蛋糕等。

(6) 水果。上水果意在爽口、消油腻。

2. 就餐方式

中餐宴会的具体就餐方式分为以下几种。

(1) 分餐式。在就餐时为用餐者提供的主食、菜肴、酒水及其他餐具一律每人一份,分别使用,一般由服务员用小碟盛放。此种形式尤其适用于正式宴会。

(2) 布菜式。在就餐时,将菜肴用大盘盛放,由服务人员托菜盘依次放入每人的食碟中,剩余的部分放在餐桌上供宾客自行取用。这种就餐方式既卫生,又照顾到不同口味人士的需要,是宴会上经常采用的就餐方式。

(3) 公筷式。用餐时,将菜肴和食品用大盘盛放,用餐者使用公用的餐具,适量取食,取餐时忌用自己使用过的筷子和汤勺。这种就餐方式适用于一般的宴会。

除此之外,还有混餐式,即用餐者根据自己的口味,用自己的餐具直接从盛饭菜的大盘中取食。这是中国传统的用餐方式,但是不适用于正式的宴会。

3. 用餐要求

根据中餐的特点和食用习惯,同时为表示对用餐者的尊重,参加中餐宴会时要注意以下几点。

(1) 上菜后,要等主人邀请,等主宾动筷时再拿筷子用餐,取菜时要相互礼让,不要争抢,取菜要适量。

(2) 用餐时宾客之间可以相互让菜,以示友好热情,但切忌擅自做主为他人夹菜。不知对方是否喜欢,主动为他人夹菜、添饭,则会让客人为难。

(3) 在用餐时不要在菜盘中挑挑拣拣,挑肥拣瘦。取菜时,看准后立刻夹起取走,不要夹起来又放下,或者取走又放回去。

(4) 吃饭要端起碗,应该用大拇指扣住碗口,食指、中指、无名指扣碗底,手心空着,不把碗端起来而是趴在桌子上对着碗吃饭是非常不雅观的。

(5) 遇有意外,如不慎将酒、水、汤汁溅到他人衣服上,应立即致歉,及时处理。但不必恐慌赔罪,反使对方难堪。

(6) 用餐的时候,不要当众修饰,如梳理头发、化妆补妆等,如有必要可以去化妆间或洗手间。

(7) 如果需要为别人倒茶倒酒,要记住"倒茶要浅,倒酒要满"的礼仪规则。

(8) 用餐后,须等男、女主人离席后,其他宾客方可离席。

筷子使用的禁忌

一忌敲筷。即在等待就餐时,不能坐在餐边,一手拿一根筷子随意敲打,或用筷子敲打碗盏或茶杯。

二忌掷筷。在餐前发放筷子时,要把筷子一双双理顺,然后轻轻地放在每个人的餐桌前;距较远时,可以请人递过去,不能随手掷在桌上。

三忌叉筷。筷子不能一横一竖交叉摆放,不能一根是大头,一根是小头。筷子要摆放在碗的旁边,不能搁在碗上。

四忌插筷。在用餐中途因故需暂时离开时,要把筷子轻轻搁在桌子上或餐碟边,不能插在饭碗里。

五忌挥筷。在夹菜时,不能把筷子在菜盘里挥来挥去,上下乱翻,遇到别人也来夹菜时,要有意避让,谨防"筷子打架"。

六忌舞筷。在说话时,不要把筷子当作刀具,在餐桌上乱舞;也不要在请别人用菜时,把筷子戳到别人面前,这样做是失礼的。

三、西餐宴会礼仪

(一) 西餐宴会的座次排列

同中餐相比,西餐的座次排列既有许多相同之处,也有一些区别,西餐宴会的座次排列要遵循以下规则。

(1) 女士优先。排定用餐座次时,一般女主人是第一主人,在主位就座。男主人为第二主人,坐在女主人的对面,即第二主人的位置。

(2) 以右为尊。排列座次时,以右为尊是基本原则。在西餐排列座次时,男主宾要排在女主人的右边,女主宾要排在男主人的右侧,按此原则依次排列。

(3) 面门为上。就餐时,以餐厅门为参照物时,面对餐厅正门的位置是餐厅中地位最高的位置。

(4) 交叉排列。西餐座次排列讲究交叉排列,即男女应当交叉排列就座,熟人和陌生人也应当交叉就座。这样每一个就餐者的对面和两侧往往都是异性和不熟悉的人,可以扩大交际面,如图10-4所示。

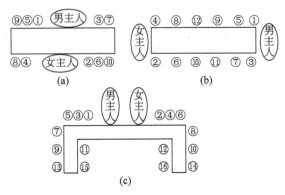

图10-4 西餐宴会座位排列

"女士优先"应如何体现

在一个秋高气爽的日子里,某宾馆迎宾员小贺,穿着一身剪裁得体的新制服,第一次独立地走上了迎宾员的岗位。一辆白色高级轿车向饭店驶来,司机熟练而准确地将车停靠在饭店豪华大转门的雨棚下。小贺看到后排坐着两位男士、前排副驾驶座上坐着一位身材较高的外国女宾。小贺想通常后排座为上座,一般凡有身份的人都是在后排右座就座。前排副驾驶座通常是翻译或秘书的位置。于是,他以规范、标准的姿势一步上前,目视客人,礼貌亲切地问候,以优雅姿态和职业性动作,先为后排右座的客人打开车门,做好护顶。关好车门后,小贺迅速地走向前门,准备以同样的礼仪迎接那位女宾下车。整套动作麻利而规范、一气呵成。没想到那位女宾满脸不悦,使小贺茫然不知所措。

优先为重要客人提供服务是饭店服务程序的常规,这位女宾为什么不悦?难道小贺做错了吗?

案例解析:

"女士优先"起源于西方社会,特别是法国、英国等对古典礼仪比较推崇的国家,后来因为英、法在国际舞台上处于主角的位置,在外交场所影响巨大,所以"女士优先"逐渐演化为国际交往礼仪,成了国际社会公认的一条重要的礼仪原则,它主要用于成年的异性进行社交活动之时。"女士优先"的含义是:在一切社交场合,每一名成年男子都有义务主动而自觉地以自己的实际行动去尊重妇女、照顾妇女、体谅妇女、保护妇女并且想方设法、尽心尽力地为妇女排忧解难。倘若因为男士的不慎而使妇女陷于尴尬、困难的处境,则意味着男士的失职。男士们唯有奉行"女士优先",才会被人们看作是有教养的绅士。反之,在人们眼里则会成为莽夫粗汉。

可是,在发展中国家,"女士优先"似乎又是一种极其表面文明化的行为,尤其是亚洲国家,历来讲究的是"男尊女卑",歧视女性,随着近代文明的发展,按照国际礼仪的惯例在社交场合应尊重女性,"女士优先"才成为男士文明素质的体现。

所以,在国际礼仪中,涉及"女士优先"原则的时候,我们要注意两个方面的问题。

首先,对待"女士优先"是什么态度。所谓态度就是问你"女士优先"的内容是什么,应不应该这样做。观念决定思路,思路决定态度。如果你不把它当回事儿,鄙夷、蔑视它,那就没有"女士优先"的下文了。西方国家流行在社交场合或公共场所,男子应经常为女士着想,照顾、帮助女士。如人们在上下车时,总要让妇女先行;下车时,则要为妇女先打开车门,进出车门时,主动帮助她们开门、关门等。西方人有一种形象的说法:"除女士的手提包不要帮忙拎外,男士可帮助女士做任何事情。"

其次,要明白"女士优先"这个原则特定的适用范围。"女士优先"是个社交原则。并不是意味着不计时间、不计地点、不计环境普遍适用的原则。关键是看谁用,什么时候用,在什么地方用。工作的时候,中国也好,外国也好,讲求的是男女平等,讲究的是职务高低,不分老幼,不看男女。只有在公众社交场合才分男女,体现"女士优先"。如宴会、舞会、音乐会、朋友Party、熟人聚会这样的场合,女士优先,才体现了男士的彬彬有礼。总而言之,工作场合就未必要讲女士优先。

所以,这个案例中迎宾员小贺应该先为女士打开车门,不管这位女士是女秘书还是女随从,都应体现国际上通行的"女士优先"做法。因为这不是工作的场所,没有身份地位的高低,在这里只有男士和女士,女士更需要别人的照顾。

资料来源:https://wenku.baidu.com/view/a6d2ed7f8562caaedd3383c4bb4cf7ec4bfeb605.html,2021-08-16.

(二)西餐上菜顺序

由于饮食习惯的不同,西餐的上菜顺序与中餐有明显的不同。正规的西餐宴会,其上菜顺序既复杂又讲究。一般情况下,完整的西餐正餐由下列八道菜肴组成。

(1)开胃菜。即大开胃口的菜,也叫头盆、前菜。一般是由蔬菜、水果、海鲜、肉食所组成的拼盘。

(2)面包。西餐正餐面包一般是切片面包,食用时根据个人口味涂上黄油、果酱或奶酪。

(3)汤。西餐中的汤有两大类,即浓汤和清汤。汤有很好的开胃作用,喝汤才算是吃西餐的开始。

(4)主菜。主菜的内容十分丰富,包括水产类菜肴、畜肉类菜肴、禽肉类菜肴和蔬菜类菜肴。正式的西餐宴会一般会上一道冷菜,两道热菜。两道热菜中,一般先上鱼菜,由鱼或虾及蔬菜组成;另一个是肉菜,多为烤肉配以蔬菜。

（5）点心。吃过主菜后，一般会上一些蛋糕、饼干、三明治等西式甜点。

（6）甜品。最常见的甜品有冰淇淋、布丁等。

（7）水果。吃完甜品，一般还要摆上新鲜的时令果品。

（8）热饮。宴会结束前，要为用餐者提供热饮，一般为红茶或咖啡，以帮助消化。

从实际情况看，西餐业在不断发生着变化，比较简单的西餐一般包括开胃菜、汤、主菜、甜品、热饮等。

（三）西餐餐具的使用

使用刀叉进餐是西餐最重要的标志之一。西餐的主要餐具除了餐刀、餐叉之外还有餐匙、餐巾等。

1. 餐刀餐叉

享用西餐正餐时，一般情况下用餐者的面前摆放的刀叉有：吃黄油所用的餐刀，它一般横放在用餐者的左手正前方；吃鱼和吃肉所用的刀叉，一般分别纵向摆放在用餐者前面餐盘的两侧，餐刀在右，餐叉在左；吃甜品所用的刀叉，一般横放于用餐者面前餐盘的正前方，应最后使用。使用刀叉，一般有两种最常规的方法。

（1）英国式。它要求进餐时，始终右手拿刀，左手拿叉，一边切割，一边食用。

（2）美国式。它要求右刀左叉，先把餐盘里要吃的东西全部切割完毕，然后把右手的餐刀斜放在餐盘前方，将左手中的餐叉换到右手里，然后再食用。在使用刀叉用餐时，无论是采用哪种进餐方法都要注意，在切割食物时不要发出声响，将餐刀临时放下时，不可刀口朝外，掉在地上的刀叉切勿再用。

2. 餐匙

在西餐的正餐里，一般会出现多把餐匙，它们形状不同，用途不同。一般个头较大的餐匙叫作汤匙，通常摆放在用餐者右侧的最外端，与餐刀并列纵放。个头较小的餐匙叫作甜品匙，一般横向摆放在吃甜品所用刀叉的正上方。餐匙只可以用来饮汤、吃甜品，绝不可以直接舀取任何主食或菜肴。不可将餐匙插入菜肴、主食或者直立于甜品、茶杯中。使用餐匙时，要尽量保持其干净清洁。

3. 餐巾

西餐正餐中使用的餐巾，通常会被叠成一定的图案，放置于用餐者右前方。在使用时，应将餐巾平铺于并拢的大腿上，可将餐巾叠成三角形或对折，以方便使用。使用餐巾应注意，需要交谈时，应先用餐巾轻轻擦拭嘴巴，以保持清洁。如果进餐时需要剔牙，应当用餐巾挡住口部，使用完毕再放于原位。

4. 席间礼仪

由于西餐主要是在餐具、菜肴、酒水等方面不同于中餐，因此参加西餐宴会有必要了解和掌握以下方面的礼仪知识。

（1）当你应邀赴宴时,你对同桌进餐的人和餐桌上的谈话,大概要比对饮食更感兴趣。因此进餐时,应该尽可能地少一些声响,少一些动作。

（2）女主人拿起餐巾时,你也就可以拿起你的餐巾,放在腿上。有时餐巾中包有一只小面包,如果是那样的话就把它取出来,放在旁边的小碟上。

（3）餐巾如果很大,就双叠着放在腿上;如果很小,就全部打开。千万别将餐巾别在领上或背心上,也不要在手中乱揉。可以用餐巾的一角擦去嘴上或手指上的油渍或脏物,千万别用它来擦刀叉或碗碟。

（4）正餐通常从汤开始。在你座前最大的一把匙就是汤匙,它就在你右边的盘子旁边。不要错用放在桌子中间的那把匙子,因为那可能是取蔬菜和果酱用的。

（5）在女主人拿起她的匙子或叉子之前,客人不得食用任何一道菜。女主人通常要等到每位客人都拿到菜后才开始用餐。她不会像中国习惯那样,请你先吃。当她拿起匙或叉时,那就意味着大家也可以那样做了。

（6）如果有鱼这道菜的话,它多半在汤以后送上,桌上可能有一把专用叉子,它也可能与吃肉的叉子相似,通常要小一些,总之,鱼叉放在肉叉的外侧离盘较远的一侧。

（7）通常在鱼上桌之前,鱼骨早就剔净了,如果你吃的那块鱼还有刺的话,你可以左手拿着面包卷,或一块面包,右手拿着刀子,把刺拨开。

（8）如果嘴里有了一根刺,就应悄悄地,尽可能不引起注意地用手指将它取出,放在盘子边沿上,别放在桌上,或扔在地下。

总之,西餐极其重视礼仪要求,只有认真理解和掌握,才能在就餐时显得温文尔雅,颇具风度。

案例

应聘工作先过"饭局"关

"大家都别走,等会我们一起吃个饭,增进一下了解。"几天前,小林和其他四名求职者参加某公司招聘面试,正当四人面试完准备离开时,人事部经理发出了饭局邀请。

饭局开始,菜不错,公司领导也很热情。5位同学望着偌大的包间有些不知所措。小林挑了靠门的位置坐下:"这里是上菜位,今天我给大家服务啊!"上菜了,5位同学胃口似乎都很小,大都闷头吃菜,也不愿意喝酒,唯恐自己吃多了喝多了,留下不好的印象,工作没有了希望。

小林却有些"外向",他先跟在座的每位打了个招呼,接着向大家介绍了自己。看见大家吃得很沉闷,他还提议给大家说了个笑话。

在小林看来,这个饭局并不是那么简单,他听说有些单位招聘公关人员,会让他们参加饭局,趁机考察他们的交际能力。他想今天这场饭局大概也是一场"考验"。饭后,招聘单位负责人告诉大家,刚才设的饭局也是招聘面试的一部分,惊讶写在了每个人的脸上。人事经理表示,小林被录取了。据一位姓金的负责人透露:"第一轮面试 5 位同学水平不相上下,难以取舍。刚好临近吃饭时间了,于是就有了通过饭局进一步考查的想法,找到我们需要的人。小林在饭桌上的表现虽然稚嫩,但他正努力地调动气氛,希望打破沉闷。我们需要的正是这种意识。"

应聘者小蒋说:"没想到吃个饭,还有这么大的礼数。"

现代社会需要复合型人才,包括与人沟通交际的能力。企业在招聘面试中加入交际能力的考查,或许能更加全面地了解自己未来员工到底能适应怎样的工作。

资料来源:https://wenku.baidu.com/view,2021-08-06.

第四节 馈赠礼仪

馈赠,是与其他一系列礼仪活动一同产生和发展起来的。随着社会生活的进化和演变,礼物能传达情感的观念被广大人民所接受和认同,从而使馈赠在内容和形式上,逐渐融合在五彩缤纷的社会交往中,并成为人们联络和沟通感情的最主要方式之一。

成功的馈赠

某客商到湖北荆州某企业洽谈合作事宜,为馈赠礼品,荆州企业负责人伤透了脑筋,秘书建议采纳一个工艺品鸟架鼓。鸟架鼓作为荆州名片,上过中国与罗马尼亚的邮票,享誉海内外,是荆州文化的象征,最终该礼品受到客商的喜爱。

案例解析:

商务馈赠礼品注意形式恰当,针对不同情况选择不同性质的礼品。礼品的选择要价格适宜、体现特色、便于携带,不能过于流俗。具备这样礼仪要求的礼品能给客人留下深刻印象。

资料来源:https://max.book118.com/html/2016/1207/69413360.shtm,2016-12-12.

一、馈赠的原则

1. 轻重原则

轻重得当,以轻礼寓重情。通常情况下,礼品的贵贱厚薄,往往是衡量交往人的诚意和情感浓烈程度的重要标志。然而礼品的贵贱厚薄与其物质的价值含量并不总成正比。因为,就礼品的价值含量而言,礼品既有其物质的价值含量,也有其精神的价值含量。礼物太轻,且意义不大,很容易让人误解为瞧不起他。

但礼物太贵重,又会使人有受之有愧甚至受贿的感觉。这种情况下很可能被婉言谢绝,反而会让事情变得复杂起来。所以,礼物的轻重选择以对方能够愉快接受为尺度,争取做到少花钱,多办事、办好事。

2. 时机原则

选时择机,时不我待。就馈赠的时机而言,及时、适宜是最重要的。把握好馈赠的时机,包括时间的选择和机会的择定。一般说来,时间贵在及时,超前或滞后都达不到馈赠的目的,机会贵在事由和情感及其他需要的程度。

一开始就送礼,可能会给对方留下好的印象,方便工作的开展,但有时候对方可能会考虑到不知道和你的关系会发展得怎样,而会觉得太突然,不方便接受。所以,很多商务人员在见面之初就送礼的时候,往往送的是没有什么价值的小纪念品。

交往中送礼,能让伙伴对你的好感度进一步提升,尤其用在大家处于一种比较僵局的情况,这时候适当的礼物可以带来良好的、融化气氛的效果,这也是商务人员用的比较多的做法。工作完成之后送礼,会让商务伙伴对你的印象更深,是一种加深友谊、期待合作延续的方法。

根据最新调查表明,对大多数公司来说,选择新春、元旦、端午、中秋、圣诞节送礼物仍然是最流行的做法。也可以选择新公司的成立日,公司成立纪念日,大客户的生日,以感谢商务伙伴在合作上给予你协助、帮助。另外还有结婚、生小孩、重病初愈等时候。这样的送礼既不显得虚套,受礼者也收得心安理得,被拒绝的可能性很小,使得效果两全其美。特别是对港、澳、台同胞和海外华人华侨,在中国的传统佳节里送礼,往往有意想不到的效果。

3. 效用性原则

送礼首先必须先了解受礼对象的习惯和个性,他是什么身份,有什么爱好,有哪些习惯和忌讳,不要送礼却送出麻烦来了。在送礼前要先了解对方的信息,考虑周全,以免节外生枝。就礼品本身的实用价值而言,人们经济状况不同,文化程度不同,追求不同,对于礼品的实用性要求也就不同。因此应根据受礼者的物质生活水平,有针对性地选择礼品。

4. 投好避忌的原则

就礼品本身所引发的直接后果而言,由于民族、生活习惯、生活经历、宗教信仰及性格、爱好的不同,不同的人对同一礼品的态度是不同的,或喜爱或忌讳或厌恶等等,因此我们要把握住投其所好、避其禁忌的原则。比如,对国内人士来说,给年长者送钟,因"钟""终"谐音,有"送终"之嫌。

在选择、准备商务礼品的时候,要自觉、主动地避开对方受礼的禁忌。如以下几种情况。

(1) 违法、犯规礼品。比如,国家公务员在执行公务时,为避免使对方有受贿的嫌疑和麻烦,不要送礼品。给外国友人送礼的时候,还要考虑到不违反对方所在国家的现行法律等。

(2) 坏俗礼品。选择礼品,特别是为交往不深者或外地人士、外国人选择的时候,要有意识地使赠品不和对方所在地的风俗习惯相矛盾、相抵触。在任何情况下,都要坚决避免把对方认为属于伤风败俗的物品作为礼品相赠。

(3) 私忌礼品。由于种种原因,人们会忌讳某些东西。比如,高血压患者不能吃含高脂肪、高胆固醇的食品,肝炎病患者忌吃甲鱼和羊肉,糖尿病患者不能吃含糖量高的食品。如果送私忌礼品,对方反而会认为你没有把他放在心上,并不真正在意他。

(4) 私人用品。应该说,不论对国外还是国内商务伙伴,单独送礼的时候,私人物品都不要随便当作礼品送人,特别是给异性商务伙伴送礼的时候更要注意。如皮带、领带、鞋、内衣、香水及其他私人用品。

(5) 广告礼品。轻易不要把带有广告标志或广告语的东西作为商务礼品送人,无论礼品有多精美。不然,会让对方产生你利用廉价劳动力为自己免费宣传的嫌疑。

(6) 礼品的价格标签一定要撕下,否则会让人误认为你在低俗而故意地显示商品的价值。

(7) 避免将同样的礼物同时送给相识的两个人,那样会令人觉得你在搞"批发"。

如果要送礼的对象是国外人士,还要注意:不要送药品、现金、有价证券、珠宝、首饰等贵重物品,一般可以送纪念品、鲜花等。但是,国外人士都十分注意礼品外包装,所以,应该在礼品的外包装上多下心思。

二、赠送礼仪

赠送礼品的时候,最重要的是要神态自然,举止大方,表现适当。现场把礼品送给受赠者,一般要在会面后进行。这时,要郑重其事地起身站立,走近受赠者,双手将礼品递给对方,尽量要递到对方的手里。如果礼物过大,可以请其他人帮助递交,但赠送者本人最好也积极参与进来,并向对方说明一下。如果有多人赠送礼品,最好先长辈后晚辈、先女士后男士、先上司后下级,按照顺序进行。

为了说明自己重视对方的态度,可以说,"这是我特意挑选的""相信你一定会喜欢它"。不要说什么"没有准备,临时买来的""没有什么好东西,凑合着用吧"之类的话,它会使你的礼物及心意一下子变轻、变淡。礼品比较新颖的话,还有必要向对方说明具体用途、用法,好让对方对你送的礼物更加了解。介绍礼品寓意的时候,也要多讲几句吉祥话,这样谁听了心里都会高兴。

作为中国人来说,收礼的时候会表现得更加谦虚,常常会再三推辞,其实他心里往往是想要而又客套地予以推辞,所以送礼的时候千万不要对方一谦虚马上就把礼收回来,这样会让人变得很失望、很难堪甚至恼羞成怒。

赠受礼品时的语言表达上,中国文化和西方文化有所不同。在中国,如果当面赠送礼物,送礼者应起身用双手捧送,双目注视对方,边送边说上几句祝福与问候的客套话,如"祝您生日快乐""祝二位百年好合""祝早日康复""感谢您帮了我的忙""区区薄礼,不成敬意,敬请笑纳"。受赠者接受礼品之前,没有必要一味谦让,否则有时候会让对方不知所措。可以双手接受并诚恳感谢对方。

西方人送礼多会附上卡片,表达祝福的心愿。收到附有卡片的礼物时,应该先读卡片,再拆礼物。西方的风俗是收到礼物时当场打开陈列,同时表示赞美和感谢,如"非常感谢。这么好的礼物,我会永远珍惜""看到它,我会永远记起您""谢谢,我很喜欢"。

当别人赞扬你所送的礼品,不宜说"不用谢"之类的谦虚词,而应报以微笑,说一句"我真高兴您喜欢它"。如果把礼品原封不动放在一旁,就意味着对礼品不感兴趣,至少也会让送礼者感到被冷落。如果收到托人送达或邮寄的礼品,要回复一张名片或亲笔写信表示感谢。

1. 商务拜访前需要做哪些准备?
2. 小轿车的乘车礼仪有哪些?
3. 如何使用名片礼仪?
4. 馈赠的原则有哪些?
5. 送客礼仪规范有哪些?

实训一:

1. 实践内容

有同学分组,进行情景模拟和角色扮演。

(1) ××公司(赞助商)的业务员推销××产品,秘书接待,并引荐给公司总经理,直到谈话结束,秘书送客。

角色:总经理、秘书、业务员3人

要求有握手、介绍、交谈、名片、引导手势等。

(2) 小张毕业后在B公司总经理办公室工作。A公司是B公司的主要客户。这天,A公司的刘副总经理到B公司来洽谈新的合作项目。小张陪同B公司李经理到机场迎接。

角色:刘副总经理、李经理、小张、司机

要求有介绍、车次安排。

2. 实践目的

通过模仿商务接待中的相关情景,使学员在实践中掌握接待礼仪中的相关礼仪标准,并能熟练运用。

3. 技能要求

熟知商务人员应该有的接待礼仪基本常识,并能在实际情境中灵活使用。

实训二:

将学生分成10~15人一组,一部分学生为主人,另一部分学生为客人,进行中西餐迎客、座次、就餐的模拟练习,然后进行角色调换,再次进行练习。

扩展阅读10-1 《人民日报》新知新觉:积极推进礼仪教育

第十一章

沟通礼仪

学习目标

1. 掌握沟通的含义,学习有效沟通的原则和技巧,强化相关的沟通技能;
2. 掌握电话礼仪规范,了解电话沟通礼仪和技巧,掌握中英文信函礼仪;
3. 了解谈判礼仪规范,熟悉签约仪式过程,掌握涉外谈判中要注意的礼仪禁忌;
4. 了解会议的类型及不同类型的会务礼仪。

技能要求

运用常用沟通技巧,正确使用各种沟通工具(电话、信函);掌握谈判礼仪规范和原则,保障谈判活动的顺利进行;了解各种会务礼仪,并能熟练运用在具体的会议中。

> 引导 案例

职场中的聚与距

　　进公司的第一天，部门经理带小张和同事们认识。每个人都对小张微笑、握手，空气暖融融的，让小张着实激动了一把。

　　可没想到经理一走，办公室里立刻露"真容"。经理让小李当小张师傅带小张熟悉业务，可她只顾埋头写计划书，对手足无措的小张根本不予理睬。

　　小张天性内向，朋友不多，非常渴望能在集体中找到归属感，获得关注。于是，小张下决心改变自己，可越变越崩溃。比如，小张看了许多星座的书，然后专找星座一样的同事聊天，觉得彼此有缘。"徐姐，你好年轻啊，看起来就像三十多岁。"结果人家脸一黑说："我就是三十多岁啊！"小张臊了个大红脸。

　　小张非常沮丧，觉得职场人际的水好深啊。

　　小张有个亲戚在单位是中层领导，在职场上经历过大风大浪。她说职场中每个人每天跟同事在一起的时间远远超过家人，如果不能和大家和睦相处，日子会过得很灰暗，对事业影响很大。

　　她说在职场上保持自我个性，不要强行改变自己，不必学交往技巧，那会给人圆滑的感觉。"在职场中真诚最重要。"她建议小张说话要讲究分寸，让对方感觉舒服；要学会补台，不要拆台；有成绩时说"我们"，犯错误时说"我"；同事聊天插不上话就微笑倾听，"因为倾听也是一种参与"。

　　小张从小住校，一直不会做饭，但心里非常渴望做大厨。后来小张发现和女同事聊烹饪，是和她们亲近的一个重要途径。只要小张咨询红烧肉和各式炒菜的做法，年长的女同事就两眼发光，大谈她的厨艺和营养观，给小张出谋划策。

　　年底联欢会，小张为每一位上台唱歌的同事鼓掌。不是刻意拍马屁，而是小张五音不全，小张觉得每个能唱到调上的都是人才，好羡慕他们。没想到这个友善的举动让大家非常感动，有时小张工作中出错，同事都愿意替小张兜着，不向上司汇报。

　　对不好相处的同事，小张会在 MSN、QQ 和邮件上说事或发个短信，事儿就解决了。既没有争执，还不用看他的臭脸，办事效率颇高。

　　在职场上要善待每一位同事，但不必拿每一个人当朋友，合则聚，不合则距。

　　案例解析：

　　大千世界，芸芸众生，有的人能够平步青云，扶摇直上，有的人却怀才不遇郁郁而终。知识与智慧固然是重要的因素，但也不是决定性的因素。在这个交往日益频繁、竞争日趋激烈的信息社会中，成功必须要有良好的公共关系作为前提和保证。良好的公共关系是你前途和事业的润滑剂；糟糕的公共关系则会成为你生活和事业的绊脚石。

生活中常有人抱怨"工作好做人难做"，处理人际关系是职场中最需要智慧的一项工作。尤其是秘书人员，在职场中处于人际关系的旋涡中心。上司与上司之间，同事与同事之间，关系错综复杂。对你的顶头上司你必须要服从；对下属你必须要关心；对同僚你得要有真诚相待的平常心。这些说起来容易，但是真正做起来就没有那么容易了。

案例中的"小张"是个性格内向，刚走上工作岗位的大学生，职场对于她来说既充满了新鲜感，又充满了恐惧感。上班第一天她就已经领略了职场的"世态炎凉"。她下决心要改变自己，可是，越变却越别扭。因为她采用笨拙的方式去刻意迎合别人，不仅没有好的效果，反而招来了白眼。

通过反思，她明白了一个道理，与人相处最重要的是真诚，真心相待，而不是矫揉造作的刻意逢迎。那样，会让人觉得你油滑，会让人对你产生不踏实的感觉。当道理明白了以后，她也就能摆正自己与他人的位置，与人相处也就自然了，并终于在职场中找到了"家"的感觉。正如她的一个亲戚所说的那样："职场中每个人每天跟同事在一起的时间远远超过家人，如果不能和大家和睦相处，日子会过得很灰暗，对事业影响很大。"

资料来源：https://wenku.baidu.com/view/32f8ecced938376baf1ffc4ffe4733687e21fccb.html，2021-10-11。

第一节　电话礼仪

电话是工作中必不可少的工具，也是商务活动中重要的沟通工具。掌握电话礼仪并正确地运用，是对商务人员基本的要求。

一、打电话的礼仪

（一）选择恰当的通话时间

除了特殊情况外，工作上的事，要在工作时间打电话；最好是事先约好的时间，或者是对方便利的时间。在对方下班前10分钟尽量不要打电话，以免耽误对方的时间。应避开用餐时间和休息时间。虽然现代社会生活节奏快,竞争压力大,晚睡的人很多,但是不要以自己的作息时间来揣测别人的作息时间,所以晚上十点以后到早上七点之间不要打电话,除非有特别重要的事。避开下班后的私人时间,尤其是节假日。

如果在对方用餐、休息和睡觉时不得已打电话,要讲明原因,并且道歉。同国外的公司电话联络时,还要特别注意时差问题。

接电话技巧

某公司的毛先生是杭州某三星级酒店的商务客人,他每次到杭州肯定会住这家三星级酒店,并且每次都会提出一些意见和建议。可以说,毛先生是一位既忠实友好又苛刻挑剔的客人。

某天早晨8点再次入住的毛先生打电话到总机,询问同公司的王总住在几号房。总机李小姐接到电话后,请毛先生"稍等",然后在电脑上进行查询。查到王总住在901房间而且并未要求电话免打扰服务,便对毛先生说"我帮您转过去",说完就把电话转到了901房间。此时901房间的王先生因昨晚旅途劳累还在休息,接到电话就抱怨下属毛先生不该这么早吵醒他,并为此很生气。

案例解析:

李小姐应该考虑到通话的时间是早上8点,是否会影响客人休息,分析客人询问房间号码的动机,此时毛先生的本意也许并不是要立即与王总通话,而只想知道王总的房间号码,便于事后联络。在不确定客人动机的前提下,可以先回答客人的问话,同时征询客人意见:"王总住在901房,请问先生需要我马上帮您转过去吗?"必要时还可委婉地提醒客人,现在时间尚早,如要通话是否1个小时之后再打。这样做既满足了客人的需求,又让客人感受到了服务的主动性、超前性、周到性。

资料来源:https://m.ruiwen.com/liyichangshi/1240737.html?from=singlemessage,2020-10-04.

(二)提高打电话的效率

1. 确保电话号码正确

为了提高打电话的效率,还可以将常用的电话号码制成表格贴于电话旁边,方便随时查阅。打电话前,先确认好对方的电话号码。如果不小心打错了,一定要道歉,然后再仔细检查一下号码。

2. 准备充分

打电话之前,要事先想好或是写好所办事情的要点,准备好相关的资料,放在电话机旁边。只有准备好要点,回答对方的提问才会得心应手,不用总是说"请稍等片刻",否则,再长的通话时间也是不够用的。对于容易忘记的要点,一定要记录在手头,要不然为了告知对方自己忘说了的事而再次打电话给对方,会令对方停下手中的工作来接听你的电话,带给对方很多麻烦。

3. 做好记录

打电话时,旁边应准备好备忘录和笔,以免需要记录时,出现忙乱地找纸和笔的情况,不仅浪费对方的时间,也会给对方留下不专业、准备不充分的印象。

记下交谈中所有的必要信息,除了自己要说的话和说话内容的要点外,还要记下通话达成的意向点。

4. 复述要点

记录对方所说的内容,通话结束之前最好再复述一遍要点,防止记录错误或者偏差而带来的误会,使整个电话的办事效率更高。

(三)通话时间不宜过长

打电话时,先要自报家门,通话之前先问对方现在通话是否方便,如果方便就继续通话,如果不方便就礼貌地道歉并约好在对方方便时再通电话。事先想好要讲的内容,节约通话时间,不要现想现说。简明扼要地把事情说清楚,尽量自觉地、有意识地将通话时间控制在3分钟之内。如果通话时间较长,应征求对方意见,并在通话结束时表示歉意,通话结束时主动挂电话。

(四)不打私人电话

办公时间打私人电话就等于放弃工作。如果有非打不可的电话,也要等到休息时间再打,而且还应该尽量用自己的手机或公用电话打,避免使用办公电话。在对方上班期间,原则上不要为了私事而通电话以免影响对方的工作。

二、接听电话的礼仪

1. 适时拿起听筒

在办公室里,电话铃响3遍之前就应接听,3遍后就应道歉:"对不起,让你久等了。"如果受话人正在做一件要紧的事情不能及时接听,代接的人应妥为解释。如果既不及时接电话,又不道歉,甚至极不耐烦,就是极不礼貌的行为。尽快接听电话会给对方留下好印象,让对方觉得自己被看重。

2. 确认对方

对方打来电话,一般会自己主动介绍。如果没有介绍或者你没有听清楚,就应该主动问:"请问您是哪位?我能为您做什么?您找哪位?"不要拿起电话听筒盘问一句:"喂!哪位?"这样的话语陌生而疏远,缺少人情味。问清来电者的身份(姓名、公司名称、电话号码),在确定来电者身份的过程中,要注意给予对方亲切随和的问候,避免对方不耐烦。

3. 专心接电话

接电话时要暂时放下手里的工作。如果正在和别人交谈,要示意自己接电话,一会儿再说,接完后向对方道歉;如果有非常重要的事情,在接到电话后向对方说明原因,表示歉意,并约一个具体时间主动打过去,在下次通话开始时还要再次向对方致歉。

4. 合理安排

在接听电话时,适逢另一个电话打了进来,切忌置之不理。可先对通话对象说明原因,要其勿挂电话,稍等片刻,然后立即去接另一个电话。待接通之后,先请对方稍候,或过一会儿再打进来,随后再继续刚才正打的电话,同时说明"对不起(很抱歉),让您久等了"。

接打电话礼貌用语

礼貌用语:

(1) 您好!这里是×××公司×××部(室),请问您找谁?

(2) 我就是,请问您是哪一位?……请讲。

(3) 请问您有什么事?(有什么能帮您?)

(4) 您放心,我会尽力办好这件事。

(5) 不用谢,这是我们应该做的。

(6) ×××同志不在,我可以替您转告吗?(请您稍后再来电话好吗?)

(7) 对不起,这类业务请您向×××部(室)咨询,他们的号码是……。[×××同志不是这个电话号码,他(她)的电话号码是……]

(8) 您打错号码了,我是×××公司×××部(室),……没关系。

(9) 再见!(与以下各项通用)

(10) 您好!请问您是×××单位吗?

(11) 我是×××公司×××部(室)×××,请问怎样称呼您?

(12) 请帮我找×××同志。

(13) 对不起,我打错电话了。

(14) 对不起,这个问题……,请留下您的联系电话,我们会尽快给您答复好吗?

大家每个人都希望别人以礼相待,有谁愿意同不懂得礼貌的人打交道呢?所以,在接听电话时,一定要注意应有的礼貌。

三、转接电话的礼仪

1. 有礼貌

接到对方打来的电话,您拿起听筒应首先自我介绍:"您好!我是×××。"如果对方嫌不足,以致还有不少人将人际交往中应有的礼仪一概视作"客套""虚伪"而加以摒弃。个人认为,这与上海这个国际一流大城市的形象极不相称。现将国内外相通的部分谈话礼仪归纳于后,供读者诸君参考。

与人谈话时双眼应正视对方。可以用手势助说话,但切忌指手画脚,更不可以手指直指对方,以免使人感到你的粗鲁与浮躁。交谈时若非至亲挚友,不宜问对方的私事,发现对方有不愿提及的话题时切勿穷追不舍。由于是聊天,故不可一人喋喋不休地逞能。若有见解相悖,只要不属大是大非,也力戒与人争得面红耳赤,以免举桌不欢。

谈话现场超过两人时,不要只顾与其中一人说话而冷落了他人。别人说话时应专注倾听,不宜左顾右盼,或频频抬腕看表,更不可做出伸懒腰、打哈欠等漫不经心的不礼貌动作。

若是与异性交谈则更应注意稳重大方。若属初交,男宾一般不要谈及女性的年龄、婚姻、受教育程度等"敏感话题";尤其要避免以女性的胖瘦、高矮为谈资,否则会被人视作志趣低级和缺少教养。

谈话间如需暂离,应向对方表示歉意后再离开。若见有人离开群体作个别交谈时一般不宜趋前旁听。确有急事必须打断对方,则应先说一声"对不起,打扰一下",插话完毕后应尽速离开。

总之,时代在不断发展,社会文明在不断进步。我们每个人都应适应新的形势,约束自己,学会尊重别人,做懂礼貌、重礼仪、有修养且文明的中国人。

资料来源:http://xmwb.xinmin.cn/html/2019-07/08/content_19_3.htm.

四、乘车礼仪

乘坐车辆,特别是轿车的时候,座次的安排很有讲究。为轿车具体排座的时候,必须要注意不同数量座位的轿车,在排位时具体方法各不相同。同一种座位的轿车上,驾车者的身份不同,排座尊次也不同。比如:专职司机开车的时候,轿车的副驾驶座被称为"随员座",它是属于陪同、秘书、翻译或是警卫人员的专座;而如果领导或主人亲自开车的时候,副驾驶座又成了主宾座。

按照国际惯例,乘坐轿车的座次安排常规是:右高左低,后高前低。具体而言,轿车座位的尊卑自高而低是:后排右位,后排左位,前排右位,前排左位。

上车的时候要让客人先上,打开车门,并用手示意,等客人坐稳后自己再上。应该请客人坐在后排座的右侧,自己坐在左侧。如果客人有领导陪同,就请领导人坐在客人左侧,自己坐在前排司机的旁边。如果客人或领导已经坐好,就不必再换。在客人入座后,不要从同一车门随后而入,而应该关好门后从车尾绕到另一侧车门入座。下车的时候,自己先下,为领导或客人打开车门,请他们下车。

找的人在旁边,您应说:"请稍等。"然后用手掩住话筒,轻声招呼你的同事接电话。如果对方找的人不在,您应该告诉对方,并且问:"需要留言吗?我一定转告!"

2．记录详细准确

接电话的时候,要将对方的公司名称、姓名、事由、电话号码牢牢记住,并转告给对方要找的人。为了避免出错,需要复述一遍。如果复述的内容有误便说:"不好意思,请您再说一遍。"转按电话的时候,要认真确认"是谁打给谁的",并及时把记录的信息转告对方要找的人。

四、通话中的礼仪

1．姿势正确

接打电话的时候,虽然对方看不到你手拿听筒的样子,但是可以从你讲话的口吻中感觉到你的精神状态。在通话过程中,要假设对方就在自己面前,务必保持一个完全正确的姿势,坐着打电话要有坐相,站着接听也要有站相。接打电话时,应左手持握话筒,右手准备好纸笔,便于随时记录有用信息。

2．态度友好

无论是打电话还是接电话,都应做到语调热情、大方、自然,声量适中、表达清楚,简明扼要、文明礼貌。通话时要和气、亲切、得体,面带微笑说话。亲切、温情的声音会使对方马上对我们产生良好的印象。如果绷着脸,声音会变得冷淡。即使对方讲话粗野、脾气很大,也不要以同样的方式回敬,要有涵养地应答。

3．用语规范

打电话时需使用规范的礼貌语言,要避免一些常见情景中的不当用语,正确使用相应的礼貌用语,如下表 11-1 所示。

表 11-1　礼貌和不当用语比较

情　　景	不　当　用　语	礼　貌　用　语
1. 问好	喂?	您好/你好。
2. 自报家门	我是××公司。	这里是××公司。
3. 问对方的身份	你是谁?	请问您是……?
4. 问对方姓名 /姓氏	你叫什么名字? /你姓什么?	能告诉我您的姓名吗? /请问您贵姓?
5. 要别人的电话	你电话是多少?	能留下您的联系方式吗?
6. 要找某人	给我找一下×××!	请您帮我找一下×××,好吗?谢谢!
7. 问找某人 /问有某事	你找谁啊? /你有什么事?	请问您找哪一位? /请问您有什么事吗?
8. 人不在	他不在。 /他现在不在这里。	不好意思,他在另一处办公,请您直接给他打电话,电话号码是……/ 对不起,他现在不在,如果您有急事,我能否代为转告?

续表

情 景	不 当 用 语	礼 貌 用 语
9. 叫别人等待	你等着。	请您稍等一会儿。
10. 待会儿再打	你待会再打吧。	请您过一会儿再来电话,好吗?
11. 结束谈话	你说完了吗?	您还有其他事吗?/您还有其他吩咐吗?
12. 做不到	那样可不行。	很抱歉,没有照您希望的办。/不好意思,这个我们可能办不到。
13. 不会忘记	我忘不了的	请放心,我一定……
14. 没听清楚	什么?再说一遍!	对不起,这边太吵,请您再说一遍,好吗?

第二节　信函礼仪

　　信函是商业活动中对外交往最主要的书面表达方式之一,规范得体的商务信函不仅体现个人的商务写作水平,更代表着公司或企业的整体形象。书信的表达要运用适当的文字,恰当地表达信息。除了传统的书信以外,在现代商务中电子邮件也占了一定的分量。不管是哪种形式的书信,写信时都要注意接受信息的人的感受。

"鸿雁"的来历

　　汉朝时苏武出使匈奴,因两国关系恶化,苏武被单于流放北海去放羊。10年后汉朝与匈奴和亲,但单于仍不让苏武回汉。苏武被反复无常的单于扣留达19年之久。

　　昭帝即位后派出新的汉使,与苏武一起出使匈奴的常惠把苏武的情况密告新汉使,并设下计策让汉使对单于讲,汉朝天子猎到一只北来的大雁,雁腿上系一封信,写苏武正在北海(今贝加尔湖)牧羊。单于听后大为惊奇,却又无法抵赖,只好把苏武放回。后来人们就用"鸿雁"比喻书信和传递书信的人。

一、中文商务信函礼仪

(一) 格式礼仪

1. 称呼

　　开头写收信人或收信单位的称呼,称呼单独占行而且要顶格书写,称呼后用冒号。商务信函的称谓应郑重,不宜使用过分亲昵的称呼,可称"×××先生"或"×××女士",或称其职务,也可加"尊敬的"一类词。结尾的称呼要和开头相对应,开头是哪种关系程度的称呼,落款也应是相应的程度。例如,称呼是连姓带名的"×××先生",落款就是连姓带名的"×××";称呼是不带姓的"×××先生",落款就不带姓。商务信函以打印为宜,但落款处要有亲笔签名。

2. 结尾及敬辞

用简单的一两句话,写明希望对方答复的要求,如"特此函达,即希函复",同时写表示祝愿或致敬的话,如"此致敬礼"等。祝语一般分为两行书写,"此致""敬祝"可紧随正文,也可和正文空开。"敬礼""顺利"则转行顶格书写。

3. 正文

信文的正文是书信的主要部分,叙述商务往来联系的实质问题。正文的格式要规范,通常包括以下几个方面:向收信人问候;写信的事由,如何时收到对方的来信,或者表示谢意,或者对于来信中提到的问题进行答复等;该信要进行的业务联系,如询问有关事宜,回答对方提出的问题,阐明自己的想法或看法,向对方提出要求等。如果既要向对方询问,又要回答对方的询问,则先答后问,以示尊重;最后提出进一步联系的希望、方式和要求。日期一般写在署名的下一行或同一行偏右下方位置,书写信函的日期很重要,不能随意遗漏。

(二)信笺礼仪

1. 使用专用信笺

商务信函最好使用带有公司抬头的专用信笺。信笺上应印有公司的名称、徽标及地址、电话和传真号码。写商业信函决不可用有颜色的纸。信笺样式上要稳重而具有吸引力,质地要优良,印刷要优美,设计和布局最好能反映本公司的商业特征。如果信笺上的资料需要更新,应当提前订购新的信笺。

2. 正规严谨、表达准确

商业信笺使用的语言比社交信要正规,用词也要严谨得多,内容上要力求简短。从时间上讲,要先叙旧后谈近况。细节部分应准确明了地表达清楚,避免使对方费解。对有地方参考价值的数据或情报,应尽可能引用、提供;与正题无关的闲话尽量省略。表示不满的信笺,要写得委婉,有礼有节地提出意见,寻求解决办法;一旦对方改正了错误,切莫忘记回信表示感谢。除了绝对私人性质的信件,一般都是打字。信笺的字体大小适中,以对方能够看清为最佳,切记正确使用标点符号,清晰、准确地传达信息。

3. 保持整洁、恰当折叠

第二张信纸最好与第一张相连,否则看起来会不协调。而且笺头与其余信纸的颜色材质最好一模一样,否则会让人觉得不舒服。信笺表面要保持整洁,信笺的内容写好以后,要把信笺折叠整齐,再装入信封。即使只是稍微折不好,公司的整体形象仍会遭到破坏。通常的商务信函的折法是先将信笺纵向对折,随即在折线处再往里卷折1~2厘米宽,最后再将其横向对折。将折好的信笺正式装入信封时,要注意一定要将其推至信封的顶端,并且令其与信封的封口之处留有大约1厘米左右的距离。以免收信人将来拆阅书信时,撕坏信封内的信笺,影响阅读。

(三) 信封使用礼仪

1. 使用新的信封来邮寄

不能使用旧信封或废旧纸张和有字纸张制成的信封装寄。信件应装入标准信封内,并将封口封好,不必非在封口加上透明胶带以保安全,因为那样会影响美观。如果用透明窗信封装寄,透明窗必须是长方形的,其长的一边应和信封长的一边平行。信件应适当折叠,使其在信封内有所移动时,收件人的姓名地址仍能通过透明窗清晰露出。透明窗的纸张应该使用在灯光下不反光的透明纸制成。

2. 格式

左上角是收信人的邮政编码。收信人地址应写在信封左上角,邮政编码的下方。中间是收信人的姓名,右下方是寄信人的邮编和地址,右上方贴邮票。寄往日本、韩国及中国香港、澳门地区的特快邮件,封面收、寄信人的姓名和地址可以用中文书写。

案例

书面沟通有讲究

请指出下面这封信存在的问题,并按书信礼仪的要求予以改写。

A厂财务科:

你们几次写来讨钱的信,我们早就收到。老实说,近一年来,厂里的货卖不掉,工人奖金也发不出,所以,没有钱还债。

B厂财务科
2014年5月20日

案例解析:

书面沟通要遵守"7C"准则,即:完整(complete)、准确(correctness)、清晰(clearness)、简洁(conciseness)、具体(concreteness)、礼貌(courtesy)、体谅(consideration)。案例中存在的问题是:(1)语气强硬,措辞不当。本信函应是一封向对方诚恳道歉的信,应该用礼貌用语,语气应该是诚恳真挚的,应该表现出歉意,但本信函给人的感觉是怨气冲天,非常不耐烦;(2)信函中用了太多的口语,像这样的商务信函,应多用书面语言;(3)书信格式不合规范,没有使用敬语、祝愿语。应改写为:

尊敬的A厂财务科:

贵厂发来的几次催款函,我厂已收到。非常抱歉,我厂没有及时还款,影响了贵厂的生产,对此我们深表歉意,由于我厂近一年来经营状况不佳,货物滞销,资金周转困难,已无法正常支付工人工资。所以,我们恳请贵厂能酌情延长我厂的还款时间。若一定要还,可以将我厂的存货折款抵押给贵厂。再次对我厂没有及时还款,深表歉意。

顺祝商祺!

B厂财务科
2020年5月20日

资料来源:https://wenku.baidu.com/view/2494a2d728f90242a8956bec0975f46526d3a7c4.html,2021-08-20。

二、英文商务信函礼仪

(一) 英文商务信函的格式

1. 开头部分

商务信函的开头部分(heading)包括以下四个方面:信头(letter head),日期(date),封内地址(inside address),称呼(salutation or greeting)。

(1) 信头

信头是信函的第一部分,应写在全信首页的开头,位置大约在离纸顶端2~3厘米的正中央,也可中间稍右偏。大部分公司都有自行设计的信笺,包括公司名称、地址、电话、传真号码、公司的标识(logo)、e-mail地址、公司或企业的网址及总裁的名字等。

(2) 写信日期

英文的日期有两种表示方法。美式英语以月份为先,以日期为后;而英式英语日期在前,月份在后。例如:2012年11月5日,在美式英语中的表达方法是November 5,2012;而在英式英语中的表达方式是5th November,2012。如果日期全部用数字表示,美式英语应该是11/5/2012,英式英语是5/11/2012。为了避免混淆,最好不要全部用数字表示日期,月份要全部用英文拼出,最好不用缩写形式,日期用数字表示,用逗号将年和月日分开。

(3) 收件人地址(封内地址)

标准的排序方式依次是:收信人姓名、职位;所在部门及公司名称;公司所在的街道号码及街道名;所在城市、州或郡名称及邮政编码;所在国名。封内姓名地址的格式和信封的格式是一样的,而且必须一致。

(4) 称呼

开头称呼语是写信人开始信文的礼貌用语,一般商务英语书信中多用Dear Sir,Dear Sirs或Gentlemen,并且独立成行,在封内名称和地址以下三行。在Dear Sir或Dear Sirs后面用逗号,而在Gentlemen后面用冒号。需要注意的是,对夫妻双方的称呼使用同一姓氏,如Dear Mr.(Mrs.)Macdonald。不知女士婚否时,最好用"Ms.",如Dear Ms. Green。

不知对方具体称呼,可直接写职位头衔,如 Dear Marketing Manager。信内地址对收信人的头衔称呼一般有以下几种情况:有教授职称的用 Prof.(Professor);总经理、校长、会长、总统用 Pres.(President)。

2. 正文格式

(1) 结构

正文通常包括四个基本部分:开头(opening or introduction)、细节(details)、回应(response or action)和结尾(close)。开头要说明写信的原因及是对以前哪封信、合同或文件的应答。细节要提出问题和具体要求,如询问情况或提供相关的细节。可以分段写,每段应有一个主题,而且段与段之间应有逻辑上的衔接。回应部分写出期望对方的反应和行动或说明写信人将采取的行动。结尾部分要简短、礼貌地过渡结束。

(2) 格式

正文的格式主要有以下两种。

① 齐头式(block/full format)

所有部分均从左边空白边缘开始写,段落中行与行之间空一行,各部分之间空两行,采用开放式标点符号的形式。信笺中如果有印好的信头,其位置不变,如无信头,起笔也从左边空白边缘开始。

② 缩进式(indented format)

写信人地址、日期、收信人地址、结尾语和签名的排列,每行都比上一行缩进 1~2 格。每一个段落的第一个字向后缩四至五个空格。段落中行与行之间空一行,段落与段落之间空两行。结尾敬语和签名部分位于居中偏右的位置,这两部分上下要对齐。

(3) 写作原则

正文的写作原则是五 C 法则,即礼貌(courteous)——言辞礼貌;清晰(clear)——表达清晰;完整(complete)——内容完整;正确(correct)——格式正确;简洁(concise)——行文简洁。

3. 商务信函的结尾部分

(1) 结尾敬语

结尾敬语(complimentary close)是信件结束时的一种礼貌用语,长久以来的传统使之成为信件结尾不可或缺的部分,并已成为习惯,一直沿用至今。无论是最正式的信函,还是较正式的信函,信函的风格都要首尾一致。传统的结尾敬语有 Yours faithfully, Yours truly, Yours sincerely 等,也有人用倒装的 Faithfully yours, Truly yours 等。结尾敬语必须和信文紧连在一起,不能分开,更不能把它单独放到另一页。

(2) 签名

商业信函必须签名(signature),这部分一般位于结束敬语下三到四行,签名是在结尾敬辞的下面,稍偏于右,这样最后一个字可以接近空白而和上面的正文一样齐。签名包括亲笔签名和打字签名。如果写信人有头衔,打字签名下要加上头衔或职位称呼,如 Mary Owen,Managing Director。写信人若是代表另一位经理回复,那么在被代表人前应加上 For 或 PP 字样。PP 为"per procurationem"的缩写,意为"代理、代表"。签名应当用蓝钢笔或圆珠笔,写信人为女性时,则可在署名前用括号注明女士或小姐(Mrs. 或 Miss)。签名的格式不能常变换,如不能一封签 G. Scott,另一封签 George Scott,第三封用 G. B. Scott,男士签字前不可用 Mr.,Prof. 或 Dr. 字样。

(二)信封礼仪

1. 信封的格式

在信封的左上角写寄信人的名字和住址,在信封的中间或右下角偏左的地方写收信人的名字和住址,姓名要单独成行,姓名地址的写法同信头(heading)和信内地址(inside address)一样。所用格式(并列式或斜列式)也同信内的安排一致。

2. 地址和称呼

寄信人不自称 Mr.,Mrs. 或 Miss(先生、女士或小姐),但是在收信人的姓名前则必须加上尊称 Mr.,Mrs. 或 Miss(先生、女士或小姐)以示礼貌。住址的写法与中文相反;要由小至大,先写门牌号码、街路名称,再写城市、省(州)和邮政区号,最后一行则写国家名称。

在信封的右上角贴上邮票,住址中的常用字有简写的多用简写,信封左下角可以写明邮寄方式,若信封通过邮局寄给第三者转交给收信人,则需在收信人的姓名下面写明转交人的姓名,并在前面加上 c/o(care of)或 kindness of。例如:Mr. Thomas Brown C/O Mr. William Smith。

(三)其他礼仪

1. 坚持一种格式

日常英文商务信函应选定一种格式,坚持使用,不能变来变去,信函中的内容要安排得合理得当,所必需的七部分内容一个都不能少。布局好的信件是双方交易好的开始,一封布局优雅、端庄匀称的信件,会留给人一种良好的印象,促进双方的进一步往来,直至交易的达成。

2. 正确使用标点符号

齐头式信函中有时可以省略标点,即除了信的正文,其他地方的一切句号、逗号等标点全部省略。使用开放式标点时,最重要的是标点应保持前后一致,写姓名和缩写时,中间不加句号和缩写符,每行之间不要用逗号,开头称呼和结束敬语没有标点符号,如 Dear Dr. Smith,Yours sincerely。

3. 妥善保存

商务往来和其他经济业务性质的书信内容要包括很多重要的细节,在内容的叙述上更具体。例如,商业往来方面的业务信函,要说明商品名称、牌号、规格、数量、质量、价格、起运时间、出厂时间、合约签定情况或规定、交付款项的时间、地点、方式、运输过程中的保护、保险、到货时间、提取方式、万一发生意外之后如何赔偿等,所以商务信函的保管要非常仔细,往来的函件都要留下底稿,以备将来查询,且万一出现什么问题时就有可靠的证据。

三、电子信函礼仪

电子信函,又称电子函件或电子邮件(e-mail),是一种通过网络实现相互传送和接收信息的现代化通信方式,也是重要的商务沟通方式之一。商务电子信函的用途很广,主要体现为日常工作交流、传递公司的产品与服务信息、获取外界信息和展示企业形象等。

(一)电子邮件使用基本原则

1. 工作交流

电子商务邮件可以用作工作交流,如需要发正式工作报告,部门之间事务往来,发通知、推荐知识、传递信息,在没有见面交流条件下进行的其他交流内容及难以简单用口头表达说明清楚的事项。

2. 跟进工作

使所有参与方对于所讨论的论题、事实根据和结论,以及达成的共识一目了然,并保持跟进直至工作完成。能准确及时地记录事项进程、讨论内容及行动细则,并记录每个工作项目的来龙去脉。

3. 充当证据

当意见不合、起争端时,电子邮件会记录下来并有证可查。电子邮件能帮人关注于事实,并以合理的方式解决不同意见和争端。

4. 明晰责任

针对需要回复及转寄的电子邮件,要斟酌写在电子邮件里的每一个字、每一句话,发邮件时一定要慎重,还要定期重新审查你发过的电子邮件,评估这些邮件对商业往来所产生的影响。

5. 经济快捷

需要立即处理的跨国联系最好用电子邮件,这样不但可以迅速传递信息,费用上也会比使用国际长途电话或航空邮件节省许多。

(二)邮件格式

1. 标题

每封邮件都应注明标题,在主题栏里用短短几个字就要概括出整个邮件的内容,便于收件人判断邮件的重要性,以便根据轻重缓急分别处理。回复邮件时要特别注意,要重新添加或者更换邮件的主题,让对方一目了然,而且便于保留。标题尽量写得具体,或是写与内容相关的主旨大意,不宜使用含糊不清、随手胡写的标题。如果不写标题,系统自动生成的标题会令收件人产生不被重视的感觉,影响工作的情绪。

2. 开头

如果你写的是一封较为正式的邮件,还是要用和正式的信笺一样的文体。开头要用"尊敬的"或者是"先生/女士,您好!"结尾要有祝福语,并使用"此致/敬礼!"这样的格式。如果不是经常交流的对象,记得写邮件抬头称呼对方,以示礼貌,并引起主要收件人的关注。

3. 结尾签名

为了让对方清楚地知道发件人的信息,要注意在邮件地址中注上自己的姓名,同时在邮件的结尾添加签名栏,可以包括姓名、职务、公司、电话、传真、地址等信息,但信息不宜行数过多。统一的格式设计能体现企业品牌形象。签名档文字应选择与正文文字一致,以免出现乱码,字号一般比正文字体小一些。

(三)邮件内容礼仪

1. 简明扼要

写电子邮件切忌长篇大论,应尽量简单明了地表达。保持每个段落简短不冗长。e-mail正文多用1、2、3、4之类的列表,以清晰明确地表达意图。传送冗长文字与大型图像均会占用大量的空间,任意或无心地浪费空间会造成对方使用的不便。

2. 内容完整

邮件要交代完整信息,不要过两分钟之后再发"补充"或者"更正"之类的邮件,容易给对方造成工作上的麻烦。如果邮件带有附件,应在正文里面提示收件人查看附件,并根据内容给附件命名。带有附件时,特别是带有多个附件时,正文中要对附件内容做简要说明。如果附件是特殊格式的文件,还要在正文中说明附件的打开方式,以免影响对方阅读,附件数目较多时应打包压缩成一个文件。

3. 目的明确

一封邮件尽可能只针对一个主题或者只解释一件事情,不要在一封信内谈及多件事情,以便日后整理。当对同一收件人要说明数件事情时,最好按照不同的事情分别发送邮件。邮件的目的要明确,无论是请收件人回答某一问题,或做某一件事,还是向收件人传达某个信息,都要明确地表达。

4. 礼貌友好

如果担心语气不对而引起误会,可多用"谢谢""请"等字眼,根据对象来选择开头语和祝福语,既不过于客套,又要注意礼节。情绪激动的字眼发送出去会伤害收件人甚至引起冲突,所以情绪激动的时候不要回信,放置一两天,等情绪稳定后再进行回复,要确定是否必须以邮件的方式回复。如果对方在信中表达内容时也情绪激动,最好约个时间面对面商谈,以免引起不必要的误会和冲突。

5. 格式正确

注意字体大小要适中、字体尽可能统一。中文适宜用宋体或新宋体,5号字即可,这是比较适合在线阅读的字体和字号。不要用稀奇古怪的字体或斜体,商务邮件最好不用带背景的信纸。注意编码,中文邮件通常应该选择 GB2312 的编码。多使用一到两句话所组成的精简段落,而且每段之间空出一行。这样的格式可以让对方更轻松地阅读。

(四)发送礼仪

1. 选择恰当的收件人

不管是工作计划还是项目通报类的邮件或者是寻求跨部门支持的邮件,相关的收件人都要经过认真的筛选。如果有意见要提,要先思考这个问题只需要哪些相关人士知道,避免将事态扩大,也不能随便向群体邮箱发送不必要的消息,避免将邮件发给不相关的人员。

2. 保持专业

不写与工作无关的信息,尽量使用自己领域的商业电子邮件中常见的用语。在语气方面,要尽量保持正式和尊敬,如果要主动终止邮件来往,可以在文末附注"全部办妥""无须回复""仅供参考"等字样。避免利用工作的电子邮箱发送私人邮件。

3. 提醒确认

给对方发送邮件后,要及时沟通确认或提醒,重要的事宜最好电话提醒对方查看邮箱或请对方确认已收到邮件。如果提醒后依然没有得到回复,最好再次提醒对方。

4. 抄送和密送

抄送(carbon copy,CC)是指发送给收件人的同时,也让其他一人或多人收到该邮件,并且也让收件人知道这种情况,也就是平时所说的群发邮件。密送(blind carbon copy,BCC)是加密的抄送,区别在于收件人并不知道发件人把该邮件发送给了其他人。使用抄送和密送功能时要将抄送人数降至最低,确认收信对象是否需要收到这封信,以免造成不必要的干扰。使用群发功能向多处发送相同内容的邮件时,如果不想在群发邮件中泄露他人邮件地址涉及他人隐私,最好使用密送功能。

案例

"截屏社交"也该有礼仪和规则

如果要评选移动互联网时代的应用利器,截屏肯定榜上有名。看到有趣的、有用的内容,截屏一下,静静地放在自己的手机和电脑里,倒也没事。不过,还有一类情况是,两人或者一个小微信群的私下聊天记录被截屏后转发至朋友圈或者其他群组。这种操作早已十分普遍,可以说已经融入我们的社交环境。

在前移动互联网时代,不将两人私下聊天内容随意转述给第三者,尤其是在两人有不成文的保密约定下,一直被认为是重要的社交礼仪。进入移动互联网时代,随着通信技术的发展和智能硬件的快速迭代,截屏功能应运而生,"傻瓜"到只需要点击两下屏幕即可。这极大地扩展了信息传播的空间,也为这种聊天记录的二次传播创造了条件。截屏社交

"重度患者",无论是出于"晒"的虚荣还是出于"嘲"的讽刺,归根结底都在于没有边界感,或者说在技术便利的迷惑下模糊了公与私的界限。

截屏社交的"流行",让不少人心生对信息传播失控的恐惧。这种心理,自然也会影响个体对表达边界的重新评估和界定。考虑到可能被截屏的风险,畅所欲言变为欲言又止,更多人在表达时变得小心翼翼,习惯自我审查。这样一来,我们将失去什么?讽刺的是,在表达和沟通这件事上,我们所得到的和失去的,竟都是由同一个原因造成的。不过好消息是,有的软件应用已设计有截屏提醒功能,一旦有人进行了截屏操作,该提示会出现在被截屏的聊天群组中。

让人困惑的是,截屏社交导致的聊天记录二次传播,如果只是在私人领域发生,尚可以道德的要求进行约束,尽管它的普遍发生让道德约束显得无力。然而,不少聊天截屏被媒体在新闻报道中广泛使用,彻底从私人领域被推入公共舆论场。除去信息制造者主动为之,媒体的这种操作偏好,也从侧面印证了当前新闻报道碎片化、注重现场感的"一手化"规律及特点,但却似乎很少有人对如此操作是否侵犯信息制造者的隐私权提出疑问。

置身截屏风潮,适合重温传播学者麦克卢汉的著名理论:媒介本身而不是媒介所提示的内容,才是真正有意义的信息。我们要拥抱技术进步,也该与时俱进丰富数字时代的社交礼仪内涵与信息传播规则。

资料来源:https://www.bilibili.com/read/cv8446651,2020-11-20。

(五)回复礼仪

1. 及时回复

接到邮件后立即回复,尽量在 24 小时内回复邮件,哪怕是简单的一句话。响应速度快是商务邮件的优点之一,也是很多人选择电子邮件发送信息的原因。如果实在没有时间或者需要调查才能详细或者进一步回复,可先回复"将随后说明有关详情",过后再正式回复即可。

2. 持续跟进

在回复对方的邮件时,尽量不要创建新邮件。如果打断了原始邮件和回复邮件之间的关联,双方就难以跟进邮件的次序,尤其是经过多次收发的邮件,更要保持联系。但不要就同一问题进行多次回复讨论,如果收发双方就同一问题的交流回复超过 3 次,只能说明沟通不畅,应改用电话沟通等其他方式进行交流后再做判断。

3. 单独沟通

对发件人提出的问题不清楚,或有不同意见,应该与发件人单独沟通,不要当着所有人的面,不停交互邮件与发件人讨论,等讨论好了再通知大家,不向上级频繁发送没有确定结果的邮件。

4. 使用禁忌

不发送垃圾邮件或者附加特殊链接,不把内部消息转发给外部人员或者未经授权的接收人,避免邮件中出现与主题无关的言语,一般不要通过电子邮件传送公司的机密信件或个人的秘密信息、敏感的话题,以及一些不适合在公众场所对讲的话。

(六) 英文电子邮件的特殊礼仪

1. 只在必要的时候使用

如果收件人中有外籍人士,应该使用英文邮件交流;如果收件人是其他国家和地区的华人,最好采用英文交流,因为编码的问题,有些语言用不同的客户端会出现乱码现象。在使用中文向除了中国内地之外的其他国家和地区的华人发出电子邮件时,必须同时用英文注明自己所使用的中文编码系统,以保证对方可以顺利阅读自己的邮件。

2. 文法正确

尽量先在 Word 文档或其他可以检查拼写和语法的软件上撰写邮件,这样的话可以使用拼写检查功能。如果直接在邮件上回复,最好设置为每次发信前自动检查拼写和语法,保证信息正确。发送前要注意检查软件无法检查的方面,如词性是否用对,名词可不可数、单复数形式是否正确,大小写、所有格、时态、标点等是否符合文法,保证每个句子都有完整的句意,而且每个动词都有一个主语。

3. 行文规范

英文邮件通常用 Verdana 或 Arial 字体,字号用 10 号字即可。如果写英文邮件,特别注意不要全用大写,全用大写意味着在向对方喊叫,这是非常不礼貌的。手机短信中的非正式用语也不能用到商务邮件当中,这是工作邮件的大忌。比如,you 不能用 u,are 不能用 r 来代替,商务邮件中不宜使用笑脸等符号。

第三节 谈判礼仪

商务谈判是关于商业事务的谈判,具体是指两个或两个以上的从事商务活动的组织或个人,为了满足自身经济利益的需要,对涉及各方切身利益的分歧进行沟通,谋求取得一致和达成协议的经济交往活动。

一、谈判准备礼仪

(一) 谈判的安排礼仪

1. 选择恰当的时机

安排谈判时,要选择合适的时间,避免在最疲劳的时候,身心处于低潮时,或者身体不适时进行谈判。如中午或者经过长途跋涉后,或者傍晚 4 点到 6 点的时候,或者是在连续紧张工作后。时间安排好以后,双方都要准时到达,以示谈判的诚意。

2. 选择合适的地点

谈判地点的选择,往往涉及到谈判的环境心理因素问题,有利的场所能增强自己的谈判地位和谈判力量,而在自己不熟悉的环境中,往往容易对环境不适应,出现正常情况下不该有的错误。谈判地点有三种,分别是主场、客场和中性场所。一般情况下要争取选择熟悉的地点主场。如果争取不到主场,至少应选择一个双方都不熟悉的中性场所,以减少由于无"场地优势"导致的错误,避免不必要的损失。客场是谈判时最不利的地点,如果谈判将要进行多次,那谈判地点应该依次互换,以示公平。

3. 谈判环境的布置

谈判环境的布置也很重要。谈判一般要安排两个房间,在集体谈判时更应该如此。其中一间作为主要谈判室,另一间是秘密会谈室,如果条件允许的话,再安排一间休息室。主要谈判室的光线应充足,座椅应舒适,室内要保持安静,无外来人员和电话的打扰,温湿度不宜过高或过低,空气要清新流通,一般不安装录音录像设备,除非谈判双方都同意才可以安装。秘密会谈室是一个双方都能使用的单独房间,既可以供某一方谈判小组内部协商,也可以供双方进行私下讨论。休息室要布置得轻松、舒适,便于双方放松,缓和彼此之间的对立气氛。

4. 营造有利谈判氛围

在迎送和接待对方谈判小组时,主方要依据商界对等接待的原则,确定与客方谈判代表团的身份、职位对等,且人数相等的接待陪同人员,并通知他们准时迎送。接待和招待宴会等的过程都要符合礼仪规范,树立良好的个人和团队形象,多运用中性话题,保证双方的良好沟通,帮助双方加深了解,调整思维,熟悉对方,使双方找到共同语言,逐渐放下防备心理,为顺利过渡到谈判上做好铺垫。

(二)谈判座次安排礼仪

从总体上讲,排列正式谈判的座次,可分为两种基本情况。

1. 双边谈判

双边谈判,指的是由两个方面的人士所举行的谈判。在一般性的谈判中,双边谈判最为多见。双边谈判的座次排列,主要有两种形式可供选择。

(1)横桌式

横桌式是指谈判桌在谈判室内横放,客方人员面门而坐,主方人员背门而坐。除双方主谈者居中就座外,各方的其他人士则应依其具体身份的高低,各自先右后左、自高而低地分别在己方一侧就座。双方主谈者的右侧之位,在国内谈判中可坐副手,而在涉外谈判中则应由译员就座。

(2)竖桌式

竖桌式座次排列是指谈判桌在谈判室内竖放。具体排位时以进门时的方向为准,右侧由客方人士就座,左侧则由主方人士就座。在其他方面,则与横桌式排座相仿。如图 11-1 所示。

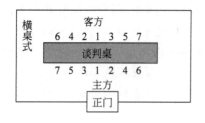
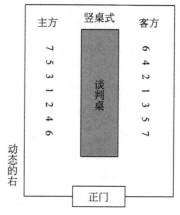

图 11-1 双边谈判的座次排列形式

注:面门为上、居中为上、以右为上

2. 多边谈判

多边谈判,在此是指由三方或三方以上人士所举行的谈判。多边谈判的座次排列,主要也可分为两种形式。

(1) 自由式,即各方人士在谈判时自由就座,无须事先安排座次。

(2) 主席式,是指谈判室内,面向正门设置一个主席之位,由各方代表发言时使用。其他各方人士,则一律背对正门、面对主席之位分别就座。各方代表发言后,亦应下台就座。除了面门为上、居中为上、以右为上以外,有经验的谈判人员会根据会议的性质安排不同的座位。通常就谈判桌的形状而言,如果谈判具有较强的竞争性和对抗性,大多选用长条形或正方形,如果合作性的谈判则尽量考虑选用圆形谈判桌。

二、谈判人员的礼仪

(一) 谈判人员的形象和谈吐礼仪

1. 形象礼仪

谈判人员的穿着要符合商务人士的穿着,仪容要求干净整齐,端庄大方。男士应穿深色系西装,女士着端庄典雅的套裙,不要佩戴一些代表个人身份或宗教信仰的标记,不要戴太阳镜或变色镜,不要佩戴太多的饰品。谈判前,不进食大蒜、葱、韭菜等有异味的食物,保持牙齿清洁,无食物残留,口气清新。

2. 谈吐礼仪

谈判人员谈吐应落落大方,切忌神态紧张、优柔寡断、疲惫不堪、目光躲闪。应当准确、正确地应用语言,注意自己的说话方式,语速和说话的节奏对意思的表达有较大的影响,说话时的语调、音量会表达出不同的含义。要及时肯定对方,不用攻击性的语言指责对方产品信誉方面的问题,不提带有敌意,或者涉及对方隐私的问题,不伤对方的面子和自尊,不发表不合适的言论和粗俗的话语。

3. 涉外礼仪

涉外谈判要特别注意尊重对方的文化习俗,在遵守一般谈判过程中形象和谈吐礼仪规范的基础上,还要熟悉不同国家文化习惯的差异,否则会给商务谈判带来意想不到的障碍。对有着不同文化背景的谈判对手要加深了解,宽容尊重,相互理解,求同存异,严禁使用伤害对方民族感情或者有损对方国格的话语,以免引起不必要的争端,影响谈判的进程和结果。

(二)谈判人员的举止礼仪

1. 严守谈判信息

不在公共场所,如餐厅、过道等处谈论业务问题,防止无意中泄密。随身携带与谈判相关的文件资料,在谈判休息时,不将相关资料留在谈判室里。如果实在无法带走,就要保证自己第一个再度进入谈判室,不把谈判方案暴露在谈判桌上,尤其是印有数字的文件。尽量自己去复印文件、打字、发传真,不要委托己方以外的人员做这些事,如果迫不得已,也要在自己一方人员的监督下完成。谈判中用过而又废弃的文件、资料、纸片等不要随便乱丢。

2. 相互积极配合

确定了主谈人(主谈人是指在谈判的全过程或某一阶段或针对某个方面的议题,以他为主进行发言,代表己方阐明立场和观点)之后,己方的意见、观点都应由主谈人来表达,避免各说各的,相互影响。辅谈人(主谈人以外的其他处于辅助配合位置的人员)的配合也非常重要,也需要在谈判时有所作为。

辅谈人要自始至终支持主谈人,这种支持可以是口头上的附和,如"绝对正确""没错,正是这样"等,也可以是姿态上的赞同,如眼睛看着己方主谈人不住地点头等,这对主谈人的发言是一种有力的支持,会大大增强主谈人说话的分量和可信的程度。

3. 安静专注

参加谈判的双方都应当关掉手机,保持安静。不要在主谈人提出意见和观点时,眼睛望着天花板,或是将脸扭向一旁,甚至是私下玩手机,发短信,这种无礼的行为不仅会影响己方主谈人的自信心,减弱他话语的力量,而且会给谈判对方造成不好的印象,让对方认为己方主谈人的意见并不重要和坚定。

三、签约礼仪

签约仪式是指谈判双方经过会谈、协商,形成某项协议或协定,再互换正式文本的仪式,是一种比较隆重的活动,礼仪规范也比较严格。

（一）签约仪式的准备

1. 签字厅的布置

如果没有常设专用的签字厅，也可以临时以会议厅、会客厅来代替。布置的总原则是要庄重、整洁、清静，地面可铺设地毯，室内空气保持清新。除了必要的签字用桌椅外，其他一切的陈设都不需要。正规签字桌为长桌，横放在室内，铺设深色的台布，在签字桌上摆好签字人姓名牌、待签的合同及签字笔、吸墨器等物品。与外商签署涉外合同时，还需在签字桌上摆放好悬挂着的签字双方国旗的旗架，国旗的摆放以右为上，左为下；客在右，主在左为原则。桌椅摆放要适量，签双边性合同时，可放置两张座椅供签字人就座，签署多边合同时，可以仅放一张桌椅，供各方签字人签字时轮流就座，也可为每一位签字人准备一张座椅。

2. 合同文本的准备

合同文本按商业惯例由主方负责准备，为了避免纠纷，主方要会同对方一起指定专人，共同负责合同文本的校对、印刷、装订、盖章等工作。涉外谈判签约的合同文本要依照国际惯例同时使用签约各方法定的官方语言撰写，或者采用国际通行的英文、法文撰写，也可并用。签合同文本要用A4规格的白纸印刷并装订成册，再配以真皮或金属封面，除供各方正式签字的合同正本外，最好还能各备一份副本。

3. 签字时的人员安排

参加谈判签字仪式的人员，基本上是双方参加会谈的全体成员，人数最好对等，主方上级可到场参加并表示祝贺。签字仪式举行之前，签字双方应确定各自的助签人员，并商谈具体签约细节，确定好主要签字人和参加仪式的人员。签字人由签字双方各自确定，但是主要签字人的身份必须与待签文件的性质相符，同时双方签字人的身份和职位应该大体相当。签字位置一般安排客方居右边，主方在左边。签字人员入座时，其他人员分主、宾各一方，按身份顺序坐于各自的签字人员座位之后。

（二）签字时的座次安排

举行签约仪式时，座次排列共有三种基本形式，它们分别适用于三种不同情况。

1. 并列式

并列式是一种比较正规的签约排座方式，在一些大型或国际谈判签约中比较常见。具体做法：签字桌在室内面门横放，双方出席仪式的全体人员（一般人数相等）在签字桌之后并排排列，双方签字人员居中面门而坐，客方居右，主方居左，如图11-2所示。

2. 相对式

相对式签字仪式的排座，与并列式签字仪式的排座基本相同，两者之间的主要区别只是相对式排座将双方签字仪式的随员席移至签字人的对面，如图11-3所示。

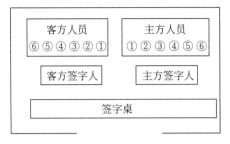

图 11-2 并列式签字仪式排

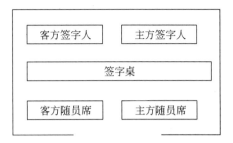

图 11-3 相对式签字仪式排座

3. 主席式

这种签字方式主要运用于多个签约方参加的签字仪式。其中主要操作要点是：签字桌仍在室内横放，签字席仍放在桌后面对正门，但通常只设一个，并且不固定其就座者。举行仪式时，所有各方人员，包括签字人在内，皆应背对正门，面向签字席就座。签字时，各方签字人员以规定的先后顺序依次走上签字席就座签字，然后即应退回原处就座，如图 11-4 所示。

由政府部门牵头举办的各类招商恳谈会、经贸洽谈会、签约大会等，常采用这种签约方式，这也是我们招商引资签约仪式中比较常见的一种方式。采用这种方式时，为体现政府的重视，主办政府或签约双方的一些主要领导也可按"居中为上"的原则，排列在签字人的后面，使签约仪式更显隆重，如图 11-5 所示。

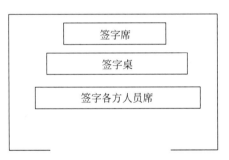

图 11-4 主席式签字仪式排座之一

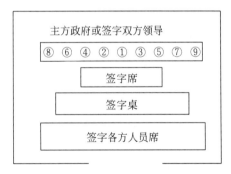

图 11-5 主席式签字仪式排座之二

（三）签字仪式的礼仪

1. 出席人员的服饰要求

签字人、助签人和其他参加人应穿有礼服性质的深色西服套装、中山装套装，同时配白色衬衣、单色领带、黑色皮鞋和深色袜子，女性则应穿套裙、长筒丝袜和黑皮鞋，服务接待人员和礼仪人员则可穿工作制服或旗袍等礼服。

2. 签字的过程

双方参加签字仪式的助签人员协助翻开协议文本,指明签字处。在本方保存的文本上签毕后,由双方助签人员互相递换文本,再在对方保存的文本上签字,然后由双方签字人员交换文本,相互握手。

为了表示纪念,还会互换用过的签字笔。全场人员此时也应报以热烈的掌声,为合作成功表示祝贺。国际上通行的增加签字仪式喜庆色彩的常规性做法还有饮酒庆贺,在交换文本后当场用香槟等礼宾酒类干杯庆贺,并与其他方面人士一一干杯。

3. 其他礼仪

如果待签的文件不是国家机密,那么签字仪式会准许新闻界采访和报道,但也不允许大量的记者涌进签字厅,媒体采访和报道必须事先征得有关方面的同意。

第四节 会议礼仪

在许多情况下,商务人员往往需要亲自办会。所谓办会,指的是从事会务工作,即负责从会议的筹备直至其结束、善后的一系列具体事项。会务礼仪,主要就是有关办会的礼仪规范。

一、发布会礼仪

新闻发布会,简称发布会,有时亦称记者招待会,是一种主动传播各种有关的信息,谋求新闻界对某一社会组织或某一活动、事件进行客观而公正的报道的有效沟通方式。对商界而言,举办新闻发布会,是自己联络、协调与新闻媒介之间的相互关系的一种最重要的手段。

(一) 会议筹备

筹备新闻发布会,要做的准备工作很多。其中最重要的,是要做好主题的确定、时空的选择、人员的安排、材料的准备等几项具体工作。

1. 主题确定

新闻发布会的主题,指的是新闻发布会的中心议题。主题确定是否得当,往往直接关系到本单位的预期目标能否实现。一般而言,新闻发布会的主题大致上共有三类:一类是发布某一消息,一类是说明某一活动,一类则是解释某一事件。

2. 时空选择

新闻发布会的举行地点,除可以考虑本单位本部所在地、活动所在地之外,还可以优先考虑首都或其他影响巨大的中心性城市。必要时，还可在不同地点举行内容相似的新闻发布会。举行新闻发布会的现场，应交通方便、条件舒适、面积适中，本单位的会议厅、宾馆的多功能厅、当地最有影响的建筑物等，均可酌情予以选择。

3. 人员安排

按照常规，新闻发布会的主持人大都应当由主办单位的公关部部长、办公室主任或秘书长担任。新闻发布会的发言人是会议的主角，因此他通常应由本单位的主要负责人担任。担任者除了要在社会上口碑较好、与新闻界关系较为融洽之外，还应当修养良好，学识渊博，思维敏捷，记忆力强，善解人意，能言善辩，彬彬有礼等。

除了要慎选主持人、发言人之外，还须精选一些本单位的员工负责会议现场的礼仪接待工作。为了宾主两便，主办单位所有正式出席新闻发布会的人员，均须在会上正式佩戴事先统一制作的姓名胸卡。胸卡上的内容包括姓名、单位、部门与职务。

4. 材料准备

在准备新闻发布会时，主办单位通常需要事先委托专人准备好四个方面的主要材料。

（1）发言提纲。发言提纲既要紧扣主题，又必须全面、准确、生动、真实。

（2）问题提纲。事先要对有可能被提问的主要问题进行预测，并就此预备好答案，以使发言人心中有数，必要时予以参考。

（3）宣传提纲。宣传提纲通常应列出单位名称及联络电话、传真号码，以供新闻界人士核实之用。上网的商界单位，还可同时列出本单位的网址。

（4）辅助材料。新闻发布会的举办现场预备一些可强化会议效果的形象化视听材料，如图表、照片、实物、模型、沙盘、录音、录像、影片、幻灯、光碟等，以供与会者利用。应当注意的是，切勿弄虚作假，切勿泄露商务机密。

（二）媒体邀请

目前，新闻媒体大体上分为电视、报纸、广播、杂志等四种，邀请新闻界人士时须有所侧重。基本的规则是宣布某一消息时，尤其是为了扩大影响，提高本单位的知名度，邀请的新闻单位通常多多益善。无论是邀请一家还是数家新闻单位参加新闻发布会，主办单位都要尽可能地优先邀请那些影响巨大、主持正义、报道公正、口碑良好的新闻单位派人员到场。

（三）现场应酬

在新闻发布会正式举行的过程之中，往往会出现种种确定或不确定的问题，甚至还会有难以预料的情况或变故出现。要应付这些难题，确保新闻发布会的顺利进行，除了要求主办单位的全体人员齐心协力、密切合作之外，最重要的，是要求代表主办单位出面应付来宾的主持人、发言人，要善于沉着应变、把握全局。

（四）善后事宜

新闻发布会举行完毕之后，主办单位需在一定的时间之内，对其进行一次认真的评估善后工作。一般而言,需要认真处理的事情,一共有如下三项。

1. 要了解新闻界反应

新闻发布会结束之后,应对照一下现场所使用的来宾签到簿与来宾邀请名单,核查一下新闻界人士的到会情况,据此可大致推断出新闻界对本单位的重视程度。对到会的新闻界人士来讲,也有两件事必做不可:一是要了解一下与会者对此次新闻会的意见或建议,尽快找出自己的缺陷与不足。二是要了解一下与会的新闻界人士之中有多少人为此次新闻发布会发表了新闻稿。

2. 要整理保存会议资料

整理保存新闻发布会的有关资料,不仅有助于全面评估会议效果,而且还可为此后举行同一类型的会议提供借鉴。

3. 要酌情采取补救措施

在听取了与会者的意见、建议,总结了会议的举办经验,收集、研究了新闻界对于会议的相关报道之后,对于失误、过错或误导,都要主动采取一些必要的补救对策。

二、展览会礼仪

展览会主要是特指有关方面为了介绍本单位的业绩,展示本单位的成果,推销本单位的产品、技术或专利,而以集中陈列实物、模型、文字、图表、影像资料供人参观了解的形式,所组织的宣传性聚会。根据惯例,展览会的组织者需要重点进行的具体工作,主要包括参展单位的确定、展览内容的宣传、展览位置的分配、安全保卫的事项、辅助服务的项目等。

1. 参展单位的确定

一旦决定举办展览会,由哪些单位来参加的问题,通常都是非常重要的。按照商务礼仪的要求,主办单位事先应以适当的方式,对拟参展的单位发出正式的邀请或召集。对于报名参展的单位,主办单位应根据展览会的主题与具体条件进行必要的审核。当参展单位的正式名单确定之后,主办单位应及时以专函进行通知,使被批准的参展单位尽早有所准备。

2. 展览内容的宣传

展览内容的宣传主要是为了引起社会各界对展览会的重视,并且尽量扩大其影响。

3. 展示位置分配

在布置展览现场时,展示陈列的各种展品要围绕既定的主题,进行互为衬托的合理组合与搭配,要在整体上显得井然有序、浑然一体。展品在展览会上进行展示陈列的具体位置称为展位,所有参展单位都希望自己能够在展览会上拥有理想的位置。大凡理想的展位,除了收费合理之外,应当面积适当,客流较多,处于展览会上较为醒目之处,且设施齐备,采光水电供给良好。

4. 安全保卫事项

无论展览会举办地的社会治安环境如何,组织者对于有关的安全保卫事项均应认真对待,免得由于事前考虑不周而麻烦丛生,或因疏忽而造成不必要的损失。在举办展览会前,必须依法履行常规的报批手续,还须主动将展览会的举办详情向当地公安部门进行通报,求得其理解、支持与配合。按照常规,有关安全保卫的事项,必要时最好由有关各方正式签订合约或协议,并且经过公证,万一出了事情,相关各方就能各自担责,尽快解决问题。

5. 辅助服务项目

主办单位作为展览会的组织者,有义务为参展单位提供一切必要的辅助性服务项目,否则,不单会影响自己的声誉,而且还会授人以柄。由展览会的组织者为参展单位提供的各项辅助性服务项目,最好事先沟通言明,并且对有关费用的支付进行详尽的说明。

案例

什么是规范的咳嗽礼仪

11月24日0时,大连市将庄河市城关街道日新社区世纪百合小区等4个中风险地区调整为低风险地区,目前,大连高风险地区2个,中风险地区15个。辽宁省疾控中心提醒广大居民,近期非必要不离辽,保持戴口罩、勤洗手、常通风、少聚集、一米线等良好卫生习惯;在没有接种禁忌症的情况下,及早完成疫苗全程接种及加强免疫接种;遵守疫情防控规定,积极配合落实各项防控措施。

省疾控中心的专家提醒,新型冠状病毒肺炎是一种急性呼吸道传染病,经呼吸道飞沫传播是其主要传播途径之一,在日常生活、工作、学习中,应该了解并做好咳嗽礼仪,它是降低感染和传播冠状病毒风险的非常有效的方法之一。无论是健康人还是病人,在咳嗽或者打喷嚏时都要遵守咳嗽礼仪,给自己和他人一份健康保证。

什么是规范的咳嗽礼仪呢?首先,当你咳嗽或打喷嚏时,尽量避开人群,用纸巾、手绢捂住口鼻,防止唾液飞溅。避免用双手遮盖口鼻,因为这会让手沾染上病菌,也会将病菌传染给别人。其次,如果临时找不到手帕或纸巾,情急之下,可以用手肘的衣袖内侧来代替手捂住口鼻。弯曲手肘后,再靠近口鼻。这个动作可以将喷出的飞沫阻挡在手肘皮肤或者衣服上,而这个部位较为干燥,且不容易再接触其他公用物品,可以有效阻断病原微生物的传播。第三,使用后的纸巾不要随便乱扔,要丢到垃圾桶里。第四,咳嗽或打喷嚏后要立即清洗双手或使用免洗消毒液进行手消毒。最后,如果患有呼吸道疾病,外出时要佩戴口罩,同时与他人保持至少1米以上距离。说话语音不要过大,避免"吐沫横飞"。

资料来源:http://ln.people.com.cn/n2/2021/1125/c400019-35022000.html,2021-11-25.

三、赞助会礼仪

赞助通常是指某单位或某个人拿出自己的钱财、物品,来对其他单位或个人进行帮助和支持。进行赞助活动不仅可以扶危济贫,向社会奉献爱心,体现出对社会的高度责任感,以实际行动报效社会、报效人民,而且也有助于赞助方获得社会对自己的好感,提高其在社会上的知名度、美誉度,塑造良好的公众形象。

(一)赞助步骤

赞助步骤指的是赞助活动运作过程中的各个主要环节。任何一家商界单位意欲进行赞助活动时,均须按部就班地依照相应的步骤来进行认真的运作。就一般情况而言,赞助活动中必须认真对待的重要步骤,有前期研究、赞助计划、项目审核、承诺兑现四项。

(二)会务安排

在赞助活动正式实施之际,往往需要正式举行一次聚会,将有关的事宜公告于社会,这一环节在大型的赞助中尤其不可或缺,人们亦称其为赞助仪式,主要是为了向全社会公告赞助活动正式启动,是赞助活动中作用巨大的一项重要环节。根据商务礼仪的规范,赞助会通常应由受赞助者出面承办,而由赞助单位给予其适当的支持。

1. 地点

赞助会的举行地点,一般可选择受赞助者所在单位的会议厅,亦可由其出面,租用社会上的会议厅。用以举行赞助会的会议厅,除了其面积大小必须与出席者的人数成比例之外,还需要打扫干净,并略加装饰。

2. 参加人

参加赞助会的人士,既要有充分的代表性,数量上又不必过多。除了赞助单位、受赞助者双方的主要负责人员及员工代表外,赞助会应当重点邀请政府代表、社区代表、群众代表及新闻界人士参加。再邀请新闻界人士时,特别要注意邀请那些在全国或当地具有较大影响力的电视、报纸、广播等媒体人员与会。

3. 时间及议程

依照常规,一次赞助会的全部时间,不应当长于一个小时,因此赞助会的具体会议议程,必须既周密又紧凑。赞助会的具体会议议程,大致上共有六项:第一项宣布赞助会正式开始,第二项奏国歌,第三项赞助单位正式实施赞助,第四项赞助单位代表发言,第五项受赞助单位代表发言,第六项来宾代表发言。

4. 结束

在赞助会正式结束后,赞助单位、受赞助单位双方主要代表及会议的主要来宾,通常应当合影留念。此后,宾主双方可稍事晤谈,然后来宾即应一一告辞。

进行赞助活动的评估工作,大致上要抓住如下方面的重点问题:要将实施效果与先期计划相比照；要掌握社会各界对赞助活动的认同程度；要及时发现赞助活动的所长与所短；要了解赞助活动在实施过程中出现的问题。

四、茶话会礼仪

所谓茶话会，在商界主要是指意在联络老朋友、结交新朋友的具有对外联络和招聘性质的社交性集会。因其以参加者不拘形式的自由发言为主，并且备有茶点，故此称为茶话会。

1. 会议主题

茶话会的主题，特指茶话会的中心议题。在一般情况下，商界所召开的茶话会，其主题大致可分为以联谊为主题、以娱乐为主题和以专题为主题。

2. 来宾确定

茶话会的与会者，除主办单位的会务人员之外，即为来宾。邀请哪些方面的人士参加茶话会，往往与其主题存在着直接因果关系。因此，主办单位在筹办茶话会时，必须围绕其主题，来邀请来宾。在一般情况下，茶话会的主要与会者，大体上可分为下列五种情况：本单位的人士，本单位的顾问，社会上的贤达，合作中的伙伴，各方面的人士。茶话会的与会者名单一经确定，应立即以请柬的形式向对方提出正式邀请。按惯例，茶话会的请柬应在半个月之前被送到或寄达被邀请者之手，但对方对此可以不必答复。

3. 时空选择

举行茶话会的时空问题，是指茶话会的举办时间、地点、场所的选择。按照惯例，要注意时间长短，避开工作日，适宜举行茶话会的大致场地主要有主办单位的会议厅、宾馆的多功能厅、主办单位负责人的私家客厅、主办单位负责人的私家庭院或露天花园。包场高档的营业性茶楼或茶室，餐厅、歌厅和酒吧等处不宜用来举办茶话会。

4. 座次安排

为了使与会者畅所欲言，并且便于大家进行交际，茶话会上的座次安排尊卑并不宜过于明显，不排座次，允许自由活动，不摆与会者的名签，是其常规做法。

5. 茶点准备

茶话会，顾名思义，自然有别于正式的宴会，因此，它是不上主食、热菜，不安排品酒的，而是只向与会者提供一些茶点。

6. 会议议程

相对而言，茶话会的会议议程，在各类正式的商务性会议之中，都可以称得上是最为简单不过的了。在正常的情况下，商界所举办的茶话会主要会议议程，大体有如下四项。

（1）主持人宣布茶话会正式开始。在宣布会议正式开始之前，主持人应当提请与会者各就各位，并且保持安静。

（2）主办单位的主要负责人讲话。他的讲话应以阐明此次茶话会的主题为中心内容。

除此之外,还可以代表主办单位,向全体与会者的到来表示欢迎与感谢,并且恳请大家今后一如既往地给予本单位更多的理解,更大的支持。

(3) 与会者发言。根据惯例,与会者发言在任何情况下都是茶话会的重心所在。为了确保与会者在发言中直言不讳、畅所欲言,主办单位通常不会事先对发言者进行指定与排序,也不限制发言的具体时间,而是提倡与会者自由地进行即兴式的发言。

(4) 主持人略作总结。随后,即可宣布茶话会至此结束并散会。

1. 正文写作有哪些原则?
2. 电话沟通需要注意哪些礼仪?
3. 电子邮件的使用有哪些基本原则?

结合前几章所学的知识,根据本章所学的谈判礼仪,由6~8位同学组成一个小组,设计一个商务谈判(或签约仪式)的情景,并将其模拟演示出来。

(1) 对照谈判各阶段的礼仪标准,加深对谈判礼仪规范要求的了解。

(2) 当一组学生在情景演示的时候,请其他学生仔细观察,演示结束后,相互进行交流,请其他组的同学进行点评,然后教师进行总结和点评,纠正其不足之处并演示正确做法,以区别错误和不规范的做法,熟悉礼仪规范。

扩展阅读11-1 用礼仪制度增强认同感和归属感

第十二章

办公室礼仪

学习目标

1. 了解办公室礼仪的重要性、基本原则和技巧；
2. 了解上下级及平级相处的方式和礼仪；
3. 了解办公室谈吐的原则和禁忌，学习如何维护办公室环境。

技能要求

按照办公室必备的礼仪规范，自觉养成良好风度，协调与上级、下级和同级的人际关系，积累职业素质，提高职业修养，在职场中顺利开展工作。

引导 案例

先抓礼仪教育

礼仪是人们在社会交往活动中,为了相互尊重,在仪容、仪表、言语举止等方面约定俗成、共同认可的行为规范。孩子步入幼儿园后,人际交往逐渐增多,就要试着开始培养礼仪了。北京教育学院丰台分院学前教研室教研员宗文革说,儿童期的孩子需要掌握生活礼仪、交往礼仪、文明语言礼仪等三个方面的内容,且家长在教育时要有的放矢。

生活礼仪。简单说,就是吃喝拉撒睡要讲究哪些。比如,吃饭时,对盛饭的人表示感谢;大便后用"请您帮帮忙"唤起别人的帮助,之后说声谢谢;睡觉前后,别人帮助穿脱衣服,也要感谢。

交往礼仪。对待家人有礼貌,能够按照家规要求做事;与小伙伴游戏时,在不同情境下有礼貌地说"请""谢谢""对不起""再见"等;别人发言时,不随意打断别人讲话;在成人提醒下,能够遵守游戏场所和公共场合的规则;不经允许,不随便拿别人的东西,借别人的东西要归还等。

文明语言。能够大胆地与别人打招呼;与别人讲话时,看着对方;日常生活中能用恰当的礼貌用语,不说粗话。

三个方面的礼仪看似简单,但对于涉世未深的孩子,可能很难遵从,家长教育时应该掌握方式方法。

第一,做好表率。孩子喜欢模仿,家长要注意语言文明,言传身教很重要。如在公共场合不大声说话,不说脏话。孩子表达意见时,成人能够蹲下来,眼睛平视孩子,耐心听他把话说完。

第二,用故事儿歌教育。3～4岁的孩子喜欢在一定的情境下进行学习,如果成人能够把仪礼的内容编成故事、儿歌,用图片讲解,孩子更容易理解和学习,也能够在反复听说的过程中形成习惯。

第三,借助节日引导。如三八节,引导孩子说爱妈妈,关心妈妈的话;在中秋节、春节看望家中老人,知道关心问候他们,愿意表达自己的情感;儿童节关爱弟弟妹妹。这些节日能让孩子在被人爱的同时,也能够付出爱、表达爱。

北京教育学院丰台分院学前教研室教研员宗文革说,家长在培养孩子礼仪时,有些误区需要纠正,如没有及时给予积极正面回应,表里不一,内外原则不一致,会让孩子产生混乱感。以下方面尤其要规避。

1. 爱说反话。妈妈给姥姥买了新毛衣,姥姥会说:"净瞎花钱!"其实老人心里高兴,但是一旁的孩子听不懂反话。有样学样,今后他可能也会这样对待别人的心意。

2. 爱逗孩子。很多大人都喜欢逗孩子:"宝贝,把你的苹果给我吃一口。"当孩子听后把苹果递到了嘴边,大人假装咬一口说:"嗯,真好吃呀!"其实并没吃。这样做,会让孩子有"被欺骗""不受尊重"的感觉,次数多了,他也就不懂得尊重别人,为他人着想。

3. 缺乏正面反馈。成人给孩子盛饭,孩子说:"谢谢!"成人说:"别说了,快吃吧。"把很好的礼貌教育当作没必要。

宗文革说,家庭是我们开始礼仪教育的起始点,是传递爱的出发点和落脚点。中国人比较含蓄内敛,因此礼仪的核心应该是"内化传承,外化言行"。只有这样,才能够把孩子培养成有礼貌、懂礼节和礼仪的人。

资料来源:http://health.people.com.cn/n1/2019/1221/c14739-31516692.html,2019-12-21.

第一节 办公室礼仪原则

办公室是一个处理公司业务的场所,办公室的礼仪不仅是对同事的尊重和对公司文化的认同,更重要的是个人为人处事、礼貌待人的最直接表现。办公室礼仪的总则就是要以工作大局为重,以礼仪促进团结,促进工作。好的办公室礼仪会让工作场所变成令人舒服且生产效率很高的地方,带来良好的商业意识和行为。

一、衣着原则

1. 穿着得体

上班穿的服装,要整洁、大方、高雅、完好、协调、无污渍。不穿奇装异服,不过分引人注目。如果上班要穿规定的制服或工作服,要保证衣扣完整、无破损。要避免穿需要经常整理的衣服,否则容易使自己工作分神。

2. 装饰适宜

佩戴的首饰要与所从事工作的职业形象相符合,与身份相符合,表现出稳重、干练和富有涵养的形象。如果要佩戴公司标志,那么一定要把公司标志佩戴在显要位置,并把私人饰品取走移开,不要并列佩戴。女士不戴夸张的饰物,佩戴首饰不宜过多,以少为佳,每种两件,三种以内,最好是相同的质地和颜色,不宜佩戴叮当作响的耳环和手镯,否则容易分散他人注意力。

3. 仪表端庄

上班时应做到头发梳理整齐,不染彩色头发,不理怪异发型。眼镜端正、洁净明亮,不戴墨镜或有色眼镜。办公室里的男士发长不得为零,但也不能太长,要做到长不覆额、侧不掩耳、后不触领,不蓄胡须。女士头发刘海不要遮眼遮脸,宜淡妆,修饰与年龄、身份相符,且工作时间不能当众化妆。要保持颜面和手臂的清洁,不留长指甲,不染彩色指甲。

案例

办公室着装

某公司最近对吊带衫过敏,是因为不久前发生的一件事。莉娜是公司公认的紧追潮流之人,她喜欢新鲜的东西,喜欢流行,喜欢做弄潮儿,那种独领风骚的感觉对她极具诱惑力。所以,日常生活中,她对时尚的东西特别感兴趣,也特别喜欢模仿。在很多地方,她的模仿还比较成功,唯有今年,因为疏忽,差点落下话柄。

也许是因为物流工作关系,莉娜有两个明显的特征:嗓门大、皮肤黑。今年夏天特别流行吊带衫和吊带裙,对于一个赶时髦之人当然是个不容错过的机会。在高温尚未降临的时候,她已经为自己准备了一系列的吊带装,就等高温一到,全面出击。

其实,她的肤色做了这个行业后变得更黑,尤其是那些沉淀的色块,让她的肤色看起来还有点脏兮兮的。冬天,还可以把身体全部包裹在衣服里,只有脸和脖子在外面,还算好打理;但一到夏天,就麻烦了。何况,莉娜的先天条件并不是很好,那种招摇、夸张的装扮只能成为别人的笑柄。

案例分析:

八小时以外的穿着纯属个人的爱好,可以强调个性与爱好,但办公室里的衣着就不能太随心所欲了。因为公司是个团队,每个办公室里的人都是其中的一分子,不再是独立的个体,应该要顾及团队的文化和氛围。

资料来源:https://wenku.baidu.com/view,2020-07-02.

二、行为原则

1. 举止文明

在办公区域要精神饱满,坐姿端正,注意力集中,不左顾右盼、心不在焉,不要出现不雅观的行为。在办公室,不随意解扣子、卷袖子、松腰带。不趴在办公桌上,不躺在办公椅上,不在办公室里脱鞋或将脚搁到桌上,更不能将两条腿跷在桌面上。不把不良情绪带到办公室里,不随便发怒,不大哭、大叫或做其他感情冲动的事。

2. 行为检点

不能在办公室里吸烟,更不能口衔香烟四处游荡,如很想吸烟或需要化妆,则应去洗手间或者专用的吸烟室或化妆间,女士还应注意不要当众化妆或涂指甲油。对在一起工作的异性同事要尊重,避免对异性同事的不必要的身体接触。在工作中要讲男女平等,相互尊重。

案例

防疫的智慧,藏在中国传统礼仪中

纵观我国历史,疫情并不少见。在殷墟出土的甲骨文中,便有"蛊""疾"等文字的记载,"疠"字亦多见于《尚书》《山海经》中,这表明,中国人很早就对疫病有了初步了解。

但中国古人的智慧之处在于,他们懂得防疫以预防为先。中国是礼仪之邦,衣食住行,宴饮坐卧,礼仪无处不在,在古代传统礼仪中,也处处体现着防疫的智慧。

拱手作揖,保持距离

相较国际通用的握手礼,中国古人传统的拱手礼更悠久,也更有历史底蕴。甲骨文上记录的象形"人"字,就是由拱手的人演化而来。

作为颇具中国特色的一种问候礼仪,拱手礼俗称作揖。"揖礼"源于周代以前,于今已有3000多年的历史。武王伐纣灭商而建立周朝,武王死后,其子周成王年幼即位,由叔叔周公旦摄政,采取了许多措施来巩固政权,周公建立了周朝的各项典章制度和礼乐制度,确立以宗法制度为中心的政治体制。在此之后"揖礼行于天下"。"揖"就是以站立姿势、不用跪拜的礼节。诸子百家先贤们的画像,老子、孔子、孟子、庄子无一不是行着拱手礼。

古人见面拱手作揖,一般在一米开外,保持一定距离,无形中降低了疾病传染风险,且显得有礼有度。所以很多礼学专家都认为,拱手礼不仅是最体现中国人文精神的见面礼节,而且也是最恰当的一种交往礼仪。

此外,今人一直呼吁大家"勤洗手"以保持个人卫生,古代同样如此。《礼记·玉藻》中记载:"日五盥。盖谓洗手不嫌频数耳。"说的是每天要洗五次脸,而洗手的次数那是越多越好了。

广袖掩鼻,遮挡飞沫

事实上最早中国古人穿着的衣服是紧袖子的,从安阳殷墟妇好墓出土玉雕人像得知,商代衣着为上衣下裳制,上穿交领窄袖式短衣,衣上布满花纹,是紧袖子的,直到西周中期才开始流行宽袍大袖。

而后来,古人的服饰可以分为礼服和常服类,他们有短打制式的衣服,比较收身,利于活动和工作,而穿宽袍广袖要么是有重大活动,要么是士族豪商为了体面和显示身份的。

说到袖子,很多人会认为,古人把东西都藏进袖子里,所以大袖是用来装东西的。这个说法有些片面,因为不是所有汉服的袖子都可以装东西,一般来说只有琵琶袖才可以在里面放东西,垂胡袖也可以放一些,但窄袖、剑袖、直袖、方袖是无法放东西的,广袖也很宽大,却也放不了东西。

但说话时习惯性地用广袖掩鼻,却很大程度地减少了飞沫的传播。从"掩涕""掩面""掩泣"等词语中可以看出,在古代生活习俗中,宽大的衣袖真能当毛巾、手帕,用来拭泪、擦汗、遮面、挡阳等。"掩袖工馋"说的就是一个以袖掩鼻的故事。当然,宽袍广袖今天已无必要,但古人那种互不相扰的公共意识则是必须的。

此外,《马可·波罗行记》中提到,"元制规定,向大汗献食者,皆用绢巾蒙口鼻,以防唾沫污染食品",表明中国人元代便有使用"口罩"的习惯。

更值得一提的是,古人自称必谦,称人必尊,绝不会高声喧哗大叫,还有"食不语"的礼俗,这些都有利于减轻说话时的飞沫传播。

分餐而食,降低风险

由于防疫的需要,"分餐制"的用餐方式开始被提倡。很多人以为分餐制是西方的礼仪,但其实,我国很早就有分餐而食的传统。

比如,《周礼》记载:"设席之法,先设者皆言筵,后加者为席。"古人席地而坐,筵和席都是宴饮时铺在地上的坐具,筵长、席短。铺设好坐具后,作用类似小餐桌的"案""几"等分别放置在筵席之上,一人一案,西周时期的贵族们按礼仪分开落座、分开进食。

两汉时期,分餐制得以继续传承。在汉墓壁画、画像石和画像砖上,经常可以看到席地而坐、一人一案的宴饮场面。

有些古代的分餐制度为了突出地位的不同,会根据宾客身份,准备规格不同的食物,但也有一些贵族为了表现自己礼贤下士,采取规格相同的食物分餐。

《史记》记载:"孟尝君曾待客夜食,有一人蔽火光。客怒,以饭不等,辍食辞去。孟尝君起,自持其饭比之。客惭,自刭。士以此多归孟尝君。"

意思是,有一次,孟尝君和门客吃夜宵,因为有人遮挡了烛光,一位门客认为孟尝君的食物和自己的不同,于是丢下餐具打算离开。孟尝君发现后,起身端来饭菜和这位门客比较。门客发现食物是一样的,大为惭愧,于是横剑自刎。此后,投奔孟尝君的门客越来越多了。

但据考证,到了北宋,合餐制开始出现,最关键的原因是北宋饮食文化的商业化。食材多元、烹饪样式增多,极大地丰富了宋代餐桌的菜色,教坊酒楼、勾栏瓦舍等公共饮食空间的出现,是中国民众饮食文化的一次重要改革。

从卫生角度看,分餐制确实比合餐制更能降低传染病的传播风险,但如今,分餐制的推行不仅需要从中国古代借鉴智慧,也要循序渐进。

资料来源:http://culture.people.com.cn/n1/2020/0411/c1013-31669731.html,2020-04-11。

3. 诚实守信

工作时做任何事情都要讲诚信,做到守时守约守信用。上班、开会时尽量早到,不迟到不早退,不私自离岗不旷工,有事请假。如果上下班须要打考勤卡,则排队依次打卡,不要没有上班还要请人代打卡。与客户见面,尽量比约定时间早到15分钟,迟到既没有礼貌,也不尊重他人,还会影响公司的形象,如果确实不能准时到达或赴约,应当提前告知。

4. 注意小节

在办公室里对上级和同事都要讲究礼貌,不能因为大家天天见面就将问候省略掉。早晨进办公室时互相问早,下班时互相道别。同事之间以姓名相称,不称兄道弟或乱叫外号,谈吐要注意禁忌。在办公室接待来访者要客气大方,有礼有节,不论其是否有求于自己都要平等待人,回答来访者提出的问题要心平气和,面带笑容,绝不能粗声大气,或者以拳头砸桌子来加重语气。

三、工作原则

1. 专心工作

办公时间尽量不离开办公桌,积极投入到工作中。不看与工作无关的书报、不吃零食、不打瞌睡、不聚众打牌。不浏览与工作无关的网站,在QQ、MSN及飞信等联络软件上不与同事聊与工作无关的话题。不接打私人电话,更不能聊起来没完没了,不仅影响自己的工作还会影响同事的工作。

2. 合理安排

每天早上上班开始工作时,按事先预定的工作方案安排一天的工作,尽快进入角色。把一天的工作按轻重缓急排定顺序,并将所需的资料放在桌子上,以免为查找资料而浪费时间。分出一段时间集中处理琐碎的事。由下级做的事要分派工作,并尽量授权。

第二节 处理好上下级关系的方式

处理好上下级关系,有利于团结稳定,提高工作效率,促进事业的发展。良好的上下级关系是团结的基础,人际关系好,公司就团结,同事及上、下级之间会齐心协力,工作高效而愉快,良好的上下级关系需要双方共同的努力。

一、对待上级的礼仪

1. 支持领导工作

尊重领导最重要的一点就是要支持领导的工作。领导布置工作时要认真听,必要时还要认真做好记录,不明白的地方要问明白,然后简明扼要地向领导复述一遍,看是否还有遗漏或者自己没有领会的地方,并请领导予以确认。要欣然接受命令,不要当面接受了任务,私下却到处抱怨。凡是领导交办的工作,要尽心尽力去完成,千万不要采取消极的态度。要么不去做,要么推诿、拖拉,要么敷衍了事,这其中无论哪一种情况都会给工作带来损失。

要定期汇报工作的进展,遇到问题也要及时请示,以便领导全面掌握情况和更深层次地思考解决问题的办法,并且及时听取领导的意见和建议。如果遇到问题,自己乱做主张,工作进度也不适时向领导汇报,领导就无法掌握工作的进程。汇报工作一定要事先认真准备,理清线条,让上级领导一听就能够明白。不可以事先什么都不准备,临时想到哪儿才说到哪儿,或者喋喋不休,浪费上级领导的时间。

2. 维护领导尊严

在与领导交往时,特别是在非工作场合,偶尔开个玩笑很正常,但开玩笑一定要适度,不能损害领导的形象,如果玩笑是建立在损害领导形象的基础上就很不合适。假如对领导有意见,最好在不失礼仪的情况下,当面跟领导沟通,不要在背后抱怨,更不能和同事一起发牢骚。背后评价领导不仅不道德,而且也不利于问题的解决,如果遇到别有用心的人进行散播,还会引起领导的误会,加深矛盾,不利于以后工作的开展。

在工作中如果犯了错或者出现了纰漏时,要虚心接受领导的批评。要学会站在领导的角度考虑问题,多设身处地为领导着想,然后积极主动地改正错误。如果确实被冤枉,也尽量不要当面与领导争执,更不要吵闹,以后找个恰当的时机把问题澄清,然后提出解决问题的方法。在这个过程中,始终坚持对事不对人,积极了解领导的真实想法,顺应他的思路,冷静、客观地进行沟通。

张之洞的故事

清朝张之洞新任湖广总督时,抚军谭继洵在黄鹤楼设宴为张接风,并请了鄂东诸县父母官作陪。席间,大家聊起了长江,没想到谭张二人为了长江到底有多宽的问题争论起来。谭说五里三,张说七里三,两人各执己见,争得面红耳赤,谁也不肯承认对方是对的。这时,坐在末座的江夏知事陈树屏站了起来,于是二人便让陈作答。

陈略作思考,朗声答道:"长江的宽度,水涨七里三,水落五里三。二位大人说得都对。"一句话说得谭、张二人均拊掌大笑,赏了陈树屏20锭大银。

案例解析:

陈树屏的回答,不仅屏息了争议,而且保全了谭、张二人的面子。凡事都有诀窍,打圆场也有打圆场的学问。归纳起来,有以下几点。其一,说明真情,引导自省。其二,岔开话题,转移注意。其三,吸纳精华。应考虑双方的面子,将双方见解的精华归纳出来,也将双方的糟粕整理出来,做出公正评论,阐述较为全面的、双方都能接受的意见。这样,就把争论引导到理论的探讨、观点的统一上来了。其四,作为下属不作出是非判断,不要让自己陷入矛盾是非中,更不要火上浇油。

资料来源:https://wenku.baidu.com/view/ec22fa4cc850ad02de80418f.html,2012-06-23.

3. 与领导正确交往

与领导的和谐关系应该建立在相互平等的基础上,不应该为了讨好领导而放弃自己做人的原则,更不能在领导面前卑躬屈膝,点头哈腰,阿谀奉承,在领导出现错误时也唯唯诺诺。这种市侩作风,不仅会让同事瞧不起,也会让领导觉得虚假。正确的做法是坚持自己的工作原则,认真勤奋,保持自己的优点,不要过度取悦领导。

与领导交往要保持适当的距离。不要认为和领导亲密无间,事业就会有前景。与异性的领导交往,更要主动避嫌。在与异性领导接触时,时刻保持自尊自爱,举止言谈都不要过于亲密,交往止于工作关系,尽量不要成为工作之外亲密的朋友,给别人造成误会甚至引起不必要的麻烦。

4. 注意日常礼仪

和领导同时乘坐电梯时,要站在离操作按键近的地方,主动为领导操作按键,领导出电梯时要扶住电梯门,避免挤着领导。同乘时,不要往里挤,越靠近里面,越是尊贵的位置,要让给领导站。

与领导一起走路时,要走在领导后面,斜后方一两步;楼梯上看到领导或同事,会点头致意。会见客户或出席仪式的站立场合,在领导面前不得把手交叉抱在胸前。在通道、走廊里遇到领导要礼让,不能抢行。进领导办公室之前,要先轻轻敲门,听到应答再进。进入后,回手关门,不能大力、粗暴。进入房间后,如对方正在讲话,要稍等静候,不要中途插话,如有急事要打断说话,也要看准机会。

案例

工作需要你保持礼节

一个优秀的员工一定是一个具有魅力的人,这种魅力并不是来自他的外表或他的学历,而是来自他平时积聚的涵养。而一个人的涵养如何,则往往与他懂得多少礼仪有很大关系。作为一名公司的员工,一定要时刻讲究礼仪,因为,员工的形象不仅仅代表自己,还代表了公司。

有一家医疗器械厂与美国客商达成了引进"大输液管"生产线的协议,第二天就要签字了。可是,当这个厂的厂长陪同外商参观车间的时候,车间里有一位员工向墙角吐了一口痰,然后用鞋底去擦。这一幕让外商彻夜难眠,他让翻译给那位厂长送去一封信:"我直言,一个员工的卫生习惯可以反映一个工厂的管理素质。况且,我们今后要生产的是用来治病的输液皮管。请原谅我的不辞而别。"一项已基本谈成的项目,就这样"吹"了。

资料来源:https://baijiahao.baidu.com/s?id=1692201323621799863&wfr=spider&for=pc,2021-02-21.

二、对待下级的礼仪

作为上级,既要保持自己的尊严,又要尊重下级,对下级保持宽容的态度,多体谅下级的难处,这是对待下级的礼仪基础。上级与下级的互助互谅成为基础后,工作就会变得轻松而富有意义。

刘备平等待人　感化刺客

《三国志》中记载了这样一个故事:在刘备担任平原相时期,有一平民素来看不起刘备,一日花重金收买一个刺客假扮客人前去刺杀刘备,最终被刘备的诚意感化,不忍刺之。告诉刘备后离去。根据《魏书》记载:刘平节客刺备,备不知而待客甚厚,客以状语之而去。又《魏书》记载曰:备外御寇难,内丰财施,士之下者,必与同席而坐,同篮而食,无所简择。众多归焉。

刘备如此厚待自己的百姓,能够礼贤下士。在当时中国等级制森严的社会中仅此两点就足以令人称道。而更难能可贵的是:"必与同席而坐,同篮而食,无所简择。"

案例解析:

曹操与孙权重视的是人才中的"才"字,而刘备不然,他重视的是人才中的"人"字。他对于所有前来归附他的士人,无论学识如何,都同等对待,不分亲疏。能够礼贤下士、平等待人是刘备得人心的两大法宝!

资料来源:http://blog.sina.com.cn/s/blog_4a5d609c0100hzye.html,2010-04-06.

1. 尊重下属的人格

和下属说话要态度和蔼、保持笑容,表达对下属的尊重。不以教训人的口吻谈话,不用讽刺、嘲笑、挖苦的口吻或摆出盛气凌人的架势。心平气和地对待每一位下属,即使有的下属对自己心存戒备,依然要表现出一个领导应有的风度,在同一问题上,对所有下属一视同仁,同时对这些心里有想法的下属还要多表扬,多鼓励,特别是在公共场合要表达真诚的赞美,正面引导下属放下戒备的心态。只有这样才能树立起领导的威信来,而威信比权利更能使下属信服,更能使下属拥护和执行领导的决定。

维护下属的自尊心,不把下属当成自己的仆人,不当着下属的面表示出对下属的不信任。要把下属当作独立的个体,尊重下属的人格。不管自己能力多强,对于那些职位比自己低的下属,都要用心相待,多顾及他们的感受。礼貌体贴地对待下属会提高下属的士气,使他们能够把精力放在工作上。如果利用职位优势和权力来欺凌下属的话,就会失去下属对自己的忠诚。如果抓住下属的一点过失大做文章,不给下属下台的机会,动辄发号施令,拿下属撒气,就会引发下属的抗拒心理甚至是敌对行为。

要懂得让那些真正能办实事、干出实效的人才担当重任,相信下属的工作能力,大胆放权,对他们的工作予以最有力的支持。让下属担当重任,不要管制太多,束缚其手脚,要大胆放手让下属干出一番事业。对下属的贡献和成绩要充分肯定,鼓励其继续前进,并且积极奖励为公司做出重大贡献的下属,不贪下属之功,为脚踏实地、认真工作的员工创造良好的发展环境。

2. 尊崇下属的才干

领导不可能在各个方面都出类拔萃,而下属在某些方面也必然会有过人之处,对下属的长处要及时地给予肯定和赞扬,正确评价下属。对下属平等相待,用欣赏的眼光,鼓励性的话语去真诚而积极地评价下属。只有对下属的业务特长和各方面的素质都有深入的了解,才能给下属安排最适合最能发挥其优势的工作,用人之所长,避人之所短,更好地实现工作目标。

爱护下属的才能是正确用人的前提,只有爱惜人才,才有可能正确适当地调配和使用人才,更好地完成各项工作任务。只有尊崇下属的才干,才能进一步激发下属的工作积极性,更好地发挥他们的才干。当下属在某方面表现出超出自己的机智和才能时,不能心存妒忌、暗中排挤,学会着眼大局,并对下属提出表扬。如果领导嫉贤妒能,压制人才,就会造成领导和下属的关系紧张,就有可能会激发矛盾,引起下属消极的反抗,不利于工作的顺利开展。

作为领导,要用心发现下属的优点和下属工作过程中值得称赞的地方,并肯定下属的价值,使下属的信心不断增加,能力不断增强。表扬要及时,而且要用心,对下属的赞美应该是经过思考的,要赞美其真正的具有肯定价值的地方,要言之有物,公平公正。不在赞扬中夹杂批评的语言。

3. 听取下属的意见

认真听取下属的意见和建议,全面了解情况是领导者对下属的一种礼仪,要本着有则改之、无则加勉的态度,采取或公开或私下或集体或个别的多种方式倾听。

通过听取下属的意见,领导可以获得一些必要的参考信息,从而拓宽自己信息获取的渠道,更全面地了解情况,了解下属的愿望,更好地调整自己的决策,更加和谐地开展工作。要做到虚心纳谏、平易近人,这样才有可能听到真实真诚的话语,而且能够对下属在工作过程中出现的挫折情绪做到及时了解、及时沟通,把负面后果扼杀在萌芽阶段。

与下属及时有效的沟通是解决问题的比较好的方式,沟通时如果下属提出异议和意见,要有良好的接受态度和端正的心态。要认真地听完下属的意见,不能表现出不耐烦的情绪而中途退出和下属的交谈。也不要表现轻蔑,要及时将下属的意见记录下来,并向下属表示会认真考虑。不要自圆其说,推卸责任。对合理的意见,要承认错误并提出改正的具体做法;对不合理的意见要给出令人信服的解释,不要恼羞成怒,更不能打击报复。不管下属提什么意见,都要向下属表示感谢。

在得到意见后要及时对意见做出分析,尽快对下属提出的意见做出答复。如果可以独自处理,就自己对下属的意见给出客观的分析评价,如果意见涉及的问题比较重大,就尽快召集管理人员一起讨论。之后要主动公布意见处理结果,亲自向下属传达改进方法,并立刻实施处理方案。对于指出公司或企业重大失误的下属给予嘉奖。

4. 宽待下属的过失

案例

批评也要讲技巧

行政部文员小李负责打字,但偶尔会有错误,有一次打一份公司与客户的合同时又出现两个错字,客户发现后提醒公司要求改正,主管觉得非常没有面子,便对她批评一通:"小李,这么重要的文件都打错字,你眼睛长到哪里去啦,一点责任心都没有!简直是没救了!"小李很生气,说:"我的眼睛就是这么不好,要是你觉得不合格,你把我炒了算了。"主管的原意是提醒小李以后一定要注意,但并没有达到预期的效果,二人的关系从此变得较僵。

资料来源:https://wenku.baidu.com/view/e8bd86967dd5360cba1aa8114431b90d6d858955.html,2021-06-03。

在批评下属之前,领导应该深入调查,多方了解,对事件的过程认真调查,搞清楚下属出现问题的真正原因,调查清楚下属的某些错误是否情有可原,以便在批评的时候,对症下药,让下属明明白白地知道挨批的原因是什么,做到以理服人。

批评时要做到对事不对人。批评时还要选择正确的批评场合,除非下属的问题已经严重到威胁整个公司的正常工作,否则不要使用当众点名批评的方式。不能不分时间和场合当面批评下属;要注意批评的态度,把批评看作是纠正某些不当行为的内部沟通。如果言辞过于刻薄,容易伤害下属的感情,甚至引起下属的敌对情绪。

对于犯了错的下属,批评的方式一定要因人而异,最大限度地做到尊重对方,并有的放矢,力争批评效果的最优化。如果方式方法采用不当,不仅无法达到批评的目的,还有可能引发下属的敌意,引起和下属之间的矛盾。

比如,对于比较敏感的下属,不要直接就事论事地批评,可以通过讲故事或者举例子等方法,让下属领悟到自己的不足。对于不便当面进行批评的下属,可以通过他的朋友,或者他比较信任的人进行提醒。

对于好心办坏事的下属,要充分肯定他们的正面因素,然后用探讨的方式和他们一起讨论。对于责任心很强、很有上进心的下属,很多情况下可不必做出批评的姿态,要让他们自己认识到自己错在了哪里。对于产生了逆反心理的下属,应该在以后的工作中多关心、爱护,使其明白批评只是对他们不同方式的关心。

第三节　处理好同级关系的方式

木瓜（诗经·国风·卫风）

投我以木瓜，报之以琼琚。匪报也，永以为好也！
投我以木桃，报之以琼瑶。匪报也，永以为好也！
投我以木李，报之以琼玖。匪报也，永以为好也！

注释：琼：赤色玉。亦泛指美玉。琚（音居）：佩玉。匪：非。瑶：美玉。一说似玉的美石。玖（音久）：浅黑色玉石。

《圣约·马太福音》说，你希望别人怎样对待你，你就应该怎样对待别人。这一待人原则也同样适用于和同级之间的相处。和谐的同事关系让人和周围同事的工作和生活都变得更简单，更有效率。与同事的相处需要注意以下几个原则。

一、相互尊重是基础

在办公室的人际交往中，自己对待同事的态度往往决定了同事对待自己的态度，因此，你若想获取他人的好感和尊重，必须首先尊重他人。

1. 保持安静

在办公室工作时，动作宜轻、细。进出门、坐立、打开电脑、拉开抽屉，都不要旁若无人地制造噪音，尤其是在开放式的办公环境里，不要非常大声地打电话、整理材料、互相交谈，更不能在工作时间吃响声很大的零食，这些都会影响他人工作。

手机是私人随身物品，如果在上班期间使用手机大声谈笑会影响其他同事工作。在办公室手机最好设为震动，而且离开座位时最好随身携带，以免有人来电时漏失信息，也干扰同事的工作。开会期间和在休息室，都应该将手机关闭或调至静音状态，而且开会时尽量不要接听手机。不要选择与自己身份不符的铃声，会有失身份，也会对其他同事产生干扰。

2. 保持适当距离

虽然同事之间长期同处一室，但是任何时候都要记得尊重别人的私人空间。比如，不私自翻看他人的物品、文件，甚至不坐他人的座椅。去别的办公室拜访同样要注意礼貌。一般需要事先联系，准时赴约，进入其他办公室时，要谨记先敲门，经过许可，方可入内。在别的办公室里，没有主人的提议，不能随便脱下外套，也不要随意解扣子、卷袖子、松腰带。

未经同意,不要将衣服、公文包放到桌子和椅子上。公文包很重的话,则放到腿上或身边的地上。不要乱动别人的东西。在别的办公室停留的时间不宜太久,初次造访以20分钟左右为宜。

对待异性同事,既不过分热情,也不过分冷淡,也不能带有性别歧视和偏见。要有风度,举止大方得体即可。不要过分严肃、不苟言笑,否则会让人觉得难以接近和相处。对待年长的异性同事,要尊敬有加;对待比自己年龄小的异性同事要持重,不使对方产生不恰当的想法和误会。男女同事一同工作时,还要注意避嫌,尽量不为流言制造机会。

3. 注重小节

工作上与同事意见不一致时,不要固执己见,出现过激行为。要尊重他人意见,充分听取对方合理建议,努力找到共同点,达到一致,使工作做得更好。出现问题要勇于承担错误。工作中要坦诚面对自己的弱点和错误,并勇于改正错误,这样可以弥补错误所带来的不良后果,使自己在今后的工作中更加谨慎端正。

如果所犯的错误可能会影响到其他同事的工作成绩或进度时,无论同事是否已经发现这些不利影响,都要先主动向他道歉、解释,千万不要企图自我辩护,推卸责任。

案例

增强你的集体荣誉感

荣誉感是使人积极向上、建立功勋的强大动力。荣誉感和自豪感是一个团队战斗力的真正来源,一个没有荣誉感的团队是没有希望的团队,一个没有荣誉感的员工也不会成为一名优秀的员工。

荣誉感是团队的灵魂,对企业的意义非同小可。每一个企业都应该对自己的员工进行荣誉感教育,每一个员工都应该树立对自己的岗位和公司的荣誉感,对自己的工作引以为荣,对自己的公司引以为荣。

"神六"飞天靠的就是航天英雄的巨大荣誉感和使命感的支撑。"神六"座舱只有9立方米的空间,在这种极其有限的狭小空间内生活5天,对于正常人来讲,这是一个几乎不可能完成的任务。然而经过严格训练的两位飞天英雄,费俊龙和聂海胜却在封闭式的座舱内度过了5个日夜。

他们在挑战神舟宇航载人纪录的同时,经历了一场自我的心理考验战。上海中医药大学博士生导师、中华医学会心身医学分会主任委员何裕民教授认为:若非是宇航员的太空舱,一般情况下人在进入局限空间前必须加以确认,其心理应先产生"动机效应",即有一个信念支撑,否则长时间在封闭空间内对人的身体和心理伤害是非常大的。

倘若不是宇航员"飞天"的巨大荣誉感和使命感在费俊龙和聂海胜心里的话,普通人是很难健康地在这9立方米的空间内生活5天的,或多或少都会产生心理或生理上的不适。

从事任何一项工作,都必须依靠一种精神力量和内在动力去推动。

一个没有荣誉感的员工,能成为一个积极进取、自动自发的员工吗?如果不能认识到荣誉的重要性,不能认识到荣誉对你自己、对你的工作、对你的公司意味着什么,又怎么能为公司争取荣誉、创造荣誉呢?能够维护公司利益的员工都具有强烈的荣誉感。有荣誉感的员工,会顾全大局,以公司利益为重,绝不会为个人的私利而损害公司的整体利益。他们知道,只有公司强大了,自己才能有更大的发展。

资料来源:http://blog.sina.com.cn/s/blog_6992fab90100jyzm.html,2010-07-10。

二、真心相处很重要

(一)作风正派

1. 谦虚谨慎、不骄不躁

和同事一起工作,要相互合作,共同做事,而且要合作愉快。对待任何同事都要摆正其位置,都应有原则,不卑不亢,大方得体。要保持一颗和善、真诚的心,不要始终心存芥蒂,或者寸利不让,否则会不利于相互间的稳定和团结。要始终以工作为主,以大局为重,勤奋工作,廉洁自律。

2. 心态积极健康

保持健康积极的心态,用理智驾驭情绪,在工作中始终保持昂扬的斗志和信心。不要草木皆兵,对同事时时处于提防状态,总喜欢把同事往坏处想。如果和同事志趣、情趣、性格很相投,那就可以多接触多交谈,如果不相投,也不要排斥,要保持礼貌。不要和同事钩心斗角,针锋相对,经常起摩擦;也不要和同事在工作中相互拆台;不要用暗地里告黑状或者使手腕等不正当竞争手段对付同事。如果没有积极健康的心态,就会影响正常的工作,阻碍自己事业的进步和正常发展。

3. 尽量避免与同事产生矛盾

同事相处,尽量不要产生矛盾,要在工作中密切配合,减少不必要的摩擦,使彼此少受伤。即使因为观念、文化、知识、性格等方面的差异,而使彼此的处世态度和交际方式发生碰撞,也要本着宽容以待、海纳百川的态度,做到心底无私天地宽,尽量避免矛盾的产生。不管矛盾是起源于一些具体的事件,还是涉及个人的其他方面,抑或是对方对你有一定的成见,也不妨碍我们与同事交往。要以豁达的态度泰然处之,并采取主动态度,积极友好地去化解矛盾,同事之间仍会和好如初。

案例

矛盾的处理

小贾是公司销售部一名员工,为人比较随和,不喜争执,和同事的关系处得都比较好。

但是,前一段时间,不知道为什么,同一部门的小李老是处处和他过不去,有时候还故意在别人面前指桑骂槐,对跟他合作的工作任务也都有意让小贾做得多,甚至还抢了小贾的好几个老客户。

起初,小贾觉得都是同事,没什么大不了的,忍一忍就算了。但是,看到小李如此嚣张,小贾一赌气,告到了经理那儿。经理把小李批评了一通,从此,小贾和小李成了绝对的冤家。

案例解析:

小贾遇到的事情是在工作中常常出现的一个问题。在一段时间里,同事小李对他的态度大有改变,这应该是让小贾有所警觉的,应该留心是不是哪里出了问题。但是,小贾只是一味忍让,这个忍让不是一个好办法,更重要的应该是多沟通。

但是结果是,小贾到了忍不下去的时候,他选择了告状。其实,找主管来说明一些事情,不能说方法不对,关键是怎样处理。但是在这里,小贾、部门主管、小李犯了一个共同的错误,那就是没有坚持"对事不对人",主管做事也过于草率,没有起到应有的调节作用,他的一通批评反而加剧了二人之间的矛盾。正确的做法是应该把双方产生误会、矛盾的疙瘩解开,用加强员工的沟通来处理这件事,这样做的结果肯定会好得多。

资料来源:https://wenku.baidu.com/view/7918daec3069a45177232f60ddccda38366be15e.html,2020-04-10。

(二)关心他人

平时和同事交往,一定要真诚、热情,关心同事。即使很忙,也要花一点心思和时间去适当地关心他人,在这一过程中态度要诚恳、亲切。

1. 同事快乐共分享

真诚地祝贺同事的成绩,恭喜同事升迁等。比如,当同事们都聚在会议室里享受一块庆祝的生日蛋糕时,不要独自冷淡地待在办公桌旁,冷眼旁观,要微笑着加入他们,你会惊讶地发现,一句简简单单的"生日快乐"会带给同事很多的快乐和感动。

2. 同事优点多赞赏

要积极发现同事的优点、长处和成绩,真诚地赞美和鼓励他们,这样不仅能使自己和同事都快乐,还能让同事感到受重视并得到鼓舞,从而营造一种和谐的办公室氛围,使同事之间和睦相处。

案例

赞赏的作用

一个穷困潦倒的青年流浪到巴黎,期望父亲的朋友能帮自己找一份工作。"精通数学吗?"那人问。青年羞涩地摇头。"历史地理怎么样?"青年不好意思地摇头。"那法律呢?"

父亲的朋友连连问话,青年只能摇头。

"那你先把自己的住址写下来吧,我总得帮你找份工作呀!"青年惭愧地写下了自己的住址,急忙转身要走,却被父亲的朋友拉住:"青年人,你的名字写得很漂亮嘛,这就是你的优点啊!""把名字写好也是一个优点?"青年在对方眼里看到了肯定的答案。"能把名字写好,就能把字写得叫人称赞,就能把文章写好!"受到鼓励的青年,一点点地放大自己的优点,兴奋的脚步都轻松起来了。

数年后,青年果然写出了享誉世界的经典作品,他就是家喻户晓的法国著名作家大仲马。

案例解析:

许多成功,都源于找到自己的优点,并努力地将其放大,放大成超越自己和他人的明显优势。每个人都有自己的长处,甚至还有别人所不具备的优势。我们只要去发现、挖掘,找到其"闪光点",并一点点地把它放大,就会有意想不到的收获。

资料来源:https://www.yulucn.com/question/661245256,2022-02-17.

3. 同事秘密要遗忘

保守同事的秘密,不要传播。不管是同事本人亲自告诉我们的,还是从其他途径得知的秘密,我们都要做到"严防死守",不负同事对我们的信赖,即使其他同事来打听,也要守口如瓶。不把同事秘密当作茶余饭后的谈资,更不能拿所谓的秘密去要挟同事。

4. 同事困难要帮忙

当同事遇到任何工作中的困难时,要伸出援助之手,不要冷眼旁观,更不要落井下石,乘人之危。即使同事无意中冒犯了你,也要宽宏大量地原谅他,当他有求于你的时候,要不计前嫌地帮助他。危难时刻显真情,同事之间所给予的帮助,有助于增进日后双方之间的感情,使同事间关系更加融洽。

三、平时交往要谨慎

1. 物质往来要小心

同事之间如果有财务往来,如相互借钱、借物或馈赠礼品等,最好每一项都记得清楚,不能马虎,即使是很小的往来也要记在备忘录上,提醒自己不要因为遗忘而失礼,引起一些不必要的误会和不愉快。如果借钱,要主动打借条。如果不能按期归还,要隔一段时间就向同事说明一下情况。

向同事借用任何物品都应准时归还,并且不要将物品损坏,在归还时附上感谢函或小礼物。在物质利益方面,不要占同事的便宜,因为无论是有意为之还是无意为之,都会引起对方的不快,降低自己在对方心目中的人格。

2. 礼貌探望

同事生病或者遇到不幸的事时,要及时去探望。探访前先要和被访的同事约好时间,尽量在对方方便的时间去，避开吃饭时间和午睡时间。时间不宜过长，送些鲜花、果篮、营养饮品等。回来时不要过晚，以免影响同事和家人休息。

预约的拜访要守时，如果不能准时赴约，要提前打电话告知并道歉。看望安慰时，一定要认真、诚恳，交谈时要专注，在尊重、理解的前提下表示关心。如果心不在焉，三心二意，就很失礼，会引起别人的反感。

3. 及时解除误会

在工作中应多一些宽容、豁达、信任，少一些冲动、狭隘、怀疑，对自己所造成的误会要做出及时、合理、有效的解释，对于别人误会自己或他人，应及时解除误会，避免误会加深，给双方造成不必要的伤害。

沟通的时候要注意措辞的委婉度，不要一个误会没消除，又产生了新的误会。还要注意用词的准确度，因为处于误会中的同事可能会对你的言语十分敏感，要防止消除误会的目的没达到，反而造成误会加深。

4. 交往禁忌要注意

同事之间交往，不要冷漠高傲，欠缺耐心。当同事诚恳地向你征求意见或诉说苦闷时，不要一副事不关己，不感兴趣的样子，否则会伤害同事对你的信任和感情。不要得理不饶人，当同事已经为自己的一个小疏忽，或一时失口的冲撞再三道歉，不要仍然四处抱怨、小题大作，更不能唯我独尊，总是自以为是，甚至还乱发脾气。

第四节　办公室谈吐准则

一、态度诚恳、措辞文雅

在交谈中，要眼神交汇，带着真诚的微笑，"微笑说真理"将增加影响力。要亲切柔和，诚恳友善，语言尽量做到准确、亲切、生动，吐词清楚，用词适当，态度温和。养成使用礼貌用语的习惯，恰当使用"请、您、您好、谢谢、对不起、没关系、再见"这七大礼貌用语。注意语言技巧，尽量使用请求式语言，不说有伤他人自尊心或人格的话，尽量避免命令式语言，少用否定式语言，拒绝他人时也要尽量委婉。俗话说：良言一句三冬暖，恶语伤人六月寒，就是这个道理。

在办公室坚持使用普通话，不使用方言，不读错别字，尽量不用口头禅，不要随便加一些"嗯""啊""这个""那个"之类的口头禅，尤其不要拖长音，否则会令人反感。多使用谦词敬语，禁用粗鲁污秽的词语。在用词上，要注意感情色彩，多用褒义词、中性词，少用贬义词，使用准确的词语和表达方式。

称呼他人有讲究

朱小艳进入了一家新的单位,领导带她熟悉周围环境,并介绍给部门的老同事认识。她非常恭敬地称对方为老师,大多同事都欣然地接受了。当领导把她带到一位同事面前,并告诉小艳,以后就跟着这位同事学习,有什么不懂的就请教她时,小艳更加恭敬地称对方为老师。这位同事连忙摇头说:"是同事,别那么客气,直接叫我名字就行了。"小艳仔细想想,觉得叫老师显的太生疏了,但是直接叫名字又觉得不尊敬,不知道该怎么称呼对方比较合理。

案例解析:

新员工刚到单位时,不能随便以自己的想法来称呼对方,对于难以把握的称呼,可以先询问对方。比如,"请问该怎么称呼您?"不知者不怪,对方都会把通常同事对他的称呼告诉你。案例中,对方要求小艳直呼姓名,只是客套话,作为一位新人,最好不要直呼其名,可以礼貌地询问对方。在职场上,过分亲昵和过分生疏的称呼都是不提倡的。因此,我们要把握好称呼这门学问,在职业道路上,做一位有礼貌的员工。

资料来源:https://wenku.baidu.com/view,2022-01-17.

二、幽默豁达、言谈得体

办公室是个小空间,交谈时,如果适当运用幽默,能有效活跃气氛。如果长时间进行单调、乏味的对话,会很容易使人产生厌烦的情绪,幽默会使人感到精神振奋,情绪高涨,能驱散倦意。运用幽默时要注意不要为了幽默而幽默,否则就有油腔滑调、贫嘴弄舌之嫌,也不需要哗众取宠,用低级趣味迎合他人,要有大气豁达的风度。

在与人交谈的过程中,多用自然、亲切、柔和的手势。讲到自己时不要用手指自己的鼻尖,而应用手掌按在胸口。谈到别人时,不可用手指别人,更忌讳背后指指点点等不礼貌的手势。避免交谈时指手画脚或手势动作过多过大。大小适度,手势的上界一般不超过对方的视线,下界不低于自己的胸区,左右摆的范围应在人的胸前或右方。手势动作的幅度不宜过大,次数不宜过多和重复。交谈时不要出现抓头发、玩饰物和剔牙齿等行为。

三、善于倾听

倾听是说话的另一个方面,它与说话共同形成交谈中的交流,从而达到交谈的目的。善于倾听,才能形成有效的沟通,促进交往。倾听他人说话是对说话一方友好而尊重的表现,满足自己理解他人的思想、情感的需要。办公室的谈吐中,倾听尤为重要,也是说话礼仪的基本要求之一。良好的倾听能使紧张的关系得到缓解,增进同事之间的相互理解,在理解他人的基础上,改善工作关系,提高工作效率。善于倾听也是说话礼仪的基本要求之一。

学 会 聆 听

曾经有个小国到中国来,进贡了三个一模一样的金人,金碧辉煌,把皇帝高兴坏了。可是这小国不厚道,同时出了一道题目:这三个金人哪个最有价值?皇帝想了许多的办法,请来珠宝匠检查,称重量,看做工,都是一模一样的。怎么办?使者还等着回去汇报呢。泱泱大国,不会连这个小事都不懂吧?最后,有一位退位的老大臣说他有办法。

皇帝将使者请到大殿,老臣胸有成竹地拿着三根稻草,插入第一个金人的耳朵里,这稻草从另一边耳朵出来了,第二个金人的稻草从嘴巴里直接掉出来,而第三个金人,稻草进去后掉进了肚子,什么响动也没有。老臣说:"第三个金人最有价值!"使者默默无语,答案正确。

案例解析:

最有价值的人,不一定是最能说的人。老天给我们两只耳朵一个嘴巴,本来就是让我们多听少说的。善于倾听,才是成功的人最基本的素质。

资料来源: https://www.yuwenmi.com/duan/52479.html,2021-11-29。

1. 精神专注、保持互动

当别人在你面前倾诉时,要保持良好的精神状态来倾听。如果自己心不在焉,左顾右盼,漫不经心,甚至不耐烦地不断地看手表、伸懒腰、打呵欠、玩东西,做出这些倾听时不应该出现的行为,会伤害说话人的感情。不要双手交叉在胸前听人讲话。

了解对方的感情和意图,才能使自己的答话更明确,更恰当。与对方保持合适的距离,维持松弛的、舒适的体位和姿势;保持眼神交流;为表示你在倾听,而且是注意地听,可以轻声地说"嗯""是"或者点头等,表示你接受对方所述内容,并希望他能继续说下去。

2. 尊重对方、体现修养

在倾听他人说话时,要尊重对方,不指责对方的行为;接受对方,不带个人偏见;还要鼓励对方,不把自己的想法强加于人,不一味强调自己的意见。对他人的谈话,做到不打断、不更正、不补充、不突然转换话题。

如果确实想对他人所说的话发表见解,也需要静待对方把话讲完。如果打算对他人所说的话加以补充,应先征得其同意,先说明"请允许我补充一点",接下来再说自己的想法。打断的次数不宜过多,免得打断对方的思路。有急事打断他人的谈话时,则务必要先讲一句"对不起"。

四、谈吐禁忌

1. 不应该议论的话题

在办公室,不谈论国家或行业机密,不议论国家领导人,对自己不熟悉的事情不做评论。同事之间交谈,不要涉及私人问题,如收入、健康、经历、婚姻状况等。对于女性,还要注意不问年龄。不对同事评头论足,不说长论短、散布谣言、拨弄是非,口无遮拦会给你带来不必要的麻烦。

工作之余的交谈,可以谈些哲学、历史、地理、艺术、建筑、风土人情等,也可以聊些轻松愉快的话题,如电影、电视、流行时尚、体育、小吃、天气等。与同事谈话必须掌握分寸,该说的一定要说,不该说的绝对不说,格调不高的话题尽量不涉及。

案例

学 会 交 谈

一位雇员应邀参加一个大型的合资企业酒会,他想借此机会接触外商。为了方便结交,他事前打听了某公司美方总裁的姓名。他从这位总裁姓麦考伊(McCoy)猜想其一定是爱尔兰后裔,因此准备了一些有关爱尔兰历史的话题。酒会上,他和麦考伊先生大谈爱尔兰,指望以此展开对话,加深印象;建立关系后,再谈生意。结果,麦考伊先生没谈几句就借故离去。

案例解析:

在酒会和晚会上,与不相识的人和初次认识的人谈些闲话是最常见且最适宜的做法。谈上几句后,双方就会感觉到彼此值不值得交往。在谈闲话时,如果话题反映出一方有某种成见,而这些成见又不符合实际时,另一方会感到"话不投机"而中断交谈。

该雇员想当然地认为麦考伊是爱尔兰人的姓,自以为他会对爱尔兰有感情或有认识,这就犯了有成见的错误。另外,美国是移民国家,外裔后代只认自己是美国人,对好几代以前的祖籍不会有太多的了解,自然交谈兴趣不大。

资料来源:https://wenku.baidu.com/view/420ed3ab5fbfc77da369b149.html,2020-12-07。

2. 不以自己为中心

不分对象、不分场合地发表见解是很失礼的表现。不要总是谈论一些生活琐事。如果其他同事主动提起,也应在简单回应后适可而止。说话时总是喋喋不休,爱争辩,爱抢话,言语中一点亏都不肯吃的同事是很令人生厌的。孤芳自赏,高傲自大,只知道自己、不管别人,一天到晚只顾自己一吐为快,不顾对方的反应和感受,这样的人也是难以相处的。当然,与同事交谈时,也不要一言不发,冷眼旁观。

在办公室还要注意不要耳语,尤其不宜在众目睽睽之下与同伴耳语,否则会被视为不信任在场人士。听到有趣的事情,不要失声大笑,尤其是在别人犯错或者出丑时,否则,会令犯错或者出丑的同事尴尬,伤害对方的颜面和自尊,也显得没有教养、不尊重他人。总之,办公室的交谈中如果以自己为中心,容易招致大家的不满,影响与同事之间的相处。

案例

一个多变的通知

有一次,某市准备以市委、市政府名义召开一次全地区性会议。为了给有关单位充分的时间准备会议材料和安排好工作,决定由市政府办公室先用电话通知各县和有关部门,然后再发书面通知。电话通知发出不久,某领导即指示:这次会议很重要,应该让参会单位负责某项工作的领导人也来参加,以便更好地贯彻落实会议精神。于是,发出补充通知。过后不久,另一领导同志又指示:要增加另一项工作的负责人参加会议。如此再三,三天内,一个会议的电话通知,通知了补充,补充了再补充,前后共发了三次,搞得下边无所适从、怨声载道。

资料来源:https://wenku.baidu.com/view,2021-07-27.

第五节　办公室环境维护准则

办公室既是工作的地方,也是社交的场所。随着人们的办公硬件水平逐渐提高,办公环境对工作效率的影响也越来越大,因此,对办公环境的要求也越来越高。办公室环境的好坏不仅体现出为员工服务、以人为本的现代企业精神,也反映出活动在这个环境中的人的精神面貌、审美情趣、工作作风。办公室良好的环境布置和工作秩序也是企业文化的一种体现。清洁卫生、整齐有序的工作环境能使员工产生积极的情绪,充满活力,提高工作效率。维护办公室环境需要注意以下几方面。

一、办公自然环境的要求

1. 保持光线明亮

充足的光线是办公室良好环境的重要因素之一,办公室光线充足舒适,有助于员工减少疲劳,保持充沛的精力,更好地工作。办公室要合理采光,无论是自然采光还是人工采光,都应做到光源充足、光线柔和、光色和谐。如果光线不足,可用人工采光来调节,所选择的灯具造型及光色要与整个办公环境相协调。办公桌尽量向阳摆放,让光线从左方或斜后方射来。保持光线充足还要做到窗明几净,窗玻璃应该经常擦洗。办公时间不要拉上窗帘,以免遮住光线。

2. 办公室内的颜色要协调

颜色会影响人的情绪,办公室地板的颜色宜较墙壁的颜色深,墙壁的颜色则应较天花板深。一般来说,普通办公室的天花板宜用白色,面对职员的墙壁宜用冷色,其他墙壁颜色宜用暖色,并且所有颜色之间应注意协调。会议室以淡色和中性颜色为最佳,会客室以欢快、中性的颜色为最佳。

3. 空气要清新

办公室的空气应自然流通,保持一定的温度、湿度。温度太高,员工容易出现不适或头昏。而空气过于潮湿,会引起呼吸器官的不适并引发员工沉闷、疲倦的感觉。过于干燥的空气则经常引起焦虑和精神急躁。办公室理想的相对湿度是 40%～60%。窗户要经常打开换气。门窗不常开的话会造成室内空气混浊,影响到办公人员的工作和身体。

4. 环境安静

好的办公室应能给员工提供安静的办公环境,嘈杂的办公室会令人不愉快,分散注意力,容易造成员工工作上的失误。要尽量减少或尽可能消除声音的来源,如在桌椅和一些设备底下置橡皮垫等。员工在办公室应注意声音的调节,不要高声喧哗,防止发出噪声,保持安静。接电话时声音要适中,不能高声喊叫,以免影响他人。不要播放嘈杂的音乐。出入要轻手轻脚,开门关门用力要适中,不应摔门或用力开门,尽量不发出干扰他人工作的噪声。

二、办公环境布置

1. 整洁有序

办公桌是办公的集中点,办公桌摆放好了,办公环境就确立了一半。办公桌椅要整齐摆放。桌面上也要将文件整齐摆放,不能出现纸张与文件交杂,散乱地放在桌面,分不清哪是文件,哪是纸张这样的凌乱场面。

书柜和文件柜应靠墙摆放,这样既安全又美观。要经常擦拭书柜和文件柜,保持整洁,如果有带玻璃门的书柜和文件柜,那么柜子上的玻璃门也要保持洁净、透明。尽量选用高低一致的柜子。如果办公室里有沙发,最好远离办公桌,以免有人坐在沙发上谈话时干扰别人办公。沙发上不要随便摆放报纸、纸张和文件等物品,茶几上可以适当摆放装饰物如盆花等。

2. 装饰高雅

宽敞的办公室可以放置盆花,但盆花要经过认真选择,一般不用盛开的鲜花装点办公室,过艳的色彩会夺取注意力,使员工的精力发生偏移,可以选用以绿色为主的植物,绿色植物是装点办公室的主要材料,绿色可以给人舒适的感觉,可以调节人的情绪。对盆花要给予经常的浇灌和整理,不能任其萎枯而出现黄叶。可以在绿叶上喷水,使其保持葱绿之色。花盆的泥土不能有异味,肥料要经过精心挑选。不能选用有异味的肥料,否则会引来苍蝇或滋生寄生虫,给办公室环境带来污染。

三、办公室公共环境的清洁

1. 日常清洁和维护

主动打扫办公室卫生,倒垃圾,扫地拖地。不乱丢废弃物,办公用品摆放整齐。办公室的地面要保持清洁,常清扫、擦洗,地毯要定期吸尘,以免滋生细菌。保证地面无污物、污水、浮土,无卫生死角。保持墙壁清洁,表面无灰尘、污迹。保持挂件、画框及其他装饰品表面干净整洁。办公室中也不宜堆放积压物品,以免给人留下脏乱差的印象,要经常清理办公室里的废弃物。

饮水机、灯具、打印机、传真机、文具柜等摆放要整齐,保持表面无污垢,无灰尘等。打印机和传真机使用完后要归位,不把纸张散落在机器周围。办公室内电器线走向要美观、规范,并用护钉固定,尽量不乱搭接临时线。无论是使用公用的办公桌,还是洗手间,用完后都应该保证整洁;如果需要维修,要及时修复或者报修。

下班离开办公室前,应该关闭个人所用电器的电源,如电脑、传真机和打印机等。最后离开办公区的人员应关闭照明设施和总电源,关闭门窗,检查没有安全隐患后方可离开。

2. 用餐环境清洁

现代工作节奏很快,单位职工或公司员工,不可避免地会在办公室中用餐。在自己的办公桌前用餐或者与同事一起进餐的时候,需要注意一些小节,以免破坏环境卫生。

注意餐前卫生,有强烈味道的食品,尽量不要带到办公室。即使个人喜欢,也不应该随心所欲。而且如果不好的气味弥散在办公室里,会损害办公环境和公司形象。汤汁乱溅或吃声音很响的食物,会影响他人,最好不吃,吃时也尽量注意点。

保持干净的用餐环境,用餐过程中,如果食物掉在地上,要马上捡起扔掉,以免他人踩踏,污染地面。或者和剩余残肴及废弃物品一起包好后扔进远离办公室的有盖垃圾桶内,最好不要放入办公桌旁边的纸篓里。准备好餐巾纸,不要用手擦拭油腻的嘴,应该用餐巾纸擦拭。尽量不要当众剔牙。非剔不行时,用另一只手掩住口部,剔出来的东西,不要当众观赏或再次入口,也不要随手乱弹,随口乱吐。剔牙后,不要长时间叼着牙签,更不要随地乱扔,污染办公室的环境。

及时清理餐具,如果是个人自带的餐具,用餐过后要及时将餐具洗干净,并放置在合适的地方,避免长时间摆在桌面。如果是一次性的餐具,用完餐后要立即把一次性餐具扔掉,如果长时间摆在桌面,就会影响办公室的空气。如果突然有事要外出或来不及收拾,要礼貌地请同事代劳。开了口的饮料罐不宜长时间摆在桌面上。如果想喝完再扔掉,就把它藏在不被人注意的地方。用餐后要及时将桌面清理防止产生令人不悦的气味。餐后将地面擦拭干净也是必须做的事情。如果还有异味,要用点空气清新剂去除食物的气味,以免影响工作环境。

四、个人办公环境维护

1. 办公桌位要清洁

每天上班时要保持办公桌面的整洁。每天擦拭桌椅,如果是有外罩的座椅,要定期更换并清洁外罩。定期擦拭电脑屏幕,清洁键盘。保持个人办公桌附近地面的清洁。案头不能摆放太多的东西,只摆放需要当天或当时处理的公文或资料,其他书籍、报纸不能放在桌上,应归入书架或报架;文件资料不要堆得乱七八糟,要定期清理,及时归档或上交。

废纸应扔入废纸篓里。零碎的东西建议放在抽屉里,切勿七零八落,影响办公环境。办公桌下面也不要摆放无用的物品,并且要整理干净。不要将自己的物品搬到办公桌旁边的过道上。结束每天的工作后,将个人水杯或茶具中的水倒掉并清洗干净。将办公桌收拾干净,把台面的物品归位,锁好贵重物品和重要文件再离开。离开自己的办公座位时,应将座椅推回办公桌内。

2. 办公用品要整洁

桌面只放些必要的办公用品,且摆放整齐有序。不要将杂志、报纸、餐具、小包等物品放在桌面上。招待客人的水杯、茶具应放到专门饮水的地方,有条件的应放进会客室。办公文具要放在桌面上,为使用便利,可准备多种笔具,如毛笔、自来水笔、圆珠笔、铅笔、曲别针、夹子、订书机等,这些要放进笔筒而不是散放在桌面上。杂乱无章的办公物品会严重影响工作效率。

3. 环境布置要适当

要注重办公室环境的严肃性,非办公用品不外露,不摆放与工作无关的物品和个人用品。绝不能视办公室为"家"。尽量不要在桌面上摆放家人的照片。在办公桌上挂满毛巾、衣服,塞满个人用品,甚至摆满个人餐具的做法是不可取的。

复习思考

1. 办公室礼仪原则有哪些?
2. 和领导交往要注意哪些事项?
3. 如何和下级交往?
4. 同事之间如何相处?
5. 办公室谈吐的禁忌有哪些?

 **实践课堂**

办公室沟通训练:解除强加在自己身上的障碍,学习如何接收反馈信息,以信息共享方式精确认识自我形象和知觉偏差,学会赞美和欣赏,训练观察能力和人际相处能力。

(1) 练习在5~7人组成的小组内进行,每个人都准备好笔和纸张。每个人在每一张纸的上端,分别写出组内一个其他成员的名字(包括自己)。

(2) 每个人在相关的每一张纸上写上关于这个人的3种个人品质,或3种工作习惯/特点,或3个长处/弱点。

(3) 以上各项都是他对组内每一个成员(包括他自己)的感性认识。

(4) 将纸交给组内每一个相关的成员。

(5) 每个成员轮流朗声读出:

① 别人对自己的感性认识(如有不明之处可以请求解释)。

② 自己对自己的感性认识。

(6) 两人一组,互相大声赞美对方的长处,好的品质或习惯。

(7) 让学生进行自评和互评,最后老师进行总结评价。

扩展阅读 12-1 发放资料

参 考 文 献

[1] 宋常桐.公共关系与现代礼仪[M].北京:清华大学出版社,2007.
[2] 张岩松,王艳洁,郭兆平公共关系案例精选精析[M].北京:经济管理出版社,2003.
[3] 中国国际公共关系协会.最佳公共关系案例[M].北京:中国市场出版社,2009.
[4] 陈国庆.公关礼仪与面试技巧[M].北京:经济科学出版社,2010.
[5] 岑丽莹.中外危机公关案例启示录[M].北京:企业管理出版社,2010.
[6] 杨俊,邵喜武.新型实用公关案例与训练[M].合肥:中国科学技术大学出版社,2010.
[7] 周安华,苗晋平.公共关系:理论、实务与技巧[M].4版.北京:中国人民大学出版社,2013.
[8] 吴建勋,丁华.公共关系案例与分析教程[M].2版.北京:清华大学出版社,2013.
[9] 孙浩然.赢在职场话技巧[M].北京:企业管理出版社,2013.
[10] 刘建芬.公共关系:理论、实务与案例[M].厦门:厦门大学出版社,2014.
[11] 戴安娜·布赫.卓有成效的沟通:领导者上传下达的10个沟通技巧[M].刘皎,译.北京:电子工业出版社,2014.
[12] 舒静庐.礼仪天下:公关礼仪[M].上海:上海三联书店,2014.
[13] 里奇·费里德曼.别让不懂礼仪害了你:一毕业就该懂的8大职场社交术[M].刘小群,译.南京:江苏文艺出版社,2014.
[14] 韦克俭,韦卫华,林玉琼,等.公关礼仪与交流沟通技巧[M].北京:清华大学出版社,2014.
[15] 罗盘.从零开始读懂社交学[M].上海:立信会计出版社,2014.
[16] 陶尚芸.一生三会:会说话、会做事、会为人[M].武汉:武汉出版社,2014.
[17] 汪园黔.态度决定待遇[M].北京:中国财富出版社,2015.
[18] 苏岩.跟谁都能搭上话[M].北京:中华工商联合出版社,2015.
[19] 韦甜甜.女人,你要美丽到老[M].北京:台海出版社,2015.
[20] 颜萍.社交礼仪[M].北京:北京大学出版社,2016.
[21] 刘平青.管理沟通:复杂职场的巧技能[M].北京:电子工业出版社,2016.
[22] 李林峰.所谓大格局就是知取舍[M].北京:台海出版社,2017.
[23] 钱静.跟谁都能交朋友[M].北京:中华工商联合出版社,2017.
[24] 岳阳.国学智慧与领导力修炼[M].北京:清华大学出版社,2017.
[25] 闫秀荣,杨秀丽.现代社交礼仪[M].3版.北京:人民邮电出版社,2018.
[26] 束亚弟,陈小桃.公共关系学[M].2版.北京:机械工业出版社,2021.

教师服务

感谢您选用清华大学出版社的教材！为了更好地服务教学，我们为授课教师提供本书的教学辅助资源，以及本学科重点教材信息。请您扫码获取。

▶▶ 教辅获取

本书教辅资源，授课教师扫码获取

▶▶ 样书赠送

公共基础课类重点教材，教师扫码获取样书

 清华大学出版社

E-mail：tupfuwu@163.com
电话：010-83470332 / 83470142
地址：北京市海淀区双清路学研大厦 B 座 509

网址：http://www.tup.com.cn/
传真：8610-83470107
邮编：100084